国家社会科学基金（教育学）重大项目（VDA200004）阶段性研究成果

北京外国语大学"双一流"建设标志性项目（BW202018）阶段性研究成果

"一带一路"国家文化教育大系　　　　　总主编　王定华

智利
文化教育研究

Cultura y Educación
República de Chile

袁利平　著

外语教学与研究出版社

FOREIGN LANGUAGE TEACHING AND RESEARCH PRESS

北京 BEIJING

图书在版编目 (CIP) 数据

智利文化教育研究 / 袁利平著. —— 北京：外语教学与研究出版社，2023.6
(2023.10 重印)
（"一带一路"国家文化教育大系 / 王定华总主编）
ISBN 978-7-5213-4643-5

I. ①智… II. ①袁… III. ①教育研究－智利 IV. ①G578.4

中国国家版本馆 CIP 数据核字 (2023) 第 122983 号

出 版 人　王　芳
项目负责　孙凤兰　巢小倩
责任编辑　巢小倩
责任校对　白小羽
封面设计　李　高　锋尚设计
版式设计　李　高
出版发行　外语教学与研究出版社
社　　址　北京市西三环北路 19 号（100089）
网　　址　https://www.fltrp.com
印　　刷　北京盛通印刷股份有限公司
开　　本　787×1092　1/16
印　　张　20　　彩插 1 印张
版　　次　2023 年 6 月第 1 版 2023 年 10 月第 2 次印刷
书　　号　ISBN 978-7-5213-4643-5
定　　价　168.00 元

如有图书采购需求，图书内容或印刷装订等问题，侵权、盗版书籍等线索，请拨打以下电话或关注官方服务号：
客服电话：400 898 7008
官方服务号：微信搜索并关注公众号"外研社官方服务号"
外研社购书网址：https://fltrp.tmall.com

物料号：346430001

"一带一路"国家文化教育大系编写委员会

顾　　问：顾明远　　马克垚　　胡文仲

总主编：王定华

委　　员（按姓氏音序排列）：

常福良　　戴桂菊　　郭小凌　　金利民　　柯　静　　李洪峰
刘宝存　　刘　捷　　刘生全　　刘欣路　　钱乘旦　　秦惠民
苏莹莹　　陶家俊　　王　芳　　谢维和　　徐　辉　　徐建中
杨慧林　　张民选　　赵　刚

"一带一路"国家文化教育大系编审委员会

主　　任：王　芳

副主任：徐建中　　刘　捷

秘书长：孙凤兰

委　　员（按姓氏音序排列）：

蔡　喆　　柴方圆　　巢小倩　　杜晓沫　　华宝宁　　焦缨添
刘相东　　刘真福　　马庆洲　　彭立帆　　石筠弢　　孙　慧
万作芳　　王名扬　　杨鲁新　　姚希瑞　　苑大勇　　张小玉
赵　雪　　祝　军

安第斯山脉（智利境内）

阿塔卡马沙漠（智利境内）

智利百内国家公园

智利复活节岛摩艾石像

智利"沙漠之手"雕塑

智利奥索尔诺火山滑雪场

智利奇洛埃岛

智利瓦尔帕莱索

智利首都圣地亚哥

智利国家图书馆

智利幼儿园国庆活动

智利小学课堂

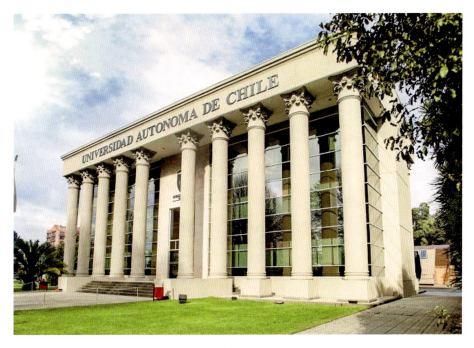

智利自治大学

智利大学校园建筑

新冠肺炎疫情下的智利大学生毕业典礼

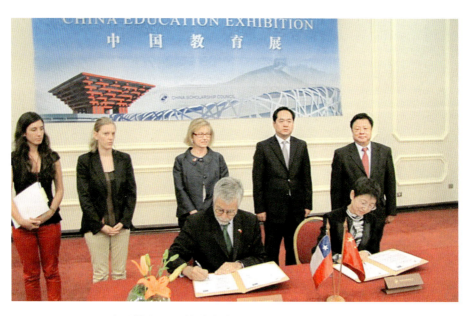

中国教育展开幕式上中智两国签署谅解备忘录

智利大学代表团访问北京航空航天大学

智利华人学院成立60周年庆典

2021年第六届"智利周"开幕现场

智利"中国文化周"讲座活动

出版说明

2013 年 9 月 7 日，国家主席习近平提出共建"丝绸之路经济带"重大倡议。2013 年 10 月 3 日，习近平主席提出共建"21 世纪海上丝绸之路"重大倡议。两者合称"一带一路"倡议。以 2013 年金秋为起点，"一带一路"倡议作为构建人类命运共同体的伟大设想，在开拓和平、繁荣、开放、绿色、创新、文明之路的非凡征程中，孕育生机和活力，汇聚信心和期待，在世界范围内广受欢迎和响应。

文化交流、文明互鉴是构建人类命运共同体的人文基础。文化发展，教育先行。作为"共和国外交官的摇篮"、文化教育的主动践行者、"一带一路"倡议的踊跃响应者和构建人类命运共同体的积极参与者，北京外国语大学在党委书记王定华教授的带领下，放眼世界，找准坐标，勇于担当，主动作为，深耕文化教育相关领域，研究、策划并组织编写了"一带一路"国家文化教育大系（以下简称大系）。国内相关高校和研究机构的众多专家学者献计献策，踊跃参加，形成了一个范围广泛、交流互动、共同进步的"一带一路"国家文化教育学术研究共同体。大系旨在填补国内相关研究领域的学术空白，实现"一带一路"国家教育研究全覆盖，为中国教育"走出去"和相关国家先进教育理念"请进来"提供科学理论和实践指导，具有重要的学术价值。同时，大系服务国家重大战略，通过分期分批出版，形成规模和品牌，向中国共产党建党一百周年和"一带一路"倡议提出十周年献礼，具有深远的意义。

作为国家社会科学基金（教育学）重大项目"新时代提升中国参与全球教育治理的能力及策略研究"、北京外国语大学"双一流"建设标志性项目"'一带一路'国家文化教育研究"的课题研究成果和北京外国语大学党委的"奋进之举"，大系秉承学术性与可读性兼顾的原则，对"一带一路"国家文化教育理论与实践问题展开深入研究，从国情概览、文化传统、教育历史、学前教育、基础教育、高等教育、职业教育、成人教育、教师教育、教育政策、教育行政、教育交流等方面，全景擘画"一带一路"国家的教育风貌，帮助读者了解"一带一路"国家教育的历史与现状、经验与特点，为我国教育的发展和对外交流合作提供有益的借鉴、思考与启迪。

肆虐全球的新冠肺炎疫情严重影响了各国人民的生产生活，带来了二战以来人类面临的最严重的全球性危机，同时也再次阐述了人类命运共同体深刻内涵的世界性意义。在疫情防控常态化背景下，大系所有专家学者不畏困难，齐心协力，直面挑战，守望相助，化危为机，切实履行了响应和支持"一带一路"倡议的承诺。在此，特别感谢大系总策划、总主编王定华教授，以及所有顾问、编委和作者的心血倾注、智慧贡献和努力付出。

外语教学与研究出版社对大系的编写和出版工作给予了高度重视。自2019年项目启动以来，外研社抽调精锐力量成立大系工作组，多次组织相关部门和人员召开选题论证会，商建编委会，召开全体作者大会，制订周密、科学的出版计划，以保证项目的顺利开展和图书的优质出版。目前，大系的出版工作已取得阶段性成果，预计在2023年"一带一路"倡议提出十周年前后，将分期分批推出数量和规模可观的、具有相当科研价值和学术价值的系列专著。期望大系的编写和出版能为"一带一路"建设、中外教育交流及我国文化教育发展发挥基础性、服务性、广远性的作用。

外语教学与研究出版社
2021 年 4 月

总　序

王定华

改革开放以来，中国各项事业取得了巨大成就。中国经济和世界经济高度关联，中国一以贯之地坚持对外开放的基本国策，构建全方位开放新格局，深度融入世界经济体系。2013 年 9 月和 10 月，习近平主席在出访中亚和东南亚国家期间，先后提出共建"丝绸之路经济带"和"21 世纪海上丝绸之路"的重大倡议（以下简称"一带一路"倡议），得到国际社会的高度关注。其中，"丝绸之路经济带"东边牵着亚太经济圈，西边系着发达的欧洲经济圈，是世界上最长、最具发展潜力的经济大走廊；"21 世纪海上丝绸之路"串起连通东盟、南亚、西亚、北非、欧洲等各大经济板块的市场链，发展面向南海、太平洋和印度洋的战略合作经济带，以亚欧非经济贸易一体化为发展的长期目标。

一、精准把握"一带一路"倡议的时代意蕴

"经济带"概念是对地区经济合作模式的创新。其中经济走廊涵盖中蒙

俄经济走廊、新亚欧大陆桥、中国-中亚-西亚经济走廊、孟中印缅经济走廊、中国-中南半岛经济走廊等，以经济增长极辐射周边，超越了传统发展经济学理论。"丝绸之路经济带"概念不同于历史上所出现的各类"经济区"与"经济联盟"，同后两者相比，经济带具有灵活性高、适用性广以及可操作性强的特点，各国都是平等的参与者，本着自愿参与、协同推进的原则，发扬古丝绸之路兼容并包的精神。

"一带一路"倡议是我国在新时代推进全方位对外开放的重要举措，为当今世界提供了一个充满东方智慧、实现共同发展的中国方案，也是对历史文化传统的高度尊重，凝聚了世界各国利益的最大公约数。丝绸之路是起始于古代中国，连接亚洲、非洲和欧洲的古代陆上商业贸易路线，最初的作用是运输古代中国出产的丝绸、瓷器等商品，后来成为东方与西方之间在经济、政治、文化等方面进行交流的主要通道。1877年，德国地质、地理学家李希霍芬（F. P. W. Richthofen）在其著作《中国》一书中，把公元前114年至公元127年，中国与中亚、中国与印度间以丝绸贸易为媒介的这条西域交通道路命名为"丝绸之路"，这一名词很快为学术界和大众所接受，并正式运用。其后，德国历史学家赫尔曼（A. Herrmann）在20世纪初出版的《中国与叙利亚之间的古代丝绸之路》一书中，根据新发现的文物考古资料，进一步把丝绸之路延伸到地中海西岸和小亚细亚，并确定了丝绸之路的基本内涵，即它是中国古代与中亚、南亚、西亚以及欧洲、北非的陆上贸易交往通道。进入21世纪，海上丝绸之路也被纳入丝绸之路的涵盖范围，即从中国沿海港口过南海到印度洋并延伸至欧洲，从中国沿海港口过南海到南太平洋。随着时代的发展，"丝绸之路"成为古代中国与西方所有政治经济文化往来通道的统称。

推进"一带一路"建设既是中国扩大和深化对外开放的需要，也是加强和世界各国互利合作的需要，中国愿意承担更多责任和义务，为人类和平发展做出更大的贡献。文明交流互鉴是构建人类命运共同体的重要途径，是推动人类文明共同进步、实现世界和平发展的重要动力。共建"一带一路"要顺应世界多极化、经济全球化、文化多样化、社会信息化的潮流，秉持开放的区域合作精神，致力于推动"一带一路"各国实现经济政策协调，开展更大范围、更高水平、更深层次的区域合作，共同打造开放、包容、均衡、普惠的区域经济合作架构，维护全球自由贸易体系和开放型世界经济格局。

"一带一路"贯穿亚欧非大陆，一头是活跃的东亚经济圈，一头是发达的欧洲经济圈，中间广大腹地国家经济发展潜力巨大。根据"一带一路"走向，陆上依托国际大通道，以中心城市为支撑，以重点经贸产业园区为合作平台，共同打造新亚欧大陆桥以及中蒙俄、中国-中亚-西亚、中国-中南半岛等国际经济合作走廊；海上以重点港口为基点，共同建设通畅安全高效的运输大通道。

"一带一路"建设是有关国家开放合作的宏大经济愿景，需要各国携手努力，朝着互利互惠、共同安全的目标相向而行：努力实现区域基础设施更加完善，安全高效的陆海空通道网络基本形成，互联互通达到新水平；投资贸易便利化水平进一步提升，高标准自由贸易区网络基本形成，经济联系更加紧密，政治互信更加深入；人文交流更加广泛深入，不同文明互鉴共荣，各国人民相知相交、和平友好。

"一带一路"倡议是具有开放性和包容性的友好建议。当今世界是一个开放的世界，开放带来进步，封闭导致落后。中国认为，只有开放才能发现机遇、抓住并用好机遇、主动创造机遇，才能实现国家的奋斗目标。"一带一路"倡议就是要把世界的机遇转变为中国的机遇，把中国的机遇转变为世界的机遇。正是基于这种认知与愿景，"一带一路"倡议以开放为导向，冀望通过加强交通、能源和网络等基础设施的互联互通建设，促进经济要素有序自由流动、资源高效配置和市场深度融合，开展更大范围、更高水平、更深层次的区域合作，打造开放、包容、均衡、普惠的区域经济合作架构，以此来解决经济增长和平衡问题。"一带一路"倡议的开放包容性是区别于其他区域性经济倡议的一个突出特点。

"一带一路"倡议是超越地缘政治的务实合作的广阔平台。"和平合作、开放包容、互学互鉴、互利共赢"的丝路精神是人类共有的历史财富，"一带一路"倡议就是秉承这一精神与原则提出的新时代重要倡议，通过加强相关国家间的全方位多层面交流合作，充分发掘与发挥各国的发展潜力与比较优势，形成互利共赢的区域利益共同体、命运共同体和责任共同体。在这一机制中，各国是平等的参与者、贡献者、受益者。因此，"一带一路"倡议从一开始就具有平等性、和平性特征。平等是中国坚持的重要国际准则，也是"一带一路"建设的关键基础。只有建立在平等基础上的合作才能是持久的合作，也才会是互利的合作。"一带一路"倡议平等包容的合作特征为其推进减轻了阻力，提升了共建效率，有助于国际合作真正"落地生根"。同时，"一带一路"建设离不开和平安宁的国际环境和地区环境，和平是"一带一路"建设的本质属性，也是保障其顺利推进所不可或缺的重要因素。这些就决定了"一带一路"倡议不应该也不可能沦为大国政治较量的工具，更不会重复地缘博弈的老路。

"一带一路"倡议是政府、企业、团体共同发力的项目载体。"一带一路"建设是在双边或多边联动基础上通过具体项目加以推进的，是在进行充分政策沟通、战略对接以及市场运作后形成的发展倡议与规划。2017年5月发布的《"一带一路"国际合作高峰论坛圆桌峰会联合公报》强调了建设"一带一路"的合作原则，其中就包括市场运作原则，即充分认识市场作用和企业主体地位，确保政府发挥适当作用，政府采购程序应开放、透明、非歧视。可见，"一带一路"建设的核心主体与支撑力量并不是政府，而是企业，根本方法是遵循市场规律，并通过市场化运作模式来实现参与各方的利益诉求，政府在其中发挥构建平台、创立机制、政策引导等指向性、服务性功能。

"一带一路"倡议是与现有相关机制对接互补的有益渠道。参与"一带一路"建设的国家要素禀赋各异，比较优势差异明显，互补性很强。有的国家能源资源富集但开发力度不够，有的国家劳动力充裕但就业岗位不足，有的国家市场空间广阔但产业基础薄弱，有的国家基础设施建设需求旺盛但资金紧缺。我国目前经济总量居全球第二，外汇储备居全球第一，优势产业越来越多，基础设施建设经验丰富，装备制造能力强、质量好、性价比高，具备资金、技术、人才、管理等综合优势。这就为我国与其他"一带一路"建设参与方实现产业对接与优势互补提供了现实可能与重大机遇。因而，"一带一路"倡议的核心内容就是要加强基础设施建设和促进互联互通，对接各国政策和发展战略，以便深化务实合作，促进协调联动发展，实现共同繁荣。由此可见，"一带一路"倡议不是对现有地区合作机制的替代，而是与现有机制互为助力、相互补充。实际上，"一带一路"建设已经与俄罗斯主导的欧亚经济联盟、印尼全球海洋支点发展规划、哈萨克斯坦光明之路经济发展战略、蒙古国草原之路倡议、欧盟欧洲投资计划、埃及苏伊士运河走廊开发计划等实现了对接与合作，并形成了一批标志性项目，如中哈（连云港）物流合作基地。作为新亚欧大陆桥经济走廊建设成果之一，中哈（连云港）物流合作基地初步实现了深水大港、远洋干线、中欧班列、物流场站的无缝对接。该项目与哈萨克斯坦光明之路经济发展战略高度契合。

"一带一路"倡议是促进人文交流的沟通桥梁。"一带一路"倡议跨越不同区域、不同文化、不同宗教信仰，但它带来的不是文明冲突，而是各文明间的交流互鉴。"一带一路"倡议在推进基础设施建设、加强产能合作与发展战略对接的同时，也将"民心相通"作为工作重心之一。民心相通是"一带一路"建设的社会根基。民心相通就是要传承和弘扬丝绸之路友好合作精神，广泛进行文化交流、学术交流、人才交流往来、媒体合作、青年和妇女交往、志愿者服务等，为深化双边和多边合作奠定坚实的民意基础。一是扩大相互间留学生规模，开展合作办学；国家间互办文化年、艺术节、电影节、电视周和图书展等活动，深化国家间人才交流合作。二是加强旅游合作，扩大旅游规模，联合打造具有丝绸之路特色的国际精品旅游线路和旅游产品。三是强化与周边国家在传染病疫情信息沟通、防治技术交流、专业人才培养等方面的合作，提高合作处理突发公共卫生事件的能力。四是加强科技合作，共建联合实验室（研究中心）、国际技术转移中心、海上合作中心，促进科技人员交流，合作开展重大科技攻关，共同提升科技创新能力。五是整合现有资源，开拓和推进参与国家在青年就业、创业培训、职业技能开发、社会保障管理服务、公共行政管理等共同关心领域的务实合作。六是充分发挥政党、议会交往的桥梁作用，加强国家之间立法机构、主要党派和政治组织的友好往来，互结友好城市。七是加强各国民间组织的交流合作，重点面向基层民众，广泛开展教育、医疗、减贫开发、生物多样性和生态环保等主题的各类公益慈善活动，改善贫困地区生产生活条件；加强文化传媒领域的国际交流合作，积极利用网络平台，运用新媒体工具，塑造和谐友好的文化生态和舆论环境；通过强化民心相通，弘扬丝绸之路精神，开展智力丝绸之路、健康丝绸之路等建设，在科学、教育、文化、卫生、民间交往等领域广泛合作，使"一带一路"建设的民意基础更为坚实，社会根基更加牢固。"一带一路"建设就是要以文明交流超越文明隔阂，以文明互鉴超越文明冲突，以文明共存超越文明优越，为相关国家人民加强交流、增进理解搭起新的桥梁，为不同文化和文明加强对话、交流互鉴织就新的纽带，推动各国相互理解、相互尊重、相互信任。

"一带一路"是促进共同发展、实现共同繁荣的友谊之路。共建"一带一路"旨在促进各国发展战略的对接和耦合，有利于发掘区域市场的潜力，推动经济要素有序自由流动、资源高效配置和市场深度融合，促进投资和消费，创造需求和就业，增进各国人民的人文交流与文明互鉴，从而让各国人民相逢相知、互信互敬，共享和谐、安宁、富裕的生活。共建"一带一路"符合国际社会的根本利益，彰显了人类社会的共同理想和美好追求，是国际合作及全球治理新模式的积极探索，将为世界和平发展增添新的正能量。中国政府倡议秉持和平合作、开放包容、互学互鉴、互利共赢的理念，全方位推进务实合作，打造政治互信、经济融合、文化包容的利益共同体、命运共同体和责任共同体。

"一带一路"倡议已经得到世界上众多国家和地区的积极响应，成为维护全球自由贸易体系和开放型世界经济的重要支撑。截至 2021 年 1 月 30 日，中国已经同 171 个国家和国际组织签署 205 份共建"一带一路"合作文件。[1] 特别是 2017 年 5 月第一届"一带一路"国际合作高峰论坛、2019 年 4 月第二届"一带一路"国际合作高峰论坛和 2019 年 5 月亚洲文明对话大会的成功举办，充分彰显了我国开放、包容的大国外交风范。在此背景下，我们一方面应致力于向世界介绍中国，推动中国文化"走出去"，讲好中国故事；另一方面也应加强对"一带一路"国家的历史、文化、语言、教育、艺术等方面的介绍和研究，让中国人民更多地了解"一带一路"国家的具体国情，特别是文化传统和教育体系。

"一带一路"倡议合作范围不断扩大，合作领域愈加广阔。它不仅给参与各方带来了实实在在的合作红利，也为世界贡献了应对挑战、创造机遇、强化信心的智慧与力量。

当今世界，新冠肺炎疫情带来诸多挑战，局部战争风险依然存在，经济增长动能不足，"逆全球化"思潮涌动，地区动荡持续，恐怖主义蔓延。和平赤字、发展赤字、治理赤字带来的严峻问题，已摆在全人类面前。这充分说明现有的全球治理体系面临结构性问题，亟须找到新的破解之策与应对方略。作为一个新兴大国，中国有能力、有意愿同时也有责任为完善全球治理体系贡献智慧与力量。面对新挑战、新问题、新情况，中国给出

---

[1] 中国一带一路网. 我国已签署共建"一带一路"合作文件 205 份 [EB/OL].（2021-01-30）[2021-02-23]. https://www.yidaiyilu.gov.cn/xwzx/gnxw/163241.htm.

的全球治理方案是：构建人类命运共同体，实现共赢共享。"一带一路"倡议正是朝着这个目标努力的具体实践。"一带一路"倡议强调各国的平等参与、包容普惠，主张携手应对世界经济面临的挑战，开创发展新机遇，谋求发展新动力，拓展发展新空间，共同朝着人类命运共同体方向迈进。正是本着这样的原则与理念，"一带一路"倡议针对各国发展的现实问题和治理体系的短板，创立了亚洲基础设施投资银行、丝路基金等新型国际机制，构建了多形式、多渠道的交流合作平台。这既能缓解当今全球治理机制代表性、有效性、及时性难以适应现实需求的困境，在一定程度上扭转公共产品供应不足的局面，提振国际社会参与全球治理的士气与信心，又能满足发展中国家尤其是新兴市场国家变革全球治理机制的现实要求，大大增强了新兴国家和发展中国家的话语权，是推进全球治理体系朝着更加公正合理方向发展的重大突破。

"一带一路"倡议涵盖了发展中国家与发达国家，实现了"南南合作"与"南北合作"的统一，有助于推动全球均衡可持续发展。"一带一路"建设以基础设施建设为着眼点，促进经济要素有序自由流动，推动中国与相关国家的宏观政策的对接与协调。对于参与"一带一路"建设的发展中国家来说，这是一次搭中国经济发展"快车""便车"，实现自身工业化、现代化的历史性机遇，有利于推动"南南合作"的广泛展开，同时也有助于增进"南北对话"，促进"南北合作"的深度发展。不仅如此，"一带一路"倡议的理念和方向同联合国《2030年可持续发展议程》也高度契合，完全能够加强对接，实现相互促进。联合国秘书长古特雷斯表示，"一带一路"倡议与《2030年可持续发展议程》都以可持续发展为目标，都试图提供机会、全球公共产品和双赢合作，都致力于深化国家和区域间的联系。

二、深入推动"一带一路"国家的教育交流

2020 年 6 月印发的《教育部等八部门关于加快和扩大新时代教育对外开放的意见》指出，教育对外开放是教育现代化的鲜明特征和重要推动力，要以习近平新时代中国特色社会主义思想为指导，坚持教育对外开放不动摇，主动加强同世界各国的互鉴、互容、互通，形成更全方位、更宽领域、更多层次、更加主动的教育对外开放局面。

教育为国家富强、民族繁荣、人民幸福之本，在共建"一带一路"中具有基础性和先导性作用。教育交流为各国民心相通架设桥梁，人才培养为各国政策沟通、设施联通、贸易畅通、资金融通提供支撑。各国间教育交流源远流长，教育合作前景广阔，大家携手发展教育，合力共建"一带一路"，是造福各国人民的伟大事业。推进"一带一路"国家教育共同繁荣，既是加强与各国教育互利合作的需要，也是推进中国教育改革发展的需要，中国愿意在力所能及的范围内承担更多责任和义务，为区域教育大发展做出更大的贡献。

（一）教育合作的原则

"一带一路"国家教育合作应遵循四个重要原则。

一是育人为本，人文先行。加强合作育人，提高区域人口素质，为共建"一带一路"提供人才支撑。坚持人文交流先行，建立区域人文交流机制，搭建民心相通桥梁。

二是政府引导，民间主体。政府加强沟通协调，整合多种资源，引导教育融合发展。发挥学校、企业及其他社会力量的主体作用，活跃教育合作局面，丰富教育交流内涵。

三是共商共建，开放合作。坚持共商、共建、共享，推进各国教育发

展规划相互衔接，实现各国教育融通发展、互动发展。

四是和谐包容，互利共赢。加强不同文明之间的对话，寻求教育发展最佳契合点和教育合作最大公约数，促进各国在教育领域互利互惠。

（二）教育合作的重点

"一带一路"各国教育特色鲜明、资源丰富、互补性强、合作空间巨大。中国将以基础性、支撑性、引领性三方面举措为建议框架，开展三方面重点合作，对接各国意愿，互鉴先进教育经验，共享优质教育资源，全面推动各国教育提速发展。

1. 开展教育互联互通合作

一是加强教育政策沟通。开展"一带一路"国家教育法律、政策协同研究，构建各国教育政策信息交流通报机制，为各国政府推进教育政策互通提供决策建议，为各国学校和社会力量开展教育合作交流提供政策咨询。积极签署双边、多边和次区域教育合作框架协议，制定各国教育合作交流国际公约，逐步疏通教育合作交流政策性瓶颈，实现学分互认、学位互授联授，协力推进教育共同体建设。

二是助力教育合作渠道畅通。推进"一带一路"国家间签证便利化，扩大教育领域合作交流，形成往来频繁、合作众多、交流活跃、关系密切的携手发展局面。鼓励有合作基础、相同研究课题和发展目标的学校缔结姊妹关系，逐步深化和拓展教育合作交流。举办校长论坛，推进学校间开展多层次、多领域的务实合作。支持高等学校依托优势学科和专业，建立"产学研用"相结合的国际合作联合实验室（研究中心）、国际技术转移中心，共同应对各国在经济发展、资源利用、生态保护等方面面临的重大挑战与机遇。打造"一带一路"国家学术交流平台，吸引各国专家学者、青年学生开展研究和学术交流。推进"一带一路"国家优质教育资源共享。

三是促进语言互通。研究构建语言互通协调机制，共同开发语言互通开放课程，逐步将国家语言课程纳入各国的学校教育课程体系。拓展政府间语言学习交换项目，联合培养、相互培养高层次语言人才。发挥外国语院校人才培养优势，推进基础教育多语种师资队伍建设和外语教育教学工作。扩大语言学习国家公派留学人员规模，倡导各国与中国院校合作在华开办本国语言专业。支持更多社会力量助力孔子学院和孔子课堂建设，加强汉语教师和汉语教学志愿者队伍建设，全力满足不同国家的汉语学习需求。

四是推进民心相通。鼓励学者开展或合作开展中国课题研究，增进各国对中国发展模式、国家政策、教育文化等各方面的理解。建设国别和区域研究基地，与对象国合作开展经济、政治、教育、文化等领域研究。逐步将理解教育课程、丝路文化遗产保护纳入各国中小学教育课程体系，加强青少年对不同国家文化的理解。加强"丝绸之路"青少年交流，注重通过志愿服务、文化体验、体育竞赛、创新创业活动和新媒体社交等途径，增进不同国家青少年对其他国家文化的理解。

五是推动学历学位认证标准联通。推动落实联合国教科文组织《亚太地区承认高等教育资历公约》，支持联合国教科文组织建立世界范围学历互认机制，实现区域内双边、多边学历学位关联互认。呼吁各国完善教育质量保障体系和认证机制，加快推进本国教育资历框架开发，助力各国学习者在不同种类和不同阶段教育之间进行转换，促进终身学习社会的建设。共商、共建区域性职业教育资历框架，逐步实现就业市场的从业标准一体化。探索建立各国教师专业发展标准，促进教师流动。

2．开展人才培养培训合作

一是实施"丝绸之路"留学推进计划。设立"丝绸之路"中国政府奖学金，为各国专项培养行业领军人才和优秀技能人才。全面提升来华留学人才培养质量，把中国打造成为深受各国学子欢迎的留学目的地。以国家公派留学为引领，推动更多中国学生到"一带一路"其他国家留学。坚持"出国留学和来华留学并重、公费留学和自费留学并重、扩大规模和提高质量并重、依法管理和完善服务并重、人才培养和发挥作用并重"，完善全链条的留学人员管理服务体系，保障平安留学、健康留学、成功留学。

二是实施"丝绸之路"合作办学推进计划。有条件的中国高等学校开展境外办学要集中优势学科，选好合作契合点，做好前期论证工作，构建科学的人才培养模式、运行管理模式、服务当地模式、公共关系模式，使学校顺利落地生根、开花结果。发挥政府引领、行业主导作用，促进高等学校、职业院校与行业企业深度产教融合。鼓励中国优质职业教育配合高铁、电信运营等行业企业"走出去"，探索开展多种形式的境外合作办学，合作设立职业院校、培训中心，合作开发教学资源和项目，开展多层次职业教育和培训，培养当地急需的各类"一带一路"建设者。整合资源，积极推进与各国在青年就业培训等共同关心领域的务实合作。倡议国家之间开展高水平合作办学。

三是实施"丝绸之路"师资培训推进计划。开展"丝绸之路"教师培训，加强先进教育经验交流，提升区域教育质量。加强"丝绸之路"教师交流，推动各国校长交流访问、教师及管理人员交流研修，推进优质教育模式在各国的互学互鉴。大力推进各国优质教学仪器设备、教材课件和整体教学解决方案的输出，跟进教师培训工作，促进各国教育资源和教学水平均衡发展。

四是实施"丝绸之路"人才联合培养推进计划。推进国家间的研修访学活动。鼓励各国高等院校在语言、交通运输、建筑、医学、能源、环境工程、水利工程、生物科学、海洋科学、生态保护、文化遗产保护等国家发展急需的专业领域联合培养学生，推动联盟内或校际教育资源共享。

3．共建丝路合作机制

一是加强"丝绸之路"人文交流高层磋商。开展国家间的双边、多边人文交流高层磋商，商定"一带一路"教育合作交流总体布局，协调推动各国建立教育双边和多边合作机制、教育质量保障协作机制和跨境教育市场监管协作机制，统筹推进"一带一路"教育共同行动。

二是充分发挥国际合作平台作用。发挥上海合作组织、东亚峰会、亚太经合组织、亚欧会议、亚洲相互协作与信任措施会议、中阿合作论坛、东南亚教育部长组织、中非合作论坛、中巴经济走廊、孟中印缅经济走廊、中蒙俄经济走廊等现有双边、多边合作机制的作用，增加教育合作的新内涵。借助联合国教科文组织等国际组织力量，推动各国围绕实现世界教育发展目标形成协作机制。充分利用中国–东盟教育交流周、中日韩大学交流合作促进委员会、中阿大学校长论坛、中非高校20+20合作计划、中日大学校长论坛、中韩大学校长论坛、中俄综合性大学联盟等已有平台，开展务实的教育合作交流。支持在共同区域、有合作基础、具备相同专业背景的学校组建联盟，不断延展教育务实合作平台。

三是实施"丝绸之路"教育援助计划。发挥教育援助在"一带一路"教育共同行动中的重要作用，逐步加大教育援助力度，重点投资于人、援助于人、惠及于人。发挥教育援助在"南南合作"中的重要作用，加大对相关国家尤其是最不发达国家的支持力度。统筹利用国家、教育系统和民间资源，为相关国家培养培训教师、学者和各类技能人才。积极开展优质教学仪器设备、整体教学方案、配套师资培训一体化援助。加强中国教育培训中心和教育援外基地建设。倡议各国建立政府引导、社会参与的多元化经费筹措机制，通过国家资助、社会融资、民间捐赠等渠道，拓宽教育经费来源，做大教育援助格局，实现教育共同发展。

三、精心组织"一带一路"国家文化教育大系的编著出版

在编写"一带一路"国家文化教育大系过程中，应当全面了解国内外对"一带一路"倡议的响应情况，关注进展，总结做法；应当在新冠肺炎疫情得到控制后到对象国去走一走，看一看，实地感受其教育情况和发展变化；应当广泛收集对象国一手资料，认真阅读，消化分析，吐故纳新；应当多方检索专家学者已经开展的相关研究，虚心参阅已有的研究成果。肆虐全球的新冠肺炎疫情，给人类身体健康和生命安全带来了巨大威胁，对世界格局和世界治理体系产生了重大影响，给全球各行各业带来了巨大挑战。教育置身其间，影响十分明显。因而，对"一带一路"国家文化教育进行研究时，必须观察分析疫情对相关国家文化教育和全球教育治理的深刻影响。

"一带一路"倡议提出后，中外已形成多个"一带一路"多边大学联盟。2015 年 5 月 22 日，由西安交通大学发起的新丝绸之路大学联盟成立，迄今已吸引 38 个国家和地区的 150 余所大学加盟。该联盟是海内外大学结成的非政府、非营利性的开放性、国际化高等教育合作平台，以"共建教育合作平台，推进区域开放发展"为主题，推动"新丝绸之路经济带"国家和地区大学之间在校际交流、人才培养、科研合作、文化沟通、政策研究、医疗服务等方面的交流与合作，增进青少年之间的了解和友谊，培养具有国际视野的高素质、复合型人才，服务"新丝绸之路经济带"及欧亚地区的发展建设。

2015 年 10 月 17 日，丝绸之路（敦煌）国际文化博览会筹委会文化传承创新高端学术研讨会在敦煌举行。中国的复旦大学、北京师范大学、兰州大

学和俄罗斯乌拉尔国立经济大学、韩国釜庆大学等 46 所中外高校在甘肃敦煌成立了"一带一路"高校战略联盟，以探索跨国培养与跨境流动的人才培养新机制，培养具有国际视野的高素质人才。46 所高校当日达成《敦煌共识》，联合建设"一带一路"高校国际联盟智库。联盟将共同打造"一带一路"高等教育共同体，推动"一带一路"国家和地区大学之间在教育、科技、文化等领域的全面交流与合作，服务"一带一路"国家和地区的经济社会发展。

2016 年 9 月，中国、中亚及丝绸之路经济带沿线 7 个国家的 51 所高校共同发起成立了中国–中亚国家大学联盟，旨在打造开放性、国际化互动平台，深化"一带一路"科教合作。

此外，高等教育合作研讨会也日渐增多，既有官方推动形成的研讨会，也有民间自发举办的研讨会。比如，中外大学校长论坛、新加坡–中国–印度高等教育论坛、"一带一路"教育对话论坛，以及北京师范大学举办的"一带一路"国家教育交流与合作高端研讨会，北京外国语大学举办的"一带一路"与行业国际化人才培养高峰论坛，北京理工大学主办的"一带一路"高等教育研究国际会议，浙江大学举办的"一带一路"背景下的工程科技人才培养国际研讨会等。这些多边研讨会的召开，不仅吸引了大量"一带一路"沿线国家的教育研究者与实践者参会，推动了研究与实践合作，而且创新了教育合作模式，促进了国际化高端人才培养，为"一带一路"建设奠定了民意基础。

"一带一路"倡议提出之后，中国学术界迅速开展了关于"一带一路"的研究活动，有关"一带一路"主题的图书主要有以下五类。第一类是倡议解读类图书，一般是梳理"一带一路"倡议的提出、发展及其理论内涵与外延。第二类是经济贸易类图书，专业性较强，主要为理论研究型图书。第三类是国情文史类图书，多为介绍"一带一路"国家国情概览、历史情况、发展概况的工具书，语言平实，部分图书学术性较强。第四类是丝路历史类图书，一般回顾古代丝绸之路的形成与发展、丝绸之路上的人物和大事记等，追古溯源，以便更好地开启"一带一路"新篇章。第五类是法律税收类图书，多为法律指引、税务规范手册等。

可以看出，国内对"一带一路"国家的研究已有一定基础，但是囿于语言翻译的障碍，已经出版的"一带一路"图书，大多是政策解读、数据报告、概况介绍等，对对象国的研究广度和深度还很不够，尤其是针对"一带一路"国家文化教育的系统研究还比较少。

在"一带一路"国家中，遴选具有代表性的对象，对其文化、教育进行系统性的研究，并在此基础上编写"一带一路"国家文化教育大系，分期分批出版，对于帮助中国普通读者和研究人员了解"一带一路"国家的文化教育情况，以及对于拓展我国比较教育研究领域、丰富比较教育研究文献，乃至对于促进中外文明互通、更好地参与推进"一带一路"建设，都具有重要意义。基于对选题背景与意义、相关出版产品调研和北京外国语大学比较优势的分析，"一带一路"国家文化教育大系坚持学术性、可读性兼顾原则，分批次推出，不断积累，以形成规模和品牌。

大系在内容上，一方面呈现"一带一路"国家的文化概貌，展示"一带一路"国家教育发展的文化背景和社会依托。大系采用专题形式，力求用简洁平实的语言生动活泼地介绍"一带一路"国家的自然地理、人文景观、历史发展、风土人情、文化遗产等内容，重点呈现对象国独有的文化现象和独特风貌，集中揭示其民族文化内涵、民族精神、人文意蕴。另一方面，大系重点研究、评价、介绍"一带一路"国家教育的基本情况、发展历史、发展战略、政策法规、现存体系、治理模式与师资队伍等，这方面内容占较大篇幅，是全书的重点和主要内容。

"一带一路"倡议正在成为我国参与全球开放合作、改善全球治理体系、促进全球共同发展繁荣、推动构建人类命运共同体的中国方案。作为国家社会科学基金（教育学）重大项目"新时代提升中国参与全球教育治理的能力及策略研究"的部分研究成果和北京外国语大学"双一流"建设重大标志性成果，"一带一路"国家文化教育大系计划在 2021 年中国共产党建党 100 周年和北京外国语大学建校 80 周年之际，推出首批图书。2023 年"一带一路"倡议提出 10 周年时，推出该项目二期成果。同时积极参与党和国家相关主题纪念活动，以及国家重大图书项目的申报评选工作。

北京外国语大学以外语见长，国际交往活跃，被誉为"共和国外交官的摇篮"，先后培养了 400 多位大使、2 000 多位参赞，以及更多的外交外事外贸工作者。凡是有五星红旗飘扬的地方，都能看到北外人的身影。北外不仅承担着培养各类国际化人才的任务，更担负着向中国介绍世界、向世界介绍中国的历史使命。迄今为止，北外已获批开设 101 种外国语言，成立了 37 个区域与国别研究中心，丰富的涉外资源正在助力"一带一路"国家的研究。

大系由外研社具体组织实施。外研社隶属北外，多年来致力于"一带一路"国家的合作交流，服务讲好"中国故事"，在中华思想文化传播、打造中外出版联盟、推动中外学术互译等方面积累了丰富经验，对于协助研究、编著、出版"一带一路"国家文化教育大系具有良好的工作基础。这也是北外及外研社的使命和担当之所在。

大系编著者以北外教师为主。服务国家重大战略，北外人责无旁贷。同时，国内有研究专长和研究意愿的专家学者也踊跃参与，他们或独自撰著一书，或与北外同仁合作。大系还邀请了驻外使领馆的同志和对象国的学者参加撰写或审稿，他们运用一手资料，开展实地调研，力图提升大系的准确性。

四、结语

"一带一路"倡议植根历史，更面向未来；源于中国，更属于世界。"一带一路"作为文明互鉴的桥梁，从亚欧大陆延伸到非洲、美洲、大洋洲，与世界各国发展战略及众多国际和地区组织的发展实现对接联通，在通路、通航的基础上更好地通商，进而开展文化教育交流与沟通，加强商品、资金、技术、文化、教育流通，达成互学互鉴的文明愿景。"一带一路"倡议的目标是中国与"一带一路"国家在互联互通基础上分享优质产能，共商项目投资，共建基础设施，共享合作成果，内容包括政策沟通、设施联通、贸易畅通、资金融通、民心相通"五通"。"一带一路"倡议肩负重大使命，它要探寻经济增长之道，将中国自身的产能优势、技术与资金优势、经验与模式优势转化为市场与合作优势，实行全方位开放，共享中国改革发展红利；它要实现全球化再平衡，鼓励向西开放，带动西部开发以及中亚、蒙古等内陆国家和地区的开发，在国际社会推行全球化的包容性发展理念，主动向西推广中国优质产能和比较优势产业，惠及沿途、沿岸国家，避免西方国家所开创的全球化造成的贫富差距和地区发展不平衡情况，推动建立持久和平、普遍安全、共同繁荣的和谐世界；它要开创地区新型合作，强调共商、共建、共享原则，超越了马歇尔计划和传统的对外援助活动，给 21 世纪的国际合作带来了新的理念。所以，新时代中国的教育学者应当将"一带一路"国家文化教育研究作为比较教育新的增长点，全面深入开展研究，以自己的聪明才智丰富学术，为国出力，服务国家重大发展战略；在加强与"一带一路"国家的交流合作中，推动"一带一路"建设高质量发展，努力建设高质量的中国教育体系，并积极参与后疫情时代全球教育治理体系改革，加快构建以国内大循环为主体、国内国际双循环相互促进的新发展格局。

2023 年春
于北京外国语大学

（王定华，北京外国语大学党委书记、博士、教授、博士生导师，国家督学。历任河南大学教师、中国驻纽约总领事馆教育领事、教育部基础教育一司司长、教育部教师工作司司长等。）

本书前言

　　本书的撰写似乎是冥冥之中注定的。在我攻读博士学位期间，也许是因为学位论文选题的原因，也许是我的名字中带有"利"字的原因，有一天我突发奇想，看能否从澳大利亚、奥地利、叙利亚、匈牙利、比利时、保加利亚、阿尔及利亚、尼日利亚等国名含"利"字的国家中选一国教育研究作学位论文选题，当时就关注了智利并收集了智利教育方面的相关文献。后来，我的博士学位论文做了比较教育本体论方面的研究，放弃了国别教育研究。在博士毕业后的工作和学习中，我并没有放弃对智利的关注，陆续收集了一些智利教育改革发展方面的最新资料，但由于语言等原因迟迟没有进一步行动。

　　岁月不居，时节如流。现在打开电脑工作区中"智利教育"的文件夹，我发现最早收集智利文献的日期是 2007 年 6 月 3 日，全面整理智利教育文献是 2010 年 7 月 7 日。2020 年 7 月 21 日，我收到了外语教学与研究出版社常务副社长刘捷博士的微信留言，询问我能否参与"一带一路"国家文化教育大系撰写工作，我欣然答应并从刘博士提供的国别名单中选取了智利。能够有机会参与大系的撰写，我深感荣幸！

　　智利诗人、诺贝尔文学奖获得者聂鲁达这样描述智利："我的祖国智利在很远的地方，是世界上最美丽的国家。它像剑一样长而狭窄，处在最高耸的山脉和最宽阔的海洋之中……"智利，如丝带般镶嵌于南美大陆的西南海岸，各种绚丽、迷人的景色聚集在这个狭长、充满反差的国度里，独一无二且特色分明。有人这样比喻："你把头枕在安第斯山上，脚就会伸进太平洋。"智利拥有南北迥然不同的极致风景：北部可直达世界"旱极"阿塔卡马沙漠，南至与世隔绝的"复活节岛"，与南极洲隔海相望，是世界上离南极洲最近的国家之一。中间则有平坦的"中央谷地"，田园牧歌式的首都圣地亚哥就坐落在此。智利人常称自己的国家为"天涯之国"。

智利是发展对华关系起步最早、速度最快、决心最大的拉美国家之一。1970 年 12 月 15 日，智利在南美洲国家中率先同新中国建交，两国实现了跨越大洋的历史性拥抱。曾经的"天涯之国"不再遥远和陌生，广阔的太平洋也阻不断两国人民彼此交往的渴望。半个多世纪以来，中智两国始终坚持相互尊重、平等互利、开放包容，秉持敢为人先的精神，创造了多项"第一"。2018 年 11 月，智利与中国签署了共建"一带一路"合作谅解备忘录。两国坚持共商共建共享理念，在共建"一带一路"框架内推动贸易、投资、能矿、科技、通信、教育等领域合作优化升级、创新发展。

智利的文化教育拥有悠久的历史，文化教育在推动国家经济和社会发展方面发挥着重要的作用。目前，国内关于智利的研究主要围绕历史、文化、政治、外交等领域展开，对智利教育的研究还相对薄弱。本书共分为十二章。其中第一章和第二章主要涉及智利自然地理、国家制度、社会生活、风土人情、文化名人等。第三章重点介绍了智利教育历史发展阶段，主要涉及土著印第安人时期的教育、殖民地时期的教育、独立初期教育的缓慢发展、20 世纪教育的快速稳定发展和民主政府时期教育的持续健康发展等阶段，并介绍了在智利教育事业发展中发挥过重要作用、做出过重要贡献的教育家。第四章到第九章涉及智利学前教育、基础教育、高等教育、职业教育、成人教育和教师教育的发展和现状、特点和经验、挑战和对策等问题，从各级各类教育的不同层面勾勒智利教育的整体形象。第十章选取智利近 5 年来的重要教育政策，对其核心内容进行了重点解读。第十一章对智利的中央教育行政和地方教育行政管理模式和教育行政的革新主张与实践进行了论述。第十二章在叙述中智两国教育交流历史、现状等的基础上，结合中智教育交流合作中的三类典型案例进行了深入分析。结语对未来中智两国在"一带一路"层面上的教育合作交流提出了中肯的建议。通过正文十二章的梳理、分析、论述，真诚希望本书能够让读者对智利的历史文化和教育有更全面的了解和更深入的理解，也希望本书能对拓展比较教育国别研究和深化智利教育研究贡献绵薄之力。

本书系国家社会科学基金（教育学）重大项目"新时代提升中国参与全球教育治理的能力及策略研究"（VDA200004）、北京外国语大学"双一流"建设标志性项目"'一带一路'国家文化教育研究"（BW202018）及陕西师范大学中央高校基本科研业务费专项资金重点项目"'一带一路'沿线国家高等教育国际化进程研究"（ZD202101）的阶段性成果。

衷心感谢北京外国语大学党委书记、中国教育学会副会长兼国际教育分会理事长、"一带一路"国家文化教育大系总主编王定华教授，外语教学与研究出版社常务副社长刘捷编审，期刊出版分社社长孙凤兰编审，文化教育编辑部主任巢小倩副编审等有关编审人员提供的专业支持和指导！

衷心感谢东北师范大学智利留学生 Matias Hartmann 和在智利工作的华人宋莉娜、孙新堂、包容等朋友提供的相关文献和图片。

衷心感谢外研社焦缨添女士细心、认真、卓越的编辑工作，她的辛苦付出使本书在文字和内容上得到了极大的提升，她兢兢业业的工作和不懈努力使本书得以面世！

衷心感谢陕西师范大学社科处等行政部门领导和教育学部领导、前辈、同事，本书的顺利出版离不开他们的悉心关照和鼎力支持！

本书在撰写过程中参阅了中国教育部、外交部、商务部和智利教育部等政府部门的公开信息和国内外众多学者的研究成果，在此一并表示衷心的感谢！

机会总是青睐有准备的人，成功则青睐那些善于学习、喜欢学习的人。

"我们都是奋斗者"学术团队的王萍、唐小琦、何玥、王奕迪、刘斯琪、丁雅施、杨文杰、陈彩彦、陈佳薇、林琳、周丽敏和王垚赟等同学热爱学习、甘于奉献，他们在紧张的学习之余分别为本书十二章的资料收集和文献翻译等做出了重要贡献。没有他们的积极参与和鼎力支持，本书不可能在短时间内付梓。对他们的辛勤劳动，在此深表谢意！

中国古诗云："相知无远近，万里尚为邻。"智利谚语说："好朋友恰似天上的星辰，相距遥远却彼此辉映。"也有人说，世界上最远的距离，不是生与死的距离，而是我在智利最北端的阿塔卡马沙漠，你却在智利最南端的合恩角，这就是"天涯之国"的智利。有生之年，但愿能踏上智利这片陌生而神秘的国土，体验它的文艺与浪漫，热情与奔放……

十年未必磨一剑。由于作者能力有限，本书疏漏纰缪在所难免，恳请各位专家和读者批评指正。

袁利平

2023 年 6 月于陕西师范大学

目　录

第一章 国情概览

智利，全称智利共和国，位于南美洲西南部，安第斯山脉西麓。东同阿根廷为邻，东北与玻利维亚接壤，北界秘鲁，西临太平洋，南与南极洲隔海相望，是世界上地形最狭长的国家。智利拥有较高的国际竞争力和生活质量，具有稳定的政治环境，全球化的、自由的经济环境和相对较低的贫困率。智利是世界上铜矿储量最多的国家，又是世界上铜产量和铜出口最多的国家，享有"铜矿王国"之美誉。此外，智利在人类发展指数等方面也获得了很高的排名。

第一节 自然地理

一、地理位置

智利，位于西经66°58′—75°40′，南纬17°30′—55°59′。由于地处美洲大陆的最南端，智利常被称为"天涯之国"。智利大部分地带沿海岸伸展，北部海岸线较平直，南部海岸线曲折，多峡湾和群岛，海岸线总长约1万千米。作为世界上最狭长的国家，智利南北长 4 352 千米，东西宽 96.8—362.3 千米，国土面积约 75.67 万平方千米。

二、地形地貌

智利的地形大致由南北走向互相平行的 3 条并列带构成：东面为高峻的安第斯山脉，约占全境东西宽度的 1/3；西面为海拔 300—2 000 米的海岸山脉；中部为长约 1 100 千米，宽约 30—50 千米的陷落纵谷，称为中央谷地或智利腹地。

由于位于太平洋火山地震带，智利境内多火山且地震频繁。据统计，智利境内各类火山共 2 000 多座，其中活火山 50 多座，分为北部、中南部、南部和太平洋岛屿 4 个火山群。北部火山群有活火山 17 座，海拔都在 5 000 米以上，其中位于智利、阿根廷边境的奥霍斯–德尔萨拉多峰海拔 6 885 米，是智利最高点，也是世界上海拔最高的活火山。

三、气候类型

智利的大部分地区是海洋性气候。根据地貌和气候的特点，智利的气候从北至南分为 5 种类型，分别为热带沙漠气候、地中海气候、森林气候、群岛气候、大西洋沿岸气候。

受地形和寒流降温减湿作用的影响，智利北部地区属热带沙漠气候，是世界上最干旱的地区之一，人们称之为"旱极"。[1] 内陆地区空气干燥、

---

[1] 王晓燕. 智利 [M]. 北京：社会科学文献出版社，2004：7.

日照强，气候炎热；沿海地区的湿度相对较高，温差较小。

南纬 30°—40° 的智利中部等地区属地中海气候，冬季冷而多雨，春秋两季温和，夏季热而干燥，年平均温度 14℃，平均降雨量为 500—1 000 毫米。[1] 由于山脉阻隔了暖湿气流，中央谷地的降雨量和湿度低于沿海地区。

地中海气候区往南是智利的森林气候区。这里终年多雨，降雨量可达 1 000—4 000 毫米，自北向南雨量逐渐增多，风力逐渐增大，气温逐渐降低。该地区的年平均最高气温 18℃，最低气温 5℃，年温差较小。

南纬 45° 以南为群岛气候，平均温度为 10℃，年降雨量高达 2 865 毫米以上，气候寒冷，潮湿多雨，自然环境恶劣，生存条件较差。群岛西部除部分岛屿和海峡外，少有人居住。

智利大西洋沿岸气候区位于智利最南端安第斯山脉的东侧、麦哲伦海峡西侧。其气候与群岛区气候不同，与阿根廷南部的气候特点较为相似。该地区畜牧业不断发展，石油工业也正在兴起。

四、河流湖泊

智利境内的河流均发源于安第斯山脉，由于地势起伏大，导致河流河道狭窄短促，落差大，水流湍急，绝大多数河流通航条件较差。智利境内主要河流有洛亚河、迈波河、比奥比奥河。

洛亚河位于智利北部，全长 440 千米，是智利境内最长的河流。它先由北向南流，而后向西呈一弧形再流向北，流经阿塔卡马沙漠，再向西穿过海岸山脉，注入太平洋。其主要支流有圣萨尔瓦多河、萨拉多河、圣佩德罗河。

迈波河位于智利中部，全长 250 千米，其支流耶索河及科罗拉多河流至

---

[1] 王晓燕. 智利 [M]. 北京：社会科学文献出版社，2004：8.

山谷后断流,另一支流马波乔河横穿圣地亚哥城。

比奥比奥河位于智利南部地区,全长 386 千米,发源于安第斯山脉的加列图埃湖和伊卡尔马湖,向西北流经肥沃的中央谷地和海岸山脉的横向谷地,在康塞普西翁城附近注入阿劳科湾。

五、自然资源

自然资源对人类文明发展至关重要。智利有着丰富的自然资源,特别是在矿产、森林、渔业、水力和动植物资源等方面有着天然优势。

(一)矿产资源

智利素有"铜矿王国"之称,铜蕴藏量居世界第一。智利著名政治家、前总统阿连德曾说"铜,是智利的工资",这句话形象地表现了铜矿在智利国民经济中的地位。智利全国几乎遍布大大小小的铜矿。其中,智利中部的埃尔特尼恩特是世界上最大的地下铜矿,北部的丘基卡马塔和佩兰布莱斯则分别是世界上数一数二的露天铜矿。[1]

智利人把硝石视为"白色珍珠",也称"白金"。世界唯一的天然硝石产地就在智利的阿塔卡马沙漠区。智利作为世界天然硝石的最大供应国,为世界炸药和化肥的制作提供了大量原料。第一次世界大战之前,智利的硝石产量曾占世界的 90%,所创收入曾占国家财政收入的一半。在人类发明了人造硝石后,智利逐渐失去了世界硝石市场的霸主地位,但硝石至今仍是智利最重要的出口物资之一,也对国民经济的发展起到重要推动作用。

---

[1] 任浩之. 世界地理全知道 [M]. 北京:当代世界出版社,2008:268.

另外，智利的锂资源比较丰富。锂资源目前已是全球最抢手的资源之一。

（二）森林资源

作为世界上森林分布范围最广、种类最多的国家之一，森林资源也是智利的重要财富。智利主要森林地带集中于比奥比奥河以南地区，这一地区盛产温带林木，主要有智利柏、智利南美松、皮尔格松、智利罗汉松和辐射松等，大多属于硬质木，其中南美松和橡木在世界享有盛名。[1]

（三）渔业资源

智利因其得天独厚的地理优势——漫长的海岸线，而拥有非常丰富的渔业资源，是拉美地区重要的渔业产品生产国，境内海域盛产种类繁多的鱼类、贝类、海藻等，主要有鳀鱼、沙丁鱼、萨门鱼、鲣鱼、鳕鱼、石斑鱼、海蟹、对虾、龙虾等。

（四）水力资源

智利多山的地貌环境为其提供了先天的地理优势，利于水电站的修建。河流与高山瀑布为智利的电力生产提供了充足的水力资源，对推动智利电力工业发展起到了重要作用。

---

[1] 中国银行股份有限公司，社会科学文献出版社. 智利 [M]. 北京：社会科学文献出版社，2016：50.

（五）动植物资源

智利动植物资源的分布与地理位置、地形和气候相关。北部广阔的沙漠地区除少数绿洲外，以仙人掌科类和荆棘类植物为主；安第斯山脉地带以荆棘灌木类为主，野生动物有原驼、野羊等；地中海气候区动植物则随纬度而变；森林气候区主要植物有松柏、桂树等，动物则是以南美豹为主。

第二节 国家制度

一、国家象征

（一）国旗

智利共和国国旗呈长方形，靠旗杆一边上方三分之一的旗角为蓝色正方形，其中央绘有一颗白色五角星，旗底由白、红两个平行长方形构成，白色在上，红色在下。红色象征为了智利的独立和自由而牺牲的烈士的鲜血，白色象征安第斯山的白雪，而蓝色象征海洋。

（二）国徽

智利的国徽正中是一颗银白色五角星，其衬底是蓝、红横断盾形，顶端有一束红、白、蓝色的美洲鸵鸟羽毛，左侧是一只安第斯鹿，右侧是一只美洲安第斯兀鹫。每只动物的头部都装饰着一顶王冠。盾形底部有一条由智利的国花科皮乌埃所编织的花带，是独立自由的象征。绶带上用西班牙文写着"依靠公理和武力进行斗争"。

（三）国花

智利的国花是科皮乌埃，又名红铃兰，属藤类植物，是一种野生百合花，主要分布在智利的中南部地区。据说此花以前只有蓝色和白色两种颜色，智利战士在反抗殖民者的统治时，由于叛徒的告密，全部战死疆场，第二年，战士们牺牲的地方开满了红色科皮乌埃。为了纪念将士们的英灵，智利政府将此花定为国花。

（四）国鸟

智利的国鸟名为"孔多尔"，是一种安第斯兀鹫。这种鸟栖息在南美安第斯山的悬崖峭壁上，安第斯人把它当作"安第斯文明之魂"加以尊敬，并将其定为智利国鸟，放入国徽里。

（五）国歌

智利的国歌歌名为《亲爱的祖国》，由欧塞比奥·李约·罗伯斯作词，拉蒙·卡尼塞尔·伊·巴特尔作曲。正式国歌有六段歌词，通常只唱第五段歌词。

（六）货币

智利现行货币是比索。[1]1975 年 9 月以前，智利的货币单位为埃斯库多。[2]

二、政府组织

智利是资产阶级共和国，政治体制为总统共和制，总统是国家元首，同时也是政府首脑。智利《宪法》规定，凡是在智利出生、年满 40 岁、有选举权并具备其他必要条件的公民均可竞选总统。

智利中央政府现下设 24 个部委，包括内政部、外交部、国防部、社会发展和家庭部、司法和人权部、劳动和社会保障部、交通运输部、能源部、环境部、体育部、妇女和性别平等部、文化艺术和遗产部等。[3]

智利地方政府可分为大区政府、省政府和市政府。大区政府由区长治理，区长由总统任命，依照法律及总统的命令、指示行使职权，是总统在该大区的代表。[4] 区长的职责是根据国家的总体发展规划，制定本区的发展计划和方针政策，并监督、协调和检查大区的各项公共事务。各省政府设省长一名，省长也是由总统直接任命，并服从所在大区区长的领导。根据区长的指示，省长负责管理本省各项公共事务和行使法律赋予的有关职权。各省省长根据情况和有关法律规定，可在一地或几地委派专员行使职能。市政府是基层行政单位，享有法人地位，由市长和市政会组成，市长由市政会推荐。

---

[1] 1 元（人民币）≈ 113.6 比索（2023 年 7 月 11 日汇率）。

[2] 焦震衡. 外国象征标志手册 [M]. 北京：新华出版社，1988：335.

[3] 资料来源于智利中央政府官网。

[4] 王晓燕. 智利 [M]. 北京：社会科学文献出版社，2011：126.

三、国民议会

智利国民议会成立于 1811 年，是拉美最早成立的国民议会之一。1828 年改为两院制。1973 年军事政变后，国民议会解散。1988 年 10 月，智利举行全民公决，决定恢复民主制度，制度恢复后的第一届国民议会于 1989 年 12 月选举产生，1990 年 3 月正式行使职权。[1]

智利实行立法、行政、司法三权分立的政治体系，国民议会作为最高立法机构，独立于政府和最高法院，拥有立法权，对行政、司法和军事领域进行监督，对预算，最高法院法官、司法检察官和总检察长的任命以及政府签署的国际协议进行审批。[2]

智利的国民议会由众议院和参议院两院组成，众议院负责对行政、司法、军事等公共部门的行为实行监督，参议院对众议院在监督过程中所发现的问题及提出的相关处理意见进行最终裁决。参议员任期 8 年，众议员任期 4 年，任期交错，议员每 4 年选举一次，参议员与众议员皆可连任。众议员候选人必须年满 21 岁，参议员候选人必须年满 35 岁。

众议院选举规定，全国划分为 60 个选区，每个选区以直接选举方式选出 2 名众议员。参议院选举规定，全国按行政区划分为 19 个选区，每个选区以直接选举方式选出 2 名参议员。

四、司法机构

根据《宪法》，智利实行司法独立，只有依法成立的法院才有资格受理和判决民事和刑事案件并执行审判结果，总统和议会在任何情况下都不能行

---

[1] 徐世澄. 智利的国会与改革（上）[J]. 中国人大，2015（10）：54-55.

[2] 徐世澄. 智利的国会与改革（上）[J]. 中国人大，2015（10）：54-55.

使司法职能，不能审理悬而未决的案件，不能审查或修改判决的依据或内容，不能重新审理法院已经审理了结的案件并为其翻案。[1] 智利的司法体系由各类法院组成，主要有最高法院、宪法法院、选举资格评定法院、地区选举法庭和战时军事法庭等，最高法院在工作、惩戒和经济方面对全国其他所有法院具有最高领导权。此外，全国还设 17 个上诉法院和 1 个军事法院，各省设初审法院、劳工法院和军事法庭等。1999 年，国家检察院成立。

五、行政区划

根据中国商务部的《对外投资合作国别（地区）指南：智利（2022 年版）》介绍，智利全国分为 16 个大区，下设 56 个省和 346 个市。各大区名称如下：阿里卡和帕利塔戈塔（第十五大区）、塔拉帕卡（第一大区）、安托法加斯塔（第二大区）、阿塔卡马（第三大区）、科金博（第四大区）、瓦尔帕莱索（第五大区）、解放者奥希金斯将军（第六大区）、马乌莱（第七大区）、比奥比奥（第八大区）、阿劳卡尼亚（第九大区）、洛斯·理约斯（第十四大区）、洛斯·拉戈斯（第十大区）、伊瓦涅斯将军的艾森（第十一大区）、麦哲伦（第十二大区）、圣地亚哥首都大区、纽布莱大区（第十六大区，2018 年 9 月 6 日成立）。[2] 其中，圣地亚哥首都大区的首府是圣地亚哥市，该市也是国家首都。

---

[1] 夏秀渊，等. 法律文明史（第 12 卷）：近代亚非拉地区法（下卷·拉丁美洲法分册）[M]. 北京：商务印书馆，2017：267.

[2] 商务部国际贸易经济合作研究院，中国驻智利大使馆经济商务处，商务部对外投资和经济合作司. 对外投资合作国别（地区）指南：智利（2022 版）[EB/OL].（2022-07-01）[2022-07-01]. http://www.mofcom.gov.cn/dl/gbdqzn/upload/zhili.pdf.

六、现行宪法

智利独立两百多年以来，先后于 1833 年、1925 年和 1980 年制定了三部宪法。智利现行的 1980 年《宪法》制定于皮诺切特执政时期，于 1981 年生效，之后分别于 1989 年、1991 年、1993 年、2005 年经过四次修改。

2005 年 9 月，智利颁布宪法新文本，正式取代了皮诺切特军政府时期颁布的宪法文本，这是智利对完善本国民主制度所实现的重大改革承诺和历史性步骤。新《宪法》对 1980 年《宪法》做了多处实质性修改。共和国总统任期由 6 年减至 4 年，取消终身参议员和指定参议员，所有参议员与众议员一样均由民主选举产生。此外，修改后的《宪法》赋予共和国总统对军队和警察的绝对领导权和指挥权，规定总统有权撤换武装部队各军种和警察部队的总司令。国家安全委员会不可以跨越总统的权力，转变为总统领导下的国家安全顾问机构。

2020 年 10 月 26 日，智利举行了影响深远的公民投票。公投结果显示，78% 的选民赞成制定新宪法，79% 的选民赞成通过"制宪会议"来制定新宪法。2022 年 9 月，新宪法草案在公投中未获通过。12 月，朝野各方经长时间协商就重启制宪进程达成一致。2023 年 5 月，智利举行制宪委员会选举，并计划于年底再次举行新宪法公投。[1]

七、主要政党

智利是一个多政党国家，主要政党分为新兴左翼、中左翼和中右翼三大阵营。新兴左翼执政联盟"尊严制宪"由新兴左翼联盟"广泛阵线"和左翼联盟"尊严智利"组成，2020 年，两大联盟宣布结盟参加 2021 年地方

---

[1] 中华人民共和国外交部. 智利国家概况 [EB/OL].（2023-04-02）[2023-04-16]. https://www.mfa.gov.cn/web/gjhdq_676201/gj_676203/nmz_680924/1206_681216/1206x0_681218/.

和制宪大会代表选举，并于 2021 年 7 月推选博里奇作为联盟唯一候选人参加大选。中右翼"智利我们行"由民族革新党和独立民主联盟等组成。中左翼阵营曾由基督教民主党、社会党、争取民主党、社会民主激进党等中左翼政党组成"争取民主联盟"，2013 年 4 月吸纳共产党等加入，成立"新多数联盟"，后于 2018 年解散。2021 年，社会党、争取民主党、社会民主激进党等组成"民主社会主义联盟"。

第三节 社会生活

一、主要城市

（一）圣地亚哥

圣地亚哥是智利的首都，南美洲第四大城市，始建于 1541 年，位于智利中部马波乔河畔，东望安第斯山脉，西靠海岸山脉，是智利经济、政治、文化和交通中心。根据 2018 年智利国家统计局统计，圣地亚哥人口约 756.49 万。

圣地亚哥，原本是欧洲宗教信仰者所乞求的保护神的名字。1492 年哥伦布发现美洲大陆以后，西班牙等欧洲殖民者蜂拥而来。1541 年，西班牙殖民者瓦尔迪维亚率兵来到这里，在山脚下安营扎寨，兴建城郭，后于 1541 年 2 月 12 日建城圣地亚哥。1818 年，圣地亚哥市被定为首都。

（二）瓦尔帕莱索

瓦尔帕莱索是智利议会所在地，也是第五大区（瓦尔帕莱索地区）的首府和瓦尔帕莱索省省会，是智利第二大城市和南美洲太平洋沿岸最大的深水港，其在西班牙语中意为"天堂里的谷地"。瓦尔帕莱索也是智利南太平洋最大的对外贸易港和商业中心，位于太平洋瓦尔帕莱索海湾南端，距首都圣地亚哥 119 千米。[1] 瓦市地理位置优越，是智利最早的贸易港口，港湾开阔，建有坚固的防波堤以及现代化的港口设施。巴拿马运河开通之前，瓦市有"智利门户"之称。2003 年，瓦尔帕莱索被联合国教科文组织授予"人类遗产"称号。

（三）比尼亚德尔马

比尼亚德尔马始建于 1875 年，南与智利第一大港瓦尔帕莱索连接，距离圣地亚哥 120 千米。比尼亚德尔马西班牙语意为"海上葡萄园"，因建城前当地的一座著名葡萄园得名。比尼亚德尔马得益于大自然的造化，依山傍海，树木花草极其繁茂，气候宜人，景色秀丽，享有"花园之城"的美誉。

（四）安托法加斯塔

安托法加斯塔是智利北部最大的城市和全国第二大港口，创建于 1868 年。该城以港口业务为主，为北部矿区服务，输出硝石、铜和硫黄等矿产品，并进口矿区所需的各种商品，主要工业有选矿、冶炼、铸造、化工、食品、服装、纺织、造船等。

---

[1] 张鹏. 拉丁美洲概况 [M]. 天津：南开大学出版社，2015：269.

二、主要节日

智利有众多的节日，这些节日反映了智利的历史、宗教、文化和风俗习惯。其中主要节日有新年（1 月 1 日）、复活节（每年春分满月后的第一个星期日，节期大致在 3 月 22 日至 4 月 25 日之间）、基督受难日（复活节前一个星期五）、国际劳动节（5 月 1 日）、海军节（5 月 21 日）、圣女卡门节（7 月 16 日）、圣母升天节（8 月 15 日）、国庆日（1980 年后每年的 9 月 18 日）、陆军节（9 月 19 日）、圣母受孕节（12 月 8 日）、圣诞节（12 月 25 日）。

三、人口、语言及宗教

（一）人口

据智利国家统计局公布的人口普查数据，2018 年智利全国人口达到 1 875 万，男女比例为 97.2∶100。预计到 2050 年智利总人口将达 2 160 万人。智利人口自然增长率 6.3%，每个妇女平均生育 1.6 个孩子；平均期望寿命 80.4 岁，其中男性 77.7 岁，女性 83.2 岁。[1] 智利的人口正在迅速老龄化，增长速度越来越慢。在 1992 年人口普查中，6.6% 的人口年龄在 65 岁及以上，但在 2017 年人口普查中，这个数字已经达到 11.4%。

---

[1] 商务部国际贸易经济合作研究院，中国驻智利大使馆经济商务处，商务部对外投资和经济合作司. 对外投资合作国别（地区）指南：智利（2021 版）[EB/OL].（2022-01-01）[2022-09-01]. http://www.mofcom.gov.cn/dl/gbdqzn/upload/zhili.pdf.

（二）语言

智利的官方语言为西班牙语，但其发音与邻近的其他南美洲国家不同，最后的音节经常被省略，一些辅音的发音也很柔和。

智利的土著语言包括马普切语、艾马拉语、拉巴努伊语等，其中一些语言已经灭绝或濒临灭绝。非本土语言有德语、意大利语、英语、希腊语和克丘亚语。智利政府规定公立学校五年级及以上的学生必须使用英语，南部某些地区将德语作为第二语言。

（三）宗教

智利大多数人信仰天主教。19 世纪中叶，新教传入智利。智利早期的新教有明显的中上层阶级特征，后来发展为几个不同的派别，最有影响的是圣灵降临派和福音派。

四、旅游与交通

（一）旅游概况

中国外交部 2020 年资料显示，智利全国有 1 246 家旅行社，其中 33.3% 在首都大区，19.3% 在瓦尔帕莱索，星级酒店、宾馆、别墅等住宿设施 4 126 家。外国游客主要来自巴西、阿根廷等周边国家，以及北美和欧洲。智利国家统计局数据显示，2021 年 6 月，智利旅游住宿场所旅客过夜人数同比增长 250.6%，达到 751 572 人次。[1]

---

[1] 资料来源于智利国家统计局官网。

（二）交通运输

智利交通运输事业比较发达，形成了完整的陆海空交通运输体系。

智利的第一条铁路修建于 1851 年，起点为科金博，终点为卡尔德拉港。1915 年，国家铁路总局成立。首都圣地亚哥地铁 1975 年开始启用，新的地铁 3 号线和 6 号线于 2018 年建成。[1]

智利公路交通便利，以圣地亚哥为中心，全国公路贯通南北，总长约 10 万千米，其中泛美公路长达 3 600 千米。据智利国家统计局统计，截至 2018 年年底，全国各种机动车共计 538 万辆。智利北部公路与秘鲁和玻利维亚的公路连接，通往秘鲁的公路路况较好。东部有多条公路穿越安第斯山与阿根廷相连，其中最重要的是通过解放者关口的中部公路，但通道易受降雪等气候条件影响。[2]

智利货物水上运输主要以海运为主。据智利海洋和港口商会统计，2018 年智利港口货运总量 1.54 亿吨，海运货物中出口 6 606 万吨，进口 5 674 万吨，其余为国内运输和国际转运。全国有 27 个重要港口，北部港口以矿产品运输为主，中部港口多运载各类固体和液体散货以及杂货。多数港口为多功能型，可承担集装箱、固液体散货的装载，部分私人港口仅提供矿石和硫酸等特定货物的装卸服务。智利的主要港口有瓦尔帕莱索、圣安东尼奥、阿里卡、伊基克等。[3]

---

[1] 商务部国际贸易经济合作研究院，中国驻智利大使馆经济商务处，商务部对外投资和经济合作司. 对外投资合作国别（地区）指南：智利（2021 版）[EB/OL].（2022-01-01）[2022-09-01]. http://www.mofcom.gov.cn/dl/gbdqzn/upload/zhili.pdf.

[2] 商务部国际贸易经济合作研究院，中国驻智利大使馆经济商务处，商务部对外投资和经济合作司. 对外投资合作国别（地区）指南：智利（2021 版）[EB/OL].（2022-01-01）[2022-09-01]. http://www.mofcom.gov.cn/dl/gbdqzn/upload/zhili.pdf.

[3] 商务部国际贸易经济合作研究院，中国驻智利大使馆经济商务处，商务部对外投资和经济合作司. 对外投资合作国别（地区）指南：智利（2021 版）[EB/OL].（2022-01-01）[2022-09-01]. http://www.mofcom.gov.cn/dl/gbdqzn/upload/zhili.pdf.

智利民用航空业发达，全国共有 5 家航空公司，6 个国际机场，各类航空站 474 个，其中成立于 1929 年的智利国家航空是最大的航空公司。全国有大小机场 325 个，主要国际机场有首都圣地亚哥的阿图罗·梅里诺·贝尼特斯机场和北部阿里卡市的查卡柳塔机场。[1]

五、金融贸易

（一）金融

智利经济环境自由、政治环境稳定，是南美洲较稳定和繁荣的国家。智利的金融体系由官方银行、私人商业银行、储蓄放款机构、政府开发机构和其他金融机构组成，而国家货币委员会、中央银行、银行及金融机构最高监察署是整个金融体系的最高机构。[2]

国家货币委员会由中央政府财政部部长、经济部部长、中央银行行长及一位总统代表组成。银行及金融机构最高监察署署长可以列席该委员会会议并有发言权。委员会办事机构设在中央银行内。根据政府规定，国家货币委员会负责制定有关货币信贷、内外债、资本市场、货币发行、债券发放、利率、准备金、国际汇兑、对外贸易等方面的方针和政策。

中央银行又称政府银行，成立于 1925 年。其最高领导机关是由董事长、总经理和副董事长组成的执行委员会。中央银行的职责包括发行货币、调节信贷、制定汇率、管理外汇、发行债券控制外汇交易和对金融部门进

---

[1] 商务部国际贸易经济合作研究院，中国驻智利大使馆经济商务处，商务部对外投资和经济合作司. 对外投资合作国别（地区）指南：智利（2021 版）[EB/OL]. （2022-01-01）[2022-09-01]. http://www.mofcom.gov.cn/dl/gbdqzn/upload/zhili.pdf.

[2] 中国银行股份有限公司，社会科学文献出版社. 智利 [M]. 北京：社会科学文献出版社，2016：85.

行监督等。根据规定，中央银行只能同公共或私人金融机构开展业务活动，但不得为其提供信贷，也不能购买国家机构或企业发行的证券；中央银行不得负担公共开支或提供直接和间接贷款；中央银行不得以任何直接或间接形式歧视从事金融活动的个人或单位。[1]

银行及金融机构最高监察署负责监察包括中央银行在内的各银行和金融机构有关货币、信贷方面的法律法规的执行情况，同时颁布有关财会方面的规定。

（二）贸易

智利是世界上最开放的经济体之一，截至 2021 年，已与全球 65 个经济体和经济组织签署了 29 个区域贸易协定，每年 95% 的对外贸易活动均在自贸协定下完成：同中国、加拿大、韩国、澳大利亚、美国等 18 个经济体或经济组织签署了自由贸易协定；同厄瓜多尔、古巴、秘鲁、玻利维亚、委内瑞拉和南方共同市场等 6 个美洲国家和经济组织签署了经济互补协定；同欧盟 26 国、印度尼西亚、新西兰、新加坡、文莱和日本等国签署了经济合作协定；同印度签署了部分贸易优惠协定，同秘鲁、墨西哥和哥伦比亚在太平洋联盟框架下签署了贸易议定书。[2] 根据智利外交部经济总司报告，目前智利超过 1 000 家企业在海外投资，项目达 2 500 个，分布于全球 70 多个国家。

[1] 中国银行股份有限公司，社会科学文献出版社. 智利 [M]. 北京：社会科学文献出版社，2016：86.

[2] 商务部国际贸易经济合作研究院，中国驻智利大使馆经济商务处，商务部对外投资和经济合作司. 对外投资合作国别（地区）指南：智利（2021 版）[EB/OL].（2022-01-01）[2022-09-01]. http://www.mofcom.gov.cn/dl/gbdqzn/upload/zhili.pdf.

六、大众传媒

（一）报刊

智利全国有报社 87 家，共发行 824 种报纸杂志，其中日报 124 种、杂志 463 种、简报 69 种；主要报纸有《信使报》《三点钟报》《二点钟报》（晚报）、《最新消息报》。主要杂志有《事件》《新情况》《今日》。[1]

（二）通讯社和电台

智利主要通讯社为环球通讯社，创办于 1954 年。全国共 1 095 家电台，主要有国家电台、合作电台、波塔莱斯电台、农业电台、矿业电台以及智利电台。

（三）电视台

智利电视台有 9 家，其中影响较大的是国家电视台（7 频道）、智利大学电视台（11 频道）、天主教大学电视台（13 频道）、大视野电视台（9 频道）和瓦尔帕莱索天主教大学电视台（5 频道）。近年，有线电视中美国有线电视新闻网智利和国家电视台 24 小时新闻频道影响力不断扩大。[2]

---

[1] 商务部国际贸易经济合作研究院，中国驻智利大使馆经济商务处，商务部对外投资和经济合作司. 对外投资合作国别（地区）指南：智利（2021 版）[EB/OL].（2022-01-01）[2022-09-01]. http://www.mofcom.gov.cn/dl/gbdqzn/upload/zhili.pdf.

[2] 商务部国际贸易经济合作研究院，中国驻智利大使馆经济商务处，商务部对外投资和经济合作司. 对外投资合作国别（地区）指南：智利（2021 版）[EB/OL].（2022-01-01）[2022-09-01]. http://www.mofcom.gov.cn/dl/gbdqzn/upload/zhili.pdf.

七、医疗卫生与科技

（一）医疗卫生

智利是医疗卫生事业比较发达的国家之一，其医疗保障体系相对完善。目前，智利实行混合医疗体制，即公共医疗保障体制和私人医疗保障体制同时运行。公立占主体，包括隶属于国家医疗服务系统的公立医院、各级医疗中心和预防保健中心；私立的则是营利或非营利的综合门诊部、专科诊所和医院。[1] 老年人和比较贫困的人群主要在公共医疗保障体制中就医，而年轻人和收入相对高的人群则主要集中在私人医疗保障体制中。

（二）科技

智利主要科研机构有科学院、全国科学技术研究委员会和核能委员会，科学工作者人数占全国总人数的 3.68%，居拉美第四位。

2017 年 6 月，世界知识产权组织和美国康奈尔大学等机构联合发布《2017 年全球创新指数》，在参与全球排名的 127 个经济体中，智利居第 46 位，排名仍位居拉美和加勒比国家榜首。[2]

2018 年 12 月 17 日，智利以原教育部下属国家科学与技术委员会为主，组建成立了科学、技术、知识和创新部，该部旨在促进和加强科学、技术和创新发展，设计、制定、协调、实施和评估相关政策、计划和方案等。

---

[1] 王晓燕. 智利 [M]. 北京：社会科学文献出版社，2011：297.
[2] 中华人民共和国科学技术部. 2018 国际科学技术发展报告 [M]. 北京：科学技术文献出版社，2018：144.

第二章 文化传统

文化，就其广义来说，系人类社会历史发展过程中所创造的物质财富和精神财富的总和。就其人种论意义上来说，文化是个复杂的整体，它包括知识、信仰、艺术、道德、法律、风俗以及作为社会成员的人所具有的一切能力和习惯。[1] 智利文化传统包括其历史发展过程中的五个阶段，也包括风土人情，如国家人民信仰、政治、法律、风俗和教育等内容的发展与变化，以及智利独特的文学流派和文化名人。

第一节 历史沿革

智利的文化历史主要包括古代印第安时期与殖民地时期、独立战争时期与独立国家成立初期、19 世纪文化更替时期、文化独立意识觉醒时期、解放思潮和全球化浪潮时期五个阶段。

---

[1] 泰勒. 原始文化 [M]. 蔡江浓，编译. 杭州：浙江人民出版社，1988：1.

一、古代印第安时期与殖民地时期

（一）古代印第安文化

智利最早的居民是印第安人。16世纪，智利处于从母系氏族社会向父系氏族社会的过渡阶段，境内居住着阿拉乌干人、马普切人、火地人等印第安族人，他们过着原始的生活。居住在智利南部的阿拉乌干人实行一夫多妻制，北部一些地区至今还流行着"捉迷藏式"的择偶习俗。在宗教信仰上，印第安人把安第斯山奉为山神，在山峰上定期举行各种祭祀仪式。[1] 印第安各族至今仍保留着传统的丧葬习俗，阿拉乌干人是智利南部唯一实行土葬的印第安人。

（二）殖民地时期文化

1520年冬，斐迪南·麦哲伦第一次环球航行绕过智利海岸，这是欧洲人发现智利之始。1541年2月12日，西班牙殖民统治者在智利建立了第一座城市——圣地亚哥。西班牙人在16世纪上半叶征服了从墨西哥到智利的大片土地，而在16世纪下半叶，他们把这些地方作为殖民地管理起来。[2] 西班牙殖民者的到来打破了土著居民和平、安宁的生活，他们在智利北部和中部定居，在占领地区建立封建的大授地制，并强迫印第安人从事农业劳动，甚至把俘虏运往秘鲁卖作奴隶。[3] 从1561年到1810年独立这段时间，在智利历史上被称为西班牙殖民统治时期。

在殖民统治时期，智利的主要经济基础是农业，畜牧业和矿产业也占

[1] 吴惠芳，黄长根. 南美洲诸国（二）[M]. 北京：军事谊文出版社，1995：40.

[2] 加尔达梅斯，考克斯. 智利史 [M]. 辽宁大学历史系翻译组，译. 沈阳：辽宁人民出版社，1975：118.

[3] 李春辉. 拉丁美洲国家史稿 [M]. 北京：商务印书馆，1973：622.

有相当重要的地位。由于地理位置比较孤立,加上印第安人顽强抵抗,以及未能发现丰富的金银矿藏,智利在殖民初期没有吸引大量的西班牙移民,经济的发展也比较缓慢。为了维护殖民统治,西班牙人在智利建立起了宗教团体,并以是否遵循宗教教义来判断人的道德高下。谁忏悔和做弥撒的次数多,谁就是一个高尚的人。[1]

在文化教育方面,殖民统治期间,智利没有公共图书馆和出版社,学校也很少,绝大部分人没有任何受教育的机会。书报刊物完全靠进口,并受到严格控制。智利文学也和整个拉丁美洲地区一样,模仿当时流行于欧洲的巴洛克文学,没有产生什么有价值的作品。[2]17 世纪以前,智利每个教区只有一所初级学校,另外,还有教会和传教士开设的 4 所神学院,这些学校和学院都强调对上帝和国王的虔诚,使用拉丁文教学。18 世纪,随着移民的增多、财富的增长和教育的发展,社会整体状况大为改观,市场经济初步发展,智利在教育方面也兴办了多所学校,培养出一批专业人才和教士,其中的一些人走上了殖民政府和教会的领导岗位。[3]18 世纪中叶,智利建立了圣费利佩大学[4],开授科目包括世俗法律和教会法律、医学、哲学、神学、拉丁文和数学等,均用拉丁文讲授。

二、独立战争时期与独立国家成立初期

(一)独立战争时期文化

18 世纪末期,西班牙在美洲的殖民统治产生危机。在西班牙对智利长

---

[1] 加尔达梅斯,考克斯. 智利史 [M]. 辽宁大学历史系翻译组,译. 沈阳:辽宁人民出版社,1975:159.

[2] 王晓燕. 智利 [M]. 北京:社会科学文献出版社,2011:726.

[3] 雷克特. 智利史 [M]. 郝名玮,译. 北京:中国大百科全书出版社,2009:50.

[4] 费利佩五世于 1738 年颁布了建立这所大学的王室命令,这样称呼是表示对费利佩五世的尊敬。

达 250 年的殖民统治期间，政治制度的腐败和霸权以及文化教育的极端落后造成了社会秩序的混乱，引起人们越来越多的不满和怨恨。智利北部印第安民族阿劳卡诺人坚持斗争，致使西班牙国王在智利耗费的军费比从智利掠夺的金银还多。1773 年，西班牙承认阿劳卡诺独立。18 世纪后半期，欧洲启蒙运动思想在美洲传播，西属美洲殖民地人民革命思想逐渐形成。一些在欧洲留学的知识分子也纷纷回到拉丁美洲，组织各种秘密社团，宣传革命思想。西属美洲的独立运动就此拉开帷幕。

1811 年 7 月，智利召开第一次国民大会，通过了一系列进步法令，如关闭智利宗教裁判所，废除洗礼税、结婚税、丧葬税等苛捐杂税，扩大国民教育的范围等。[1] 由于民族独立运动的广泛开展和爱国主义的大力宣传，摆脱西班牙殖民统治的思想已经深入人心。智利人民经过长期艰苦的斗争，付出鲜血和生命的代价，终于打碎了西班牙的殖民枷锁，赢得了国家的独立，建立了共和政体。这场独立运动虽然将政治权力转移到智利人民手中，但并没有触动大封建地主的经济基础，也没有从根本上触动财产、家庭、宗教与法律等赖以建立的社会基础。[2] 大部分印第安人仍然处于被奴役的悲惨境地。因此，对智利来说，要真正建立起民主共和制还需要长期的斗争。

在独立战争时期，智利涌现出一批杰出的诗人和作家。如爱国诗人卡米洛·恩里克斯，他的代表作《爱国歌》充满着热爱自由和反抗殖民者的情感，深受人们喜爱。诗人兼作家何塞·安东尼奥·德伊里萨里也是民族独立运动的积极参与者。[3] 从殖民地过渡到独立国家的时期，智利在意识形态方面也出现了较为明显的变革，具体表现为资产阶级启蒙思想取代中世纪的经院哲学，资产阶级的民主共和思想取代君主专制思想。[4]

[1] 王晓燕. 智利 [M]. 北京：社会科学文献出版社，2004：77.
[2] 王晓燕. 智利 [M]. 北京：社会科学文献出版社，2004：80.
[3] 王晓燕. 智利 [M]. 北京：社会科学文献出版社，2004：264.
[4] 索萨. 拉丁美洲思想史述略 [M]. 昆明：云南人民出版社，2003：109.

（二）独立国家成立初期文化

独立以后，贝尔纳多·奥希金斯成为智利第一任由选举产生的国家元首。在奥希金斯执政时期，他实行了进步的社会改革，大力发展文化教育事业，恢复了国民学院，新建了中学，采用兰卡斯特教学法进行教学，并开放了公共图书馆，[1] 鼓励外国书籍和杂志进口，出版书报，用健康的文化生活取代各种愚昧落后的社会习俗。为了发展农业，政府修建了拉美最大的水利工程迈普运河，还改善了市政管理，在圣地亚哥等城市开辟市场、建设卫生设施、营建林荫大道，同时设立城市警察。奥希金斯去职后，国内各个地主集团之间政权争夺激烈，内战频起。自由派人物拉蒙·弗莱雷掌握兵权，上台实行独裁统治。在他执政期间，自由派阵营提出"在殖民地的废墟上建立共和国"，于1823年颁布了彻底废除奴隶制的法令，制定了实行三权分立的1823年《宪法》，并开始发展工艺专科教育。1826年，拉蒙·弗莱雷召集立法会议并将权力交给曼努埃尔·布兰科·恩卡拉达，后者是智利历史上第一位被称为总统的共和国执政者，执政时间不到1年。

三、19世纪文化更替时期

19世纪，智利国内保守派和自由派斗争激烈。保守派是大地主利益的维护者，主张恢复殖民时期的社会秩序和建立中央集权政府。自由派则受英法自由主义思想的影响，提倡社会改革、反教权主义和人民参政。[2]

社会经济结构的变动带动了教育领域的变化。19世纪初，在资产阶级

---

[1] 王春良. 拉丁美洲民族民主运动史论 [M]. 北京：中国地图出版社，1992：231.

[2] 陈-罗德里格斯. 拉丁美洲的文明与文化 [M]. 白凤森，等译. 北京：商务印书馆，1990：155.

自由主义思想影响下，新生的拉美各国为了适应政治经济发展的需要，对公共教育进行了广泛的改革。1842 年，在萨米恩托（1811—1888）的领导下，智利在首都圣地亚哥建立了拉丁美洲第一所师范学校，[1]并在殖民统治时期就开设的圣费利佩大学的基础上，建立了智利大学。

在思想和文化领域，1842 年的文学运动鼓舞年轻人组织文学会，创办文学刊物，深刻影响了宗教界、政界和文化界。《园地》就是为推动社会改革而进行自由主义宣传的舆论阵地。[2]文学运动后，浪漫主义和风俗主义诗歌在智利颇为流行。19 世纪末，实证主义传入拉丁美洲，取代了浪漫主义成为主流文化，智利的"启蒙会"就是专门建立的实证主义团体。从 19 世纪后期起，智利的政局趋向稳定，社会经济得到发展，国民文化稳健发展，日报、期刊、文学、历史编纂学和民族艺术都得到极大发展。

四、文化独立意识觉醒时期

（一）南美太平洋战争时期

1879—1884 年，智利与两个北方邻国——玻利维亚和秘鲁爆发了争夺阿塔卡马沙漠硝石矿区的战争，史称"南美太平洋战争"。这次战争不仅改变了南美洲西海岸的政治版图，而且开启了智利的早期现代化进程。战后，智利在政治上出现了新的变化，政府意识到以现代化保障国家安全的重要性，并以 19 世纪后期崛起的普鲁士为典范，积极实施富国强兵的措施。[3]1891 年，巴尔马塞达总统下台，不但结束了长达 30 年的自由党政府

---

[1] 刘文龙. 拉丁美洲文化概论 [M]. 上海：复旦大学出版社，1996：209.

[2] 加尔达梅斯，考克斯. 智利史 [M]. 辽宁大学历史系翻译组，译. 沈阳：辽宁人民出版社，1975：528.

[3] 曹龙兴. 智利早期现代化研究 [M]. 天津：天津人民出版社，2019：54.

的统治，而且在政治体制上进行了较大的改革。政治权力由总统转到了议
会手中，由议会对国家进行统治。

（二）议会共和国与民主倾向阶段

1927 年，代表大地主利益的陆军部部长卡洛斯·伊瓦涅斯出任总统，
他的独裁政权一直延续到 1931 年。伊瓦涅斯的军事独裁失败之后，智利又
进入了社会主义共和国阶段，因难以应付经济大萧条，政权仅存在了 100 天
就以失败告终。经新一轮选举，阿图罗·亚历山德里上台执政。亚历山德
里不仅恢复了文官统治，而且强化了本国的民主传统。在其后的 40 年里，
智利政治清明。1936 年 4 月，由社会党、共产党、激进党、民主党和劳工
联盟等组成的反法西斯人民阵线共同进行反法西斯斗争，主张实行民主政
治、推动工业化、重新分配农田，发展交通运输和国民教育，并于 1947 年
创办了国立工业大学。

20 世纪，智利诗歌文化普及，每个社区都有诗会，诗会定期出诗
刊、举办诗歌朗诵会。维森特·维多夫罗、加夫列拉·米斯特拉尔和巴勃
罗·聂鲁达都是 20 世纪智利著名的诗人。这一时期在史学领域也形成了不
同思想倾向，右倾保守派否定 19 世纪自由主义的诠释方法，马克思主义史
学家们批判资本主义对工人阶级的剥削。[1]

绘画艺术方面，智利绘画的主调从文化民族主义转向世界主义，创办
了现代艺术博物馆——圣地亚哥博物馆；[2] 音乐方面，在振兴土著和乡村音
乐的同时出现了对古典主义的复旧；戏剧活动也得到了很大的推动，戏剧
作家们回归现实，冲垮了现代主义的浮华文风，形成了清新、朴实和面向

---

[1] 雷克特. 智利史 [M]. 郝名玮，译. 北京：中国大百科全书出版社，2009：130-134.

[2] 刘文龙. 拉丁美洲文化概论 [M]. 上海：复旦大学出版社，1996：345.

现实的文学创作主流；[1] 加速的城市化和建筑艺术的革新运动也是文化独立意识觉醒的重要标志。由于工业的发展，越来越多的农村人口流向城市，1910 年，智利成了人口增长最快的国家之一。这一阶段，智利言论自由，出版业活跃，大学环境宽松，文化蓬勃发展。

智利在 1912 年开始试行职业学校教育方针，引进美国的教学法，进行中小学的教育体制改革，试图让所有学龄儿童都接受小学教育，并扩大中学，至少是初级中学的义务教育范围。[2] 一些教育家提出了教育与经济、科学、道德同步发展的主张，使教育走上与经济发展相结合的道路。

五、解放思潮与全球化浪潮时期

1970 年，智利社会党和共产党联合激进党、人民行动运动、社会民主党和独立人民行动共同组成了人民团结阵线，萨尔瓦多·阿连德·戈森斯被推选为人民团结阵线的总统候选人。阿连德主张在资产阶级法制范围内进行社会主义变革，提出要在智利建立世界上第一个"民主、多元和自由的社会主义国家"。

阿连德的"社会主义道路"思想的施政理念由政治改革、经济改革以及社会文化改革构成。[3] 首先，阿连德对政治改革的总体设想是在尊重《宪法》和现存政治体制的前提下，通过民主选举的方式，变资本主义性质的两院制议会制度为社会主义性质的人民代表大会制度，从而达到改变国家政体的目的。其次，经济改革是阿连德"社会主义道路"思想的重要组成部分，也是改革能否成功的关键所在，他认为经济改革是实现智利第二次独立的重要内

---

[1] 刘文龙. 拉丁美洲文化概论 [M]. 上海：复旦大学出版社，1996：338.

[2] 刘文龙. 拉丁美洲文化概论 [M]. 上海：复旦大学出版社，1996：279.

[3] 韩琦. 拉丁美洲文化与现代化 [M]. 北京：社会科学文献出版社，2013：215.

容。最后，阿连德指出，社会文化改革的根本任务是解决国内日益尖锐的民生问题，塑造"社会主义新人"。阿连德教育改革的目标是保证人民能受到完善良好的教育，新政府将以充沛的经费支持大学开展学术研究。阿连德政府实行的一系列政策既打击了外国垄断资本，也打击了国内的大庄园主，引发了美国对智利的经济制裁和军事渗透，招致国内右翼势力的反对。

1973 年 9 月，皮诺切特等人发动了酝酿已久的军事政变。1974 年 6 月，皮诺切特就任总统，军政府成立。军政府执政后，禁止政治活动，解散议会，取缔所有政党，限制集会与新闻媒体自由。[1] 在文化教育方面，裁撤院系，减少招生人数并拆分智利大学，对大学进行私立化改革，以此削弱大学的职权。智利军政府还对国家教育制度进行了全面改革，将公立学校下放给地方管理，由地方出资办学。[2]

20 世纪 90 年代，在文人政府的领导下，智利的社会科学环境宽松，教育改革也向纵深方向发展。当局政府明确提出，国家要把教育放在第一位，通过教育改革来增加人力资源投资，使高等教育的发展同民族和地区的发展紧密结合，并对基础教育进行深入改革。自此，智利的教育进入了新的发展阶段。在科学技术方面，智利先后成立了全国技术研究和规范化研究所、南极地区考察站及航天局。[3]

第二节　风土人情

智利居民基本上由印欧混血种人、白人和印第安人组成，以印欧混血

[1] 张鹏. 拉丁美洲概况 [M]. 天津：南开大学出版社，2015：289.

[2] 雷克特. 智利史 [M]. 郝名玮，译. 北京：中国大百科全书出版社，2009：203.

[3] 王晓燕. 智利 [M]. 北京：社会科学文献出版社，2011：257.

种人为主。[1] 智利各地区地理条件不一，气候条件复杂多样，其风俗和礼仪既受到了西班牙文化的影响，也带有很多土著居民的传统元素。

一、饮食

智利人的主要食物有面粉、大米、玉米、牛肉、猪肉和羊肉，洋葱、马铃薯、西红柿、生菜、龙须菜、菜豆、兵豆和鹰嘴豆也是家庭餐桌上必不可少的食品。智利盛产海鲜，主人经常在宴会上用海刺猬、鲍鱼、海蟹等海产品来招待客人。智利盛产水果，有苹果、柑橘、葡萄、西瓜、甜瓜、李子、杏、草莓、桃、荔枝、山橄榄等。智利的葡萄酒十分出名，可以单独饮用，也可以掺柠檬和糖制成开胃酒，当地人吃饭有饮酒的习惯。

智利人吃饭的方式与欧洲一样，右手持刀，左手持叉。智利的餐桌上很少使用面包盘，面包通常放在桌子上，或者置于主菜盘上。智利人习惯在下午5—7点吃茶点，通常称之为"翁塞"，主要是喝茶或咖啡，吃少许面包或甜点。[2] 在城市和乡村，智利人的饮食习惯存在很大差别。城市居民多以欧式和美式食品为主，早餐时间根据每个人的作息时间而定，一般食用水果、煎鸡蛋、牛奶、咖啡、面包夹香肠或火腿肉等。午餐多在12点半至3点，多数人在办公室或家里食用快餐。晚餐一般比较正式，全家人聚在一起，用餐时间为晚9点左右，边吃边聊，主要食品有牛奶、汤、炸牛排、洋葱、菜豆、芹菜等，蔬菜一般生吃。农业区居民多以蔬菜、玉米和豆类为主，牧区居民则以肉食为主，沙漠地区居民多吃香蕉和烤面包。

---

[1] 中国银行股份有限公司，社会科学文献出版社. 智利 [M]. 北京：社会科学文献出版社，2016：18.

[2] 王晓燕. 智利 [M]. 北京：社会科学文献出版社，2004：44.

二、服饰

智利土著人的传统服饰没有性别差异，男女都用一大块布前后缠绕几圈。[1] 各个地区衣服的颜色不同，沿海地区服饰的颜色比较鲜艳明快，内地人使用的布料颜色比较暗淡。因内地矿区较多，服装上多佩戴金属装饰。现代智利人衣着讲究，在圣地亚哥及其他城市的大街上可以看到男女老幼都穿着整齐。男士们一般都穿着笔挺的西装；女士们大多穿西服套装，踩着高跟鞋，年轻姑娘们更是精于打扮，尽显青春活力；中小学生平时穿着西装式的校服。20 世纪中期，从女子的服饰上可以区分她们的婚姻状况。在中部地区，已婚妇女服装颜色较深，穿长裙，梳发髻；未婚女子则身穿较为明亮的颜色，如红、绿或蓝色，她们身穿亚麻布圆领衫和裙子，梳辫子。

智利最具民族特色的服饰之一是斗篷，当地人称之为"蓬乔"。它用一块四方的织物制成，中央留有一孔洞，穿着时，头从孔洞钻出，斗篷披在肩上。[2] 这种斗篷一般用来御寒，过去妇女进教堂时必须穿戴（现今已不完全如此）。斗篷大都用颜色鲜艳的毛料织成，上面饰有各种不同的图案，这是印第安人的传统服装，平时当衣服穿，在野外露宿时又可当小毛毯用。全套的智利传统服装则由宽大的斗篷、筒靴、宽腿裤、腰带、短上衣和不同式样的宽檐帽组成。衬衣是白色的，并有垂直褶皱。富人穿绸缎衬衣，穷人穿粗布衬衣，衬衣外面套穿露胸的坎肩并系有红色的腰带。

---

[1] 陈国青，张进，钱小军，等. 掠影智利：清华拉美交流项目读本 [M]. 北京：清华大学出版社，2012：20.

[2] 朱祥忠. 世界最狭长的国家：智利 [M]. 上海：上海锦绣文章出版社，2013：168.

三、建筑与艺术

智利处于地震带，其建筑的最大特色是在保证质量的基础上做到了"抗震奇迹"。出于抗震考虑，智利建筑去除了冗余、花哨的装饰和构件，普遍具有简朴的特色。智利街道两旁的商业中心建筑也十分有特色，吸引着消费者的眼球。智利人的住宅以简朴为美，近年来一直延续着朴素而低调的风格。

在艺术创作方面，智利的艺术发展呈现出多元化态势。在16—17世纪殖民统治时期，智利绘画和雕刻艺术受到西班牙、法国和德国的影响，主要有库斯科流派和巴洛克流派两种。19世纪到20世纪初期，智利的绘画艺术主要受欧洲各流派的影响，法国画家雷蒙多·蒙瓦森和亚历山德里·西加雷利在智利分别创建了一所美术学校和一家画院，从此智利的艺术教育走上了正规化的道路。佩德罗·里拉是这一时期最杰出的画家之一，他是一位自然主义者，其作品题材广泛，有人物肖像、风景画、历史画等，《圣地亚哥的建立》是他的代表画作。[1] 20世纪初期，风俗派作品再度出现于智利画坛，同时印象派继续流行。20世纪60年代以来，超现实主义派占主导地位。

四、风俗

（一）传统习俗

印第安人视安第斯山为神山，常对其进行祭祀朝拜。[2] 印第安部落有一种古老的乞求降水的祭祀仪式。祭祀时，人们将一只高大强壮的美洲驼捆绑起来，用一些染上颜色的羊毛扎在美洲驼的后背和耳朵上，将它的鲜血

---

[1] 陈国青，张进，钱小军，等. 掠影智利：清华拉美交流项目读本 [M]. 北京：清华大学出版社，2012：231.

[2] 周为民. 智利概况 [M]. 海口：南方出版社，2009：187.

洒向四方，将它的心脏用一把神圣的古柯叶包起来并投入火中焚烧。在智利农村，有一项特别的传统活动，让马匹用蹄踩踏扎成捆的稻穗，使谷粒与稻秆分离。这种活动源自古埃及，后传到西班牙，又从西班牙传到智利。虽然现在机器取代了马匹，但人们在夏季还是经常举行这种活动。活动完毕还有弥撒、赛狗、围牛、吃地方特色菜等系列活动。

（二）家庭结构和婚姻

父权家长制是智利传统的家庭结构，家庭中年纪最大的男性家长有绝对的权威。[1] 智利还存在具有浓厚旧式家庭色彩的"大家庭"，一般是众多子女或亲戚几代同堂。随着城市化和工业化的发展，过去的"大家庭"已渐渐被由父母和未婚子女组成的"小家庭"取代，许多传统家庭职能已由社会承担，家长的权威下降。但在偏僻的农村地区，还保持着旧式的传统家庭结构。[2] 智利法律明文规定晚辈要尊重家长，传统"大家庭"的成员即使不在一起生活，彼此仍然保持联系和互助，并在一起庆祝宗教节日、参加家庭成员的生日聚会或婚礼。在农村地区，人们经常用建立干亲关系的传统方式来扩大"家庭"的范围。

在智利城市中等阶层中，人们往往把婚姻作为扩大自己经济实力和进入上层社会的手段，上层社会的父母则反对子女与社会地位较低的人结婚。智利人对子女特别是女孩子的管教很严格，在子女的婚姻问题上，父母的意见仍然起关键作用。在乡村，未婚女子不能在家庭以外的地方与男子单独会面。智利男子的婚龄一般在24—26岁，女子的婚龄在18—22岁。[3] 智利法律只承认世俗婚姻，宗教婚姻只是教徒表示信仰的一种方式，不具有

[1] 朱祥忠. 世界最狭长的国家：智利 [M]. 上海：上海锦绣文章出版社，2013：168.

[2] 王晓燕. 智利 [M]. 北京：社会科学文献出版社，2004：45.

[3] 王晓燕. 智利 [M]. 北京：社会科学文献出版社，2004：45.

法律效力。因此，信奉天主教的智利人，一般要举行两次婚礼：第一天举行世俗婚礼，第二天举行宗教婚礼。在下层居民中，既不举行世俗婚礼也不举办宗教婚礼的现象也很常见，比如，在农村或边远地区，由于条件的限制，如距离婚姻登记处较远或没有神职人员，青年男女经双方家长同意就可同居，结为夫妻，不用举行婚礼。

智利北部的阿劳干人实行一夫多妻制，其他地区实行一夫一妻制。智利曾是世界上仅有的几个禁止离婚的国家之一。2004年5月，智利总统里卡多·拉各斯签署法令将离婚合法化。

五、休闲娱乐

（一）音乐

智利的民间音乐十分丰富，是智利音乐的重要组成部分。智利的土著音乐主要源于阿拉乌干人，早在殖民地时期之前，当地的土著居民就已经有了自己的民歌和民谣。靠近中部的瓦尔帕莱索地区音乐风格呈现出多元的特点，一方面是传统乐器演奏的音乐，另一方面是受西班牙文化影响的音乐。中部偏南地区保留着简单纯朴的土著音乐，即兴性强。

（二）舞蹈

智利的民间舞蹈多种多样，其中最为流行的当属传统民间歌舞"奎卡舞"，也称"智利奎卡"。奎卡舞约诞生于1824年，起初是一种音乐沙龙舞蹈，由竖琴和吉他伴奏，在乡间临时搭建的小型木质舞台上表演，伴以唱歌，后演变为民间舞蹈。

（三）围牛

围牛是智利最有特色的民间活动，它起源于 16 世纪的南部牧区，这项活动不仅检验牧民驾驭马匹和驱赶牛群的能力，同时也考验他们的勇敢精神。

（四）足球

足球深受拉美国家喜爱。1993 年，智利足协开始组织举办智利最高等级足球联赛——智利足球甲级联赛。2000 年，智利在悉尼奥运会获得男子足球铜牌。圣地亚哥市拥有一座可容纳 8 万名观众的体育场，专供职业足球队比赛，每年春夏季节举行国内联赛。

（五）滑雪

滑雪也是智利人喜爱的体育运动，圣地亚哥东部的不远处就是世界闻名的滑雪胜地——波蒂略滑雪场。冬季时，人们通常全家出动，享受滑雪的快乐。

六、文化遗产

（一）拉帕努伊国家公园

"拉帕努伊"是当地人对复活节岛的称呼，意为"石像的故乡"。公元300 年左右，波利尼西亚人在岛上创建了独特的、想象丰富的、原汁原味的纪念性雕刻和建筑。10—16 世纪，波利尼西亚人陆续建立了许多神殿，竖起了许多被称为摩艾的巨大石像，石像造型生动，高鼻梁、深眼窝、长耳朵、翘嘴唇，双手放在肚子上。它们或卧于山野荒坡，或矗立在海边。其中有几十尊竖立在海边的人工平台上，或单独一尊或成群结队，面对大海，昂首远视。这些石像大部分高 5—10 米，重几十吨，最高的一尊有 22 米，重 300 多吨。这些遗迹至今仍是一道无与伦比的文化风景，吸引全世界各地游人慕名来访。

（二）奇洛埃的教堂群

奇洛埃的教堂群是拉丁美洲特有的基督教木式建筑的杰出代表，这些教堂象征了智利群岛文化的繁荣，也见证了当地文化与欧洲文化的成功融合，是建筑与自然环境以及当地社会精神价值的有机统一。[1]

（三）瓦尔帕莱索港口城市历史区

瓦尔帕莱索是智利第二大城市、第一大港口，是 19 世纪晚期拉丁美洲城市建筑的典范，曾获得"国际船舶和港口设施认证"，素有"天堂之路"的美称。

（四）亨伯斯通和圣劳拉硝石采石场遗址

亨伯斯通和圣劳拉硝石采石场遗址位于地球上最干燥的潘帕沙漠地区，由 200 多个采矿点组成。从 1880 年开始，成千上万名来自智利、秘鲁和玻

---

[1] 侯富儒. "一带一路"世界文化遗产与文明交流互鉴 [M]. 杭州：浙江工商大学出版社，2017：236-237.

利维亚的矿工在这里恶劣的环境下生活和工作了 60 多年，开采世界上最大的硝石矿，生产化肥硝酸钠，用于改造北美洲、南美洲及欧洲的农田，为智利创造了巨大财富，同时形成了独特的社区文化。

（五）塞维尔铜矿城

塞维尔铜矿城建于 20 世纪初，位于智利首都圣地亚哥以南 85 千米处，处于安第斯山海拔 2 000 米以上的极端气候环境中，是 20 世纪唯一一座为全年度使用而在山区建造的大规模工业采矿定居点。在当地劳动力与工业化国家的资源融合、开采冶炼高价值自然资源的过程中，这个小镇诞生了，它是位于世界偏远地区企业生活区的杰出典范。

第三节 文学流派和文化名人

智利的文学开始于西班牙人到来之后。1569—1580 年出版的反映印第安阿拉乌干族人反抗入侵者斗争的《阿劳加纳》是第一部记载智利历史事件的史诗，也是智利最早的文学作品，在拉美文学史中享有重要地位。智利不仅以其奇特的地貌、丰富的自然资源出名，也是一个盛产诗人和文学家的国度。

一、文学流派

（一）风俗主义

风俗主义形成于 19 世纪初，注重地方色彩，强调风土人情，它通过描绘日常的现实生活对社会提出批评，这种批评往往胜过浪漫主义对社会的批判。风俗主义的鼎盛时期是在 19 世纪 30—80 年代，正是拉美人民为摆脱西班牙的殖民统治而进行民族独立战争的时候。19 世纪中叶，拉美许多国家通过战争获得了独立，具有民族意识的作家以国家为民族单位，描写某一地区的特定事件、人们的日常生活和习俗，形成一种重要的文学力量。在智利，风俗主义代表诗人有何塞·萨皮奥拉（1802—1885）和维森特·佩雷斯·罗萨莱斯（1807—1886）。前者的代表作《三十年回忆录》是一部诗歌体的地方志，后者的代表作《过去的回忆》记述作者在美国西部的生活情景。

（二）现实主义

现实主义流派将文学与现实紧密地结合在一起，将文学作为战斗的武器和反映人民疾苦、抨击军事独裁政权的手段。19 世纪末 20 世纪初，现实主义在拉美大地上迅速地蔓延，成为拉美文学的主流。在小说方面，阿尔维托·布莱斯特·加纳（1830—1920）被公认为 19 世纪末最伟大的现实主义作家之一，其代表作《光复时期》（1897 年）描述了智利人民于 1814—1817 年反对西班牙殖民统治、争取民族独立的过程。伊莎贝尔·阿连德以及豪尔赫·爱德华兹也是现实主义的代表人物。

（三）后现代主义

后现代主义诗人是一战结束后出现的一个推动诗歌革新的作家群体。[1]后现代主义诗歌的最大特点是注重抒情，摒弃了现代主义的夸饰文风，提

---

[1] 李德恩. 拉美文学流派与文化 [M]. 上海：上海外语教育出版社，2010：73-74.

倡洗练、凝重的文风。代表诗人有佩德罗·普拉多（1886—1952），他一生主要时间都在首都圣地亚哥郊外的别墅中度过。年轻时创建并领导了智利文艺团体"十人社"，对智利当代文学的发展产生了积极意义。他著作颇丰，有寓言、散文、诗歌和小说多种。代表作为《阿尔西诺》（1920年）和《乡村法官》（1924年）。他的作品大都富于哲理和象征意味，在人物心理描写方面也有独到之处。加夫列拉·米斯特拉尔（1889—1957）也是这一时期的代表性人物，她的诗歌由个人转向社会，不局限于自身抒怀，而是关心妇女、儿童。她的诗集《柔情》（1924年）于1945年获得诺贝尔文学奖。

（四）魔幻现实主义

魔幻现实主义作品取材于现实，暴露黑暗，反映人民疾苦，抨击独裁统治，具有反帝、反霸权、反殖民、反封建的倾向，有一定的进步意义，但也常常流露出虚无主义的观点和消极的情绪。[1]何塞·多诺索（1924—1996）是拉美魔幻现实主义代表作家之一，其作品常用虚幻和现实相结合的手法，主张应用语言技巧进行标新立异的创作。他的代表作《淫秽的夜鸟》（1970年）描写了一位出身贫寒却又野心勃勃的小人物渴望跻身上流社会，但严酷的现实使他的梦想化为泡影的故事。在表现手法上，多诺索在这部小说中采用了新小说中的回忆、内心独白、意识流、插叙、倒叙、时空颠倒、蒙太奇等手法。他的作品还有《别墅》（1978年）和《旁边的花园》（1981年）等。

---

[1] 徐世澄. 拉丁美洲现代思潮 [M]. 北京：当代世界出版社，2010: 534.

二、文化名人

（一）巴勃罗·聂鲁达

巴勃罗·聂鲁达（1904—1973）是智利伟大的民族诗人，是拉丁美洲进步文学的杰出代表。他继承西班牙民族诗歌的传统，接受法国现代派诗人的影响，吸收智利民间诗歌的特色，形成了自己独特的创作风格。他的作品被译成多种文字，享誉国际文坛。聂鲁达的诗歌题材广泛，艺术风格多样，其早期作品以爱情为主要题材，表现出强烈的浪漫主义情调，富有创造性；后期致力于民主运动，因此作品偏重于现实性主题，主要关注拉美及其人民的现实和未来。[1]聂鲁达是一位高产的诗人，生前发表诗集数十部，主要作品有《二十首情诗和一支绝望的歌》（1924）、《大地上的居所》（1933）、《西班牙在心中》（1937）、《葡萄和风》（1954）等。聂鲁达于1945年获智利国家文学奖，1950年获得加强国际和平奖，1971年获诺贝尔文学奖。

（二）博洛迪亚·泰特尔鲍姆

共产党理论家博洛迪亚·泰特尔鲍姆是智利马克思主义政治家、思想家，同时也是杰出的文学家。[2]泰特尔鲍姆在智利大学就读时积极参加共产主义青年运动，毕业后深耕诗歌、小说和文学批评。他的创作受到马里亚特吉（1894—1930）、鲁文·达里奥（1867—1916）、陀思妥耶夫斯基（1821—1881）等人的影响。代表作《硝石之子》（1952年）描绘了智利硝

---

[1] 刘文龙. 拉丁美洲文化概论 [M]. 上海：复旦大学出版社，1996：335.

[2] 利斯. 拉丁美洲的马克思主义思潮 [M]. 林爱丽，译. 北京：东方出版社，1990：123.

酸盐矿场的生活和社会主义劳工领袖埃利亚斯·拉斐特为改善矿工命运所做的努力，集中体现了泰特尔鲍姆的马克思主义人道主义观点，该书被译成多种语言出版。泰特尔鲍姆曾任圣地亚哥市的参议员，并积极宣扬马克思主义思想。

第三章 教育历史

智利的教育经过各个时期的发展，历经了一系列改革并取得了一定的成绩。从宏观来看，智利教育变革和发展可分土著印第安人时期的教育、殖民地时期的教育、独立初期的缓慢发展、20世纪的快速稳定发展和民主政府时期持续健康发展等几个阶段。

第一节 历史沿革

教育作为长期存在的社会现象，其发展与变革始终与社会历史发展的进程相适应。独立前和独立后，智利社会发生了翻天覆地的变化。因此，可以将智利教育的发展分为独立前的教育和独立后的教育。独立前，由于西班牙教育体系在智利的部署和推进，智利的教育带有浓厚的殖民色彩。独立后的智利为了摆脱殖民教育的影响，努力在历史遗产的基础上，寻求创新和发展，不断进行教育改革，建立起了适合自身的民族文化教育，促进了本国教育的本土化、民族化、大众化和现代化发展。

一、独立前的教育

（一）土著印第安人时期的教育

智利的原住民是印第安人，经考古学家研究证实，大约 1 500 年前已有相当数量的人口活动在智利大地上。[1] 彼时的印第安人已经掌握了初步的农业知识，可以从事制陶、纺织和建筑等原始手工业。15 世纪，智利被印加人征服，成为印加帝国的一部分。印加人把他们较为先进的文明带到了智利的中北部地区，当地的土著居民学会了种植马铃薯、玉米、豆类、各类蔬菜和烟草，开采金、银、铜矿等贵重金属，制作各种木器、金属器等，生活水平有了明显的进步，人口也有所增加。[2]

在被西班牙殖民以前，智利的印第安人在氏族公社制度下生活，这一时期，教育与生活混同，教育的意识性、计划性、目的性还很薄弱。没有正式的学校教育，历史、法律、科学等知识都靠口述一代代地传下去。此外，为了辅助记忆，他们通过一种叫"基普"的结绳文字进行统计和记事。

（二）殖民地时期的教育

16 世纪上半叶，智利沦为西班牙殖民地。西班牙殖民者先后建起了若干市镇，侵占了大片土地，强迫印第安人从事农业劳动或采掘贵重金属，从中获取利益。西班牙殖民者长期的剥削和奴役给印第安人造成了深重的灾难。这一时期，智利的教育发展也呈现出一些时代的特点。

---

[1] 加尔达梅斯，考克斯. 智利史 [M]. 辽宁大学历史系翻译组，译. 沈阳：辽宁人民出版社，1975：27.

[2] 周为民. 智利概况 [M]. 海口：南方出版社，2009：44.

第一，复制宗主国模式，推行宗教教育。为了巩固对殖民地的统治和弥补天主教在欧洲宗教改革运动后的失势地位，西班牙王室凭借其统治力量，在拉丁美洲推广天主教，[1] 这对智利的教育也产生了深远的影响。殖民时期，教会享有至高无上的权力，智利的教育事业完全由西班牙天主教会控制。[2] 西班牙殖民者从 16 世纪 70 年代开始，在智利相继建立了一批以宗教教育为主的初级小学，传授基督教教义和一些简单的算术知识，劝诫当地居民忠于西班牙国王和殖民政府，希望通过教育对智利原住民进行思想控制，强化殖民统治。这一时期，教育主要注重宗教、文学和艺术，内容死板单调、深奥费解。教育的中心内容是宗主国的殖民教育，带有强烈的贵族烙印和种族主义特点，其目的是确立殖民者在新大陆的统治地位。[3] 长期的宗教教育使得智利逐渐成为宗教信仰单一的国家。

第二，推行愚民政策，受教育机会不均等。殖民期间，西班牙殖民统治者不但对印第安人和黑人等"有色人种"采取愚民政策，对土生白人也予以非常严格的控制。土生白人统治阶层及富裕人士的子弟受教育的机会比"有色人种"更多，一般城市都为他们设有初级学校，有些较大的城市还设有中等学校、专科学校和大学。各级学校大多数为教会所设立，少数虽由王室政府、私人或市参议会所设立，但在管理上与教学内容上同样受到教会的监督。学校的教学人员几乎全系教士。一些较富裕的土生白人，还往往为其子女聘请家庭教师，或送往寺院受教。[4] 与此同时，殖民者为了笼络印第安人首领和训练一批能担任教会低级职务的"有色人"，也给少数印第安人的上层子弟上学的机会，使之能更顺从地秉承殖民统治者的意图办事。在这种情况下，绝大多数居民没有受教育的机会，土生白人的文化水平很低，印第安人、黑人等更是生活在一片文化荒漠之中。17 世纪以

[1] 李春辉. 拉丁美洲国家史稿 [M]. 北京：商务印书馆，1973：90-96.

[2] 陈作彬，石瑞元，等. 拉丁美洲国家的教育 [M]. 北京：人民教育出版社，1985：141.

[3] 周为民. 智利概况 [M]. 海口：南方出版社，2009：251.

[4] 李春辉. 拉丁美洲国家史稿 [M]. 北京：商务印书馆，1973：96-98.

前，除了以宗教教育为主的小学外，还有为数不多的拉丁语学校和神学院。总之，在整个殖民地时期，智利的学校数量很少，办学质量较差。学校主要培养少数特权阶层和神职人员，只有极少数的人才有机会接受学校教育，教育机会由殖民统治者严格控制，就连由国外运来的书籍，都要经过教会的严格审查。在殖民统治者专横垄断和愚民政策的控制下，智利的教育发展水平极为落后，居民的文盲率很高，教育发展水平远远低于同时期的西班牙宗主国和欧洲其他国家。

第三，兴办高等教育，培养专业人才。殖民时期，西班牙对拉丁美洲高等教育的关注远远胜过中等教育，目的是培养出能为殖民当局和教会服务的人。由此，殖民政府在智利兴办了多所专科学校和一所大学，培养了一些专业人才和教士，他们在毕业之后均走上了殖民地政府和教会的领导岗位。1619 年 8 月，智利的第一所大学——圣托马斯·德·阿基诺大学宣告成立。这所学校不仅是智利大学的前身，也成了智利高等教育的见证。[1]1738 年 7 月，阿基诺大学改名圣费利佩大学，设法学系、神学系、医学系、数学系等。据史料记载，1757—1839 年，该校共有 1 788 名毕业生，其中哲学专业毕业生 620 人，神学 569 人，法学 526 人，数学 40 人，医学 33 人。[2] 但是这些学校只供贵族子弟上学，绝大部分人没有受教育的机会。此外，18 世纪末，殖民政府在圣地亚哥建立了圣路易斯专科学校，主要设置神学、法律和医学等专业。其中神学最为教会所重视，法律则是由于殖民统治阶级内部争夺土地和权力所产生的纠纷而发展起来的，医学的发展较迟，至 18 世纪前夕才开始设置，教学内容也远为落后，还掺杂了一些占星学和迷信的成分在内。直到 18 世纪末，解剖学和其他欧洲近代医学的书籍才被介绍过来，临床学、外科学、产科学和制药学等也开始受到较广泛的关注。从 18 世纪开始，近代哲学、科学开始在大学中流行，从

---

[1] 王留栓. 亚非拉十国高等教育 [M]. 上海：学林出版社，2001：270.

[2] 王留栓. 亚非拉十国高等教育 [M]. 上海：学林出版社，2001：255.

此，殖民地大学在传播、启发和促进拉丁美洲独立运动和革命思潮方面起了相当大的作用。[1]

二、独立后的教育

18 世纪，拉丁美洲殖民地的进步人士避开政府和教会的严格检查，从欧美运来了希腊文和拉丁文的古典作品，以及一些流行于西班牙的文学、历史、法律、建筑、数学和医学等方面的书籍。后来，殖民当局和教会的审查逐渐放松，欧洲资产阶级启蒙运动思想及美国和法国革命思想也开始流入拉丁美洲并产生了广泛的影响。18 世纪中叶以后，拉丁美洲与外界接触日趋频繁，欧洲的近代科学、文学和法国唯物主义哲学通过多种方式不断传入，一些领袖人物开始争取国家的独立。独立后的智利在经历了长期的政治动荡、政权更迭和对外战争后，逐渐走上了和平发展的道路，教育在这一时期也经历了一个曲折、反复的发展过程，并显示出阶段性特征。

（一）独立初期的缓慢发展

1. 奥希金斯执政时期

19 世纪初，拿破仑出兵占领西班牙和葡萄牙，中断了西班牙与美洲的联系，拉美各殖民地人民乘机拉开了独立运动的帷幕。智利人民长期遭受残酷的剥削和压迫，对宗主国的仇恨不断加大，民族意识日趋形成，要求

---

[1] 李春辉. 拉丁美洲史稿（下）[M]. 北京：商务书馆，1983：109-112.

独立的呼声也日益高涨。贝尔纳多·奥希金斯在欧洲学习期间受到资产阶级启蒙思想的熏陶，回国后成为独立运动的推动者和领导者。他率领智利民族志士与何塞·德·圣马丁的军队共同击败了西班牙殖民军，推翻了殖民政权，成立了独立政府。而后，奥希金斯被推举为智利最高执政官，并于1818年建立了共和政体。智利获得独立后，政权为土生白人地主所掌控。奥希金斯政府为促进"新国家"的发展，采取了一系列进步措施以改善民生，教育事业在这一时期也有所发展。

一是摆脱教会控制，改变了教育的宗教倾向。经过殖民地时期的发展，学校一方面受教会的绝对控制，教学内容主要是文学、修辞、宗教以及礼仪知识，充满了抽象说教，教学方法极为简单。另一方面教学和生产劳动相脱离，教育主要为贵族服务，是封建贵族显示特权地位、巩固统治的一种手段。国家独立后，受卢梭和法国百科全书派的教育思想影响，智利人民反对教会垄断教育的呼声日益高涨，出现了一股反对教会干涉学校的浪潮，希望用世俗教育代替宗教教育。自独立以来，智利政府十分重视教育，大力发展文化教育事业，建立了主管教育的职能机构，发挥国家的作用，使智利教育摆脱了教会的控制。与此同时，智利政府也对教育课程及内容不断进行改革，改变了殖民时期重视宗教教育的倾向，加强了文化教育。

二是仿效欧洲模式，建立公共教育制度。随着智利的独立，欧洲一些先进理念和思想在智利得到传播，解放了人们的思想，政府和人民开始注重科学知识和文化教育。智利独立之后，政府充分认识到教育对新生共和国的巩固与发展的重要性，为促进国民教育的发展，政府实行了进步的教育改革，如大力发展教育事业，恢复了曾经关闭的国民学院，创立了采用兰卡斯特教学法的公立学校，即通过教师先对导生授课，再由导生来教年龄较小、学习较差的学生，从而解决了当时经费不足、师资不足的问题。这种教学方法在较短时间内让尽可能多的人接受教育，为当时普及教育和扫盲做出了重要贡献。[1] 同时，政府也积极建设新式学校和公共图书馆，鼓励发行报纸和书籍。

2. 专制共和国时期

1831 年，代表大庄园主、大资产阶级、多数高级军官和天主教高级教士利益的保守党上台执政，确立天主教为国教，巩固了大地主阶级的统治。经济上，保守党政府大力发展铜矿业务，开发了阿塔卡马和科金博铜矿，为国家带来了可观的收入；修建迈普运河，发展农业，扩大耕地面积，促进了粮食出口总量；颁布了新的关税条例以促进自由贸易，降低了进口税；保守党政府还颁布了《移民法》，鼓励来自欧洲各国的移民，使国家的人口迅速增长，从 1830 年的 100 万人增长到 1860 年的 150 万人。[2] 加之工业和交通运输业的发展，矿产品、农产品等大量出口，使得智利的对外贸易大幅度增加。这一时期，有了良好的政治环境和经费保证，政府有更多的力量来发展教育。1859 年，智利内战结束之后，佩雷斯当选总统，这不但标志着智利开始向自由主义转变，而且开始了权力的变更。议会逐渐加强了对总统权力的制约，议会时代开始了。

一是重视国民教育，创办各类学校。共和国成立后不久，智利政府就将国民教育定为基本国策。1833 年《宪法》第 153 条和第 154 条规定，国民教育是政府优先考虑的大事，国会将制定国民教育的总体规划，政府将成立负责督导全国教育的最高领导机构。[3]《宪法》规定，国家要极大地重视教育发展，大力推行教育发展的政策。1842 年，智利政府将原从属于内政部的国民教育局独立出来，升格为国民教育部，作为国家管理教育的最高行政机

---

[1] 王晓燕. 智利 [M]. 北京：社会科学文献出版社，2004：80.

[2] 王晓燕. 智利 [M]. 北京：社会科学文献出版社，2004：86.

[3] 韩琦，曹龙兴. 智利现代化道路的独特性及其历史根源 [J]. 世界历史，2015（1）：119-128.

构，领导全国的教育事务。其主要职能包括管理公立学校、制定教育计划和教学规范、编制课程设置等，除中央设有教育部外，各省、市也设立了教育局，负责本地区的教学工作和行政事务，智利的教育事业从此掀开了新的一页，走上了符合本国国情的道路。为了发展国民教育，政府于1860年颁布了《教育组织法》，规定小学教育为免费教育，由国家提供教育经费，还强调要保障女子受教育的权利和扩大劳动人民子女的就学机会等。随着国民经济的初步发展，国家收入倍增，教育发展经费也有很大提高，这一年，全国公立学校有900多所，在校学生有45 000多人，广大民众的子女有了更多的就学机会。智利受教育人数的大幅度增加，为以后教育的发展创造了条件。[1]与此同时，为推广技术教育，政府还在圣地亚哥创办了工艺学校和附带试验田的农业学校，并做了其他很多工作。例如，为进行艺术教育，成立了建筑和绘画学校以及国立音乐学校。这些教育机构的设立所反映的进步气象是南美各国前所未有的。这一时期，各类教育受到了当局的重视，政府不仅开办各类学校，丰富学校类型，还增设学校课程。例如，在拉塞雷纳中学开设化学和矿物学讲座，在国民学院开设历史、自然科学和物理、数学以及一门外国语等科目。同时，政府也注重为学校培训教师，提高师资水平，以促进教育计划的实施。例如，蒙特总统在任期间（1851—1861）创办了女子师范学校，并大力鼓励开办培养校长的师范学校。[2]

二是重视高等教育，大力培养人才。这一时期智利教育体制基本上是仿效欧洲模式建立的。智利领导人认识到，教育有助于共同价值观和民族认同感的形成，也有助于国家的稳定发展，而大学教育是培养精英和专业人才的有效途径，政府模仿拿破仑帝国大学制，规定初等教育由大学管理，赋予了大学很大的权力。1842年，智利政府重建了智利大学，意在使其引领和指导全国教育。该大学当时有五个学院，分别为神学院、医学院、文

---

[1] 陈作彬，石瑞元，等. 拉丁美洲国家的教育 [M]. 北京：人民教育出版社，1985：142.

[2] 韩琦，曹龙兴. 智利现代化道路的独特性及其历史根源 [J]. 世界历史，2015（1）：119-128+160.

学院、数学院和法学院。之后，智利大学逐渐发展成为全国教育中心，为教育的发展做出了突出的贡献，并成为拉丁美洲最著名的大学之一，至今还在智利高等教育中起着举足轻重的作用。[1] 同年，正在智利流亡的阿根廷杰出政治家和教育家多明戈·福斯蒂诺·萨米恩托在圣地亚哥创办了拉丁美洲的第一所师范学校——圣地亚哥师范学校，该校培养了一批教师，为智利教育事业的发展提供了支持。当然，政府对于发展和改进教育的关心不限于此，还于 1849 年成立了智利圣地亚哥大学，培养工程技术人员和职业学校的教师。这一时期，国家对大学教育的重视培养了一批高水平人才，为智利教育事业的发展提供了极其广阔的舞台。

3. 自由共和国时期

自由党在自由派地主和矿业资本家的支持下强大起来，并于 1861 年执掌政权，开始了自由共和国时期。自由党执政的 30 年里，政府极力削弱天主教势力，在政治上改革《宪法》、实行选举自由。1879 年，南美太平洋战争拉开序幕，经过 5 年的战争，智利打败了秘鲁和玻利维亚，夺取了太平洋沿岸的全部硝石产区，成为最大的硝石出产国。战争的胜利在国家财政方面揭开了一个繁荣的时代，智利增加了领土面积，也获取了有巨大经济价值的矿藏。矿产品的出口也以惊人的速度发展起来，这刺激了智利的对外贸易，增加了国库收入，财政力量迅速增长，促使国家经济在各方面都得到发展，改善了人民的物质生活水平，迎来了经济发展的新时期。社会改革和经济增长也推动了教育事业的发展。

一是进行教育改革，促进教育发展。殖民时期的愚民政策导致很多智利人是文盲，为改变这一现象，智利政府开始对学龄前儿童给予关注。教育部

---

[1] 王留栓. 亚非拉十国高等教育 [M]. 上海：学林出版社，2001：255.

于 1864 年颁布法令，由财政出资开办了第一所保育学校。继政府创办了两个学前中心之后，受福禄培尔教育思想的影响，德国和美国的移民群体出于保护自身语言、文化和宗教的目的，开办了第一批私立幼儿园。随后，面向智利儿童的幼儿园开始兴起，并得到了国家财政的大力支持。[1] 基础教育方面，各省都创办了公立中学；迭戈·巴罗斯·阿拉纳对国民学院的中等教育进行了改革。改革的内容包括：在学校课程中加设物理、化学、自然地理、生物学和动物学等学科，并整合成一门自然科学概论课；注重历史，特别是美洲史的研究；关注教师专业化。伴随着中等教育的发展，高等教育、职业教育也有了显著的改进，教育在科学研究的成果上也取得了很大的成就。高等教育方面，巴伦廷·莱特列尔曾到德国考察，回国后于 1889 年创办了智利大学的教育学院，不仅推行"男女合校制"，而且还从德国招聘教师，大大增强了智利中等教育的师资力量。[2] 在这期间，智利女性也获得了接受中高等教育的权利。19 世纪 70 年代之前，智利女性仅享有初等教育和师范教育的权利，但在国民教育部部长米格尔·路易斯·阿穆纳特吉的推动下，智利政府于 1877 年向女性开放了中等教育和高等教育，并授予女性参加职业考试和获得职业资格的权利。此后，智利出现了拉美历史上首位女医学学士（1886 年）和女法学学士（1892 年），她们均获得了各自领域的职业资格。随着知识水平的不断提高，女性在国家经济和社会生活中的作用也越来越大。[3] 在自由共和国末期，全国各地的公立与私立中小学校大约有 1 500 所，入学的男女儿童超过 80 000 人。虽然这个数字还没有达到应入学人数的四分之一，但这些学校已为文化发展奠定了基础。[4] 这一时期，各类教育均在其原有基础上有了很大的发展和改进，智利教育事业得以完善。

---

[1] 宋妍萍. 智利学前教育的特点及其对我国的启示 [J]. 学前教育研究，2013（3）：27-32.

[2] 曾昭耀，石瑞元，焦震衡. 战后拉丁美洲教育研究 [M]. 南昌：江西教育出版社，1994：13-16.

[3] 曹龙兴. 智利早期现代化研究 [M]. 天津：天津人民出版社，2019：174-177.

[4] 加尔达梅斯，考克斯. 智利史 [M]. 辽宁大学历史系翻译组，译. 沈阳：辽宁人民出版社，1975：653-654.

二是倡导教学自由，发展私立学校。埃拉苏里斯总统执政时期，开始鼓励教学自由。教育部在 1872 年年初颁布了命令，废除了当时公立学校教员对私立学校学生进行考试的权利，并授权私立学校校长主持考试和颁发升大学的证明书，还允许私立中学在教学大纲最低要求的范围内减掉他们认为应当减掉的科目和课程。但这个法令也造成了混乱，一系列买卖考试及格证的现象随之而来，证明书就像市场上的商品一样，每张售价 3—5 比索，这种做法立即遭到人们的反对。[1] 与此同时，1888 年，天主教为保证自身地位和影响，在圣地亚哥创办了智利天主教大学，这所大学与省立大学形成了一定的竞争。它是智利的第一所私立高等学校，也是拉丁美洲首所天主教大学，在全国有 20 多所分院和分校，由教会委派校长和提供经费。[2]这一时期，对教学自由的鼓励为私立学校的发展提供了一定的空间和环境，也为其长远发展奠定了一定的基础。

4．议会共和国时期

1891 年，海军军官豪尔赫·蒙特在议会派的支持下发动起义并夺取政权，结束了长达 30 年的自由共和国时期。此后，总统成为政权的装饰品，没有真正的实权，行政受制于议会，开启了议会共和时期。[3] 在议会共和时期，政府开发了阿塔卡马沙漠的硝石区并改善了交通，智利经济有所发展。1914—1918 年第一次世界大战期间，硝石作为炸药原料需求量迅速增大，促进了智利硝石的出口，智利将这些从国外得到的充足资金用于国内的经济建设，教育在这一时期也有了很大的发展并呈现出以下特征。

一是建立免费义务教育制度，实行普及教育。随着拉丁美洲资本主义

[1] 加尔达梅斯，考克斯. 智利史 [M]. 辽宁大学历史系翻译组，译. 沈阳：辽宁人民出版社，1975：593-593.

[2] 德维特，等. 拉丁美洲的高等教育：国际化的维度 [M]. 李锋亮，石邦宏，陈彬莉，译. 北京：教育科学出版社，2011：149.

[3] 张鹏. 拉丁美洲概况 [M]. 天津：南开大学出版社，2015：275.

的发展，工人阶级日渐成长，社会与经济发生重大变革，要求教育变革的呼声日益高涨。一些教育家提出了教育与经济、科学、道德同步发展的主张，使教育走上与经济发展相结合的道路，其核心是建立和实行免费义务教育制度。智利政府于 1920 年颁布《小学义务教育法》，宣布建立免费的、非宗教的、强制性的义务教育制度，并于 1921 年 2 月开始实施。该法规定 7 岁以上儿童应当接受免费义务教育，小学毕业生可以直接进入中学；同时规定职员、手工业者以及矿工都享有受小学教育的权利。为了提高全国人民的文化水平，政府还确定了义务教育的最低年限，规定 7—13 岁的儿童至少要接受 4 年的初等教育。智利政府呼吁社会重视教育，并责成家长送孩子上学读书。同时提出，教育科目从单学科向多学科发展，并明确规定了各类教育的培养目标。[1] 然而，由于缺乏资金和人才，该法律落实缓慢。尽管如此，教育事业的发展还是有了深刻的变化。1891 年，基础教育入学人数总共只有 8 万人，全国有读写能力者不足 30%。1900 年，入学人数增加了一倍多，共有 17 万人；到 1920 年，入学人数有了 40 万，这时将近 50% 的人口能读会写了。1920 年议会通过决议规定小学头四年为义务教育。入学人数增加较慢的是中学教育，1900 年，中学入学人数不到总人数的 10%，到 1920 年也没有多大的增加。大学入学人数更少，只占小学和中学总人数的 1%。[2] 此外，1902 年和 1912 年，普通教育会议和全国中等教育会议在圣地亚哥举行，在这两次会议上提出了广泛的改革计划。由于实行了改革计划，初等教育和中等教育逐步地有所改进。[3] 这一时期，教育获得了很大程度的普及，改革取得了很大进展。

二是实证主义盛行，进行课程改革。19 世纪后半期，在实证主义教育思想影响下，拉美各国普遍宣布实行义务教育，但教师和培训教师的学校

---

[1] 曾昭耀，石瑞元，焦震衡. 战后拉丁美洲教育研究 [M]. 南昌：江西教育出版社，1994：16-21.

[2] 加尔达梅斯，考克斯. 智利史 [M]. 辽宁大学历史系翻译组，译. 沈阳：辽宁人民出版社，1975：111.

[3] 加尔达梅斯，考克斯. 智利史 [M]. 辽宁大学历史系翻译组，译. 沈阳：辽宁人民出版社，1975：791.

短缺问题随之表现突出。兰卡斯特教学法虽然能在较短的时间培养大量学生且暂时缓解了教师缺乏的问题，但它只是个应急措施，学生仍不能得到系统和正规的教育。因此，拉美各国纷纷开始聘请外国教师，负责学校教育，同时选派学生前往国外学习。智利也顺应潮流，邀请德国人来开办教育学院，培养师资。随着外国教师的到来，实证主义教育思想也开始在智利盛行。早在1868年，智利已经有学者提倡实证主义的教育哲学，[1] 到1900年，实证主义教育思想在拉美高等教育中已有很大影响，相应的教育变革的呼声日益高涨，大多数拉美国家对中等学校的课程进行了改革，提高了自然科学、数学等学科在课程中的地位，增加了体育课。与此同时，19世纪以来形成的旧的教育制度受到越来越大的冲击，提倡自由、灵活的教育方法的思想逐渐兴起。[2] 实证主义者努力改进教学方法，克服兰卡斯特教学法的缺点和不足；主张应该使教学紧密联系现实生活，而不是死记硬背各种公式；统筹安排各门课程，使它们相互融会贯通，如学生在绘画课上可画历史课中的事件或临摹自然课上的标本；注重直观教学法的运用，组织学生观察各种自然和人工现象，并进行实验；还强调学生应去农村和工厂劳动，在劳动中学习各种知识。但不足的是，拉美实证主义教育过于坚持"师道尊严"，要求学生绝对服从，在课堂上保持绝对安静，只培养学生的观察及模仿能力，而不鼓励学生发挥想象力和创造力。例如，在绘画课上，学生只是临摹而不能发挥自己的想象力。此外，实证主义教育维护资产阶级的利益，向学生灌输符合统治阶级利益的价值观，鼓励他们顺从统治阶级的意志，以培养能从事现代化生产的、符合统治阶级利益的毕业生。

三是促进大学教育的新发展，中产阶级接受高等教育的机会增加。1906年，大学生们成立了智利大学生联合会，着重关注中产阶级教育问题。大学生联合会越来越积极地同工人一道参加罢工和抗议活动，各党派均认识

---

[1] 曾昭耀，石瑞元，焦震衡. 战后拉丁美洲教育研究 [M]. 南昌：江西教育出版社，1994：13-16.

[2] 曾昭耀，石瑞元，焦震衡. 战后拉丁美洲教育研究 [M]. 南昌：江西教育出版社，1994：16-21.

到了学生政治活动的重要性，都着力培养学生领袖，插手他们的竞选活动，以赢得对智利大学生联合会的控制。1919 年，政府开办了康塞普西翁大学，这是在首都以外创办的第一所大学，使得南部地区学生有了更多的学习机会。

5. 伊瓦涅斯军事独裁时期

1927 年，代表大地主利益的陆军部部长卡洛斯·伊瓦涅斯与美国资本相勾结，夺得政权出任总统，开始了独裁统治。他执政期间对人民采取高压手段，镇压工人运动和一些进步民主活动，改革政府机关和国家制度，加大了国家对各项事务的干预。他向美国银行大举借款，增强了美国资本在智利的力量。在 1929 年经济危机爆发后，智利的经济也受到了严重的打击，失业人数急剧增加，人民的不满情绪日益高涨，反对政府的抗议也日益强烈。1931 年，伊瓦涅斯被迫辞职。

这一时期，资产阶级中的自由派极力主张实行开放教育和普及教育，以实现社会民主化。在这种情况下，智利进行了教育改革。1928 年通过了《移民法》和《教育法》，规定职员、手工业者和矿工都有接受小学教育的权利；扩充初等学校的课程以为技术学校和职业学校的学习或工艺技术方面的培训打下基础；改变学校只传授一般科学文化知识的状况，为满足经济结构多样化发展需要，加强职业技术教育，并开设各类职业学校、技术学校和专业学校，举办多种形式的业余学校，培养各部门急需的专业技术人员和劳动者。[1] 此外，还为妇女开辟了活动场所，增加了许多女子职业学校，农业、矿业和制图工业学校等也得到同样的发展。[2] 由此可见，伴随着智利现代化的肇始，矿业、工业和商业的发展需要大量专业人才，加之 19

---

[1] 袁振国. 对峙与融合：20 世纪的教育改革 [M]. 济南：山东教育出版社，1995：216-217.

[2] 加尔达梅斯，考克斯. 智利史 [M]. 辽宁大学历史系翻译组，译. 沈阳：辽宁人民出版社，1975：785-790.

世纪末中产阶级对教育需求的增长，政府加大了对教育的投入。扣除物价因素，1915 年、1920 年和 1930 年智利政府的教育预算分别较 1890 年增加了 1 倍、2 倍和 5 倍。小学数量由 1860 年的 486 所增加到 1936 年的 3 446 所，还建立了一批适应经济发展的职业学校。经过努力，智利人口的识字率由 1854 年的不足 15% 提高到 1930 年的 54%，而同期智利的人口总数则由 140 多万增加到 430 多万。[1]

（二）20 世纪的快速稳定发展

1．人民阵线执政时期

继伊瓦涅斯辞职之后，权力几经移交。[2]1932 年，阿图罗·亚历山德里当选智利总统。他为了巩固和扩大总统的权力，削弱了议会的职权，开启了政治稳定的新时期。但在其执政后期，法西斯势力在智利日益猖狂，智利人民感到民主和生存的权利受到了严重威胁。1936 年，智利共产党和激进党联手成立了人民阵线，共同进行反法西斯斗争。该阵线主张实行民主政治，对国家政治发展产生了长远的影响。这一阶段的教育发展呈现如下特征。

一是扩大教育机会，满足人民需要。由于国民教育，尤其是初等教育不断发展，知识中心逐渐地形成起来。1936 年，激进党在人民阵线支持下执政，大力兴办学校，使智利初等学校的数量和入学儿童的人数持续增加，到 1937 年，入学儿童已超过 45 万人。绝大部分学校是由国家创办的，享受国家资助。此外，还有一些市立学校和宗教团体学校。政府特别关心这些学校，尽管如此，这些学校的行政组织和教育效能都不够完善，仍然远远满足不了人口增加所产生的日益增长的需要。学校学生数目还没有达到适

---

[1] 韩琦，曹龙兴. 智利现代化道路的独特性及其历史根源 [J]. 世界历史，2015（1）：119-128+160.

[2] 加尔达梅斯，考克斯. 智利史 [M]. 辽宁大学历史系翻译组，译. 沈阳：辽宁人民出版社，1975：725.

龄儿童的一半。[1] 与此同时，政府也注重高等教育的发展，于 1928 年创办了农业和兽医学院，第二年创办了美术学院。1934 年又创办了工商经济学院，大约在同一年，除了原有的教育学院外，哲学和教育学院还创建了一般的、非专门的自然科学和文学课程高级研究所。[2] 1947 年，国立工业大学创办。这样一来，智利大学的范围便大大地扩大了。第二次世界大战后，各届政府投资建设基本教学设施，在加大力度普及和发展初、中等教育的同时，提出了教育发展多样化。总的来说，战后智利的教育体系逐渐形成，教育思想逐渐完善。教育宗旨被列入《宪法》，赋予人民接受教育和自由开办学校的权利。政府在支持和保护自由办学的同时，对各类自由开办的学校拥有检查、监督、评估的权力。[3]

二是创办职业学校，培养技术人才。从 20 世纪 30 年代开始，拉美各国开始走上发展民族经济的道路，逐步实现本国工业化。随着外国资本的渗入和先进技术的引进，以及工农业交通运输的迅速发展，拉美国家对专业技术人员的需要日益迫切。各国政府纷纷拨款创办职业技术学校，培养生产部门急需的专业技术人员和技术工人，同时开办夜校、星期日学习班等多种形式的业余学校，提高成人的文化知识和技术水平。[4] 智利也是如此，越来越多的专门技术人员投身到工业产品的制作中，在充分就业、提高生活水平，特别在教育方面出现了良好的发展契机。[5] 此外，智利教师联盟于 1939 年提出将单一教育体制改为普通教育与职业技术教育相结合的双重教育结构，政府据此兴办了专业技术学校，既培养工人又培养技术员。[6] 伴随着智利经济国有化、现代化呼声的日益高涨，社会经济结构也发生了相应

---

[1] 加尔达梅斯，考克斯. 智利史 [M]. 辽宁大学历史系翻译组，译. 沈阳：辽宁人民出版社，1975：784-785.

[2] 加尔达梅斯，考克斯. 智利史 [M]. 辽宁大学历史系翻译组，译. 沈阳：辽宁人民出版社，1975：785-790.

[3] 周为民. 智利概况 [M]. 海口：南方出版社，2009：253.

[4] 曾昭耀，石瑞元，焦震衡. 战后拉丁美洲教育研究 [M]. 南昌：江西教育出版社，1994：16-21.

[5] 邢克超. 共性与个性：国际高等教育改革比较研究 [M]. 北京：人民教育出版社，2004：224-225.

[6] 周为民. 智利概况 [M]. 海口：南方出版社，2009：253.

的变化。战后几届政府都把教育事业提到了日程上，要求教育为社会改革服务，为实现本国工业化、发展民族工业培养人才。

2. 弗雷政府改革时期

1964 年，爱德华多·弗雷·蒙塔尔瓦当选智利总统，提出的社会经济改革口号为"国有化"，并以实现铜矿企业国有化为中心目标进行了社会改革，教育也是其中重要的一项。政府要求教育成为一种确保社会变革的有效工具，教育纲领要与社会改革的主导思想一致，提出建立适合智利国情的新的教育体系，力图使教育走向"民族化"和"智利化"。

经过长时期的教育发展与改革，智利的教育制度基本上仍是仿效欧洲的教育制度模式。在这种教育体制下，社会下层人民最多只能受到初等教育，社会地位较高、经济条件较好的人则可以上法国式的"国立中学"或德国式的"大学预科"。此外，大多数中学还办起了自己的附小，称为"预备学校"，来替代初等教育。这种教育体制的特点是只为少数英才和社会经济地位高的阶层的子女服务。因而，全国适龄儿童入学率很低，全国成年人文盲率也很高。对此，也有人试图使教育体制民族化，但并没有取得重大进展。直到 1962 年"教育统一计划委员会"建立后，智利的教育改革才真正实施。[1]

1962—1964 年，智利政府对全国的教育进行调查研究，并在其基础上，对智利教育进行真正的彻底改革。弗雷政府对教育工作提出了三大任务：建立新的教育体制结构，使教育走向民族化；建立新的教育行政管理形式，让地区参与管理；制定新的教育计划，以提高公共教育的质量和覆盖率。1965 年，智利教育开始全面改革，政府制定了许多试验性的教育计划，并

---

[1] 滕大春，王桂. 外国教育通史：第 6 卷 [M]. 济南：山东教育出版社，1994：530-532.

对教育改革进行大检查。1966 年，政府以法令的形式公布了新的教育体制。至此，智利初步建立了具有民族化的教育体制。[1] 与此同时，为了促进教育改革，政府还建立了全国教育监督委员会和全国教育评定委员会等机构，以促进教育的发展和教学质量的提高。[2] 此次教育改革涉及教育政策、行政管理、学校组织与结构、学制、课程设置和师资训练等。例如，制定智利教育统一计划（通称阿里卡计划）；将学制从 6-6-5 制，改为 8-4-5 制，即将小学 6 年改为 8 年，延长了义务教育的年限；将职业技术教育发展成为基础教育之后的一个独立阶段，是正规教育的一部分（以前是附设在小学里的职业班）；使入学机会在很大程度上得到改善；在制定教育政策时，扩大了社会团体参与的可能性；试图把科技成果引入教材等。改革使智利教育取得显著进步，各类学校入学人数均有所增加，幼儿教育增加了 37%、基础教育增加了 31.3%，中等教育增加了 82%，高等教育增加了 88.8%。[3]

从 20 世纪 60 年代开始，智利还通过大力发展私立教育，确立了私立教育主导办学模式；通过多渠道筹措经费和实行教育成本回收制度，较好地解决了教育经费投入不足的问题；制定和完善《教育法》，以法律的方式保障了大学的自主权；设立高等教育全国理事会，加强了对高等教育质量的监控与评估。[4] 此外，智利教育部还建立了"完善、实验和教育研究中心"，旨在通过创新教育方法和学习战略，使教育日臻完善，并组织各种力量包括高等教育研究机构开展相关的科学研究。与此同时，认识到教师是提高教育质量的关键，政府十分重视在职教师的培训工作，着力加强在职教师的培训，并提高教师的地位；1966 年，成立了教师进修中心，每年抽调部分在职教师进行轮训；将每年 10 月 19 日定为教师日，使教师普遍受到社会的

[1] 滕大春，王桂. 外国教育通史：第 6 卷 [M]. 济南：山东教育出版社，1994：530-532.

[2] 陈作彬，石瑞元，等. 拉丁美洲国家的教育 [M]. 北京：人民教育出版社，1985：144.

[3] 袁振国. 对峙与融合：20 世纪的教育改革 [M]. 济南：山东教育出版社，1995：217-218.

[4] 袁长青. 智利高等教育改革及其对中国的启示 [J]. 外国教育研究，2008，35（11）：48-52.

尊重。教育部还设立了全国教育奖，在全国公立学校开展教学竞赛，奖励优秀教师，鼓励他们做好教育工作，提高教学质量。[1] 此外，从 1967 年起，智利实行教育分散管理体制，即在国家规划委员会的统一领导下设立各地区的教育规划秘书，管理教育事务。[2]

总之，弗雷政府执政期间是智利教育史上尝试改革最多的时期，也是较为彻底的改革时期。在这期间，新建了 3 000 所学校，教室总数翻了一倍多；注册入学的学生人数从 1964 年的 184 万增加到了 1970 年的 269 万；中学和大学的入学增长率均超过了 100%，教育改革取得了很大的成效。[3] 虽然弗雷政府改革也存在一些问题，很多措施到后来或被忽视或被摒弃，没有达到预期目标，但仍为智利教育开辟了一条新的道路，使智利教育实现了民族化，并为以后的现代化和民主化打下了坚实基础。[4]

3. 阿连德政府过渡时期

1970 年，萨尔瓦多·阿连德·戈森斯当选总统，他主张在遵守《宪法》和现存政治制度的前提下，以非暴力方式逐步过渡到社会主义。他在执政期间实行了一系列重大经济和社会改革。[5] 阿连德政府执政三年推行了下列改革：对外资企业实行国有化，确立国营、公私合营和私营三种所有制的经济体制；进行土地改革，打击大庄园制经济；实行收入再分配政策，增加工资，减免税收；维护独立自主的对外政策。[6]

20 世纪 70 年代，拉丁美洲再次掀起教育改革的高潮，这次教育改革的

[1] 陈作彬，石瑞元，等. 拉丁美洲国家的教育 [M]. 北京：人民教育出版社，1985：147.

[2] 王留栓. 智利高等教育的大众化和普及化 [J]. 世界教育信息，2011，24（12）：38-42.

[3] 雷克特. 智利史 [M]. 郝名玮，译. 北京：中国大百科全书出版社，2009：160.

[4] 袁振国. 对峙与融合：20 世纪的教育改革 [M]. 济南：山东教育出版社，1995：217-218.

[5] 张鹏. 拉丁美洲概况 [M]. 天津：南开大学出版社，2015：278.

[6] 王斯德，钱洪. 世界当代史（1945—1988）[M]. 北京：高等教育出版社，1989：176.

重点是发展基础教育、职业教育、成人教育以及改革高等教育。在 1979 年的教育部长会议上，政府决定实现中等教育多样化，把劳动实习与现代化教育结合起来，扩大和加强成人教育，并加强了高等教育与社会需求的联系。这个时期，各个国家还开展了扫盲教育活动，一些国家采取多渠道、多种办学形式，开展扫除文盲教育，取得了明显效果。[1]

阿连德政府十分重视教育改革，努力扩大民众受教育的机会，力图使教育面向大众。在弗雷政府改革的基础上，阿连德政府加快了教育改革的步伐，采取了许多改革措施。其中主要措施有：为劳动人民的子女增设幼儿园；降低大学入学标准，招收更多的学生；为出身于劳动人民家庭的学生提供免费食宿以及课本，发放贷款和奖学金；增设成人教育机构，扫除文盲，给工人提供技术训练。[2]

随着国民经济结构的变化，阿连德政府提出了教育改革的目标，在提高中小学生入学率、让广大劳动人民子女走进课堂的同时，特别提出"加强非正规教育体系的发展及改善教师待遇"等多项举措。[3] 此外，由于厂矿、企业实行国有化，需要大批本国的专家和技术人员，政府还加强了成人教育，特别是职工的教育，建立了夜校、基础教育中心和广播实验学校，加强职工培训，以提高他们的技术水平和政治觉悟，使他们能在国有化企业中发挥作用。[4] 为此，阿连德政府确定了教育改革的五大目标：第一，迅速扫除文盲；第二，普及初等教育，使所有适龄儿童都能接受教育，使教育向民主化方向发展；第三，大力发展中、高等职业技术教育，使职业技术教育向普遍化、多样化方向发展；第四，加强非正规教育体系的发展；第五，改善教育工作者的待遇。[5]

---

[1] 张家唐. 拉丁美洲简史 [M]. 北京：人民出版社，2009：356-357.

[2] 滕大春，王桂. 外国教育通史：第 6 卷 [M]. 济南：山东教育出版社，1994：532-533.

[3] 邢克超. 共性与个性：国际高等教育改革比较研究 [M]. 北京：人民教育出版社，2004：224-225.

[4] 陈作彬，石瑞元，等. 拉丁美洲国家的教育 [M]. 北京：人民教育出版社，1985：144.

[5] 周为民. 智利概况 [M]. 海口：南方出版社，2009：253.

总之，阿连德政府这些具有重大进步意义的改革措施，受到了广大民众的热情支持，培养了大批本土技术人才，在给广大劳动人民子女创造学习机会的同时，培养了教育平等的社会意识，推动了智利的教改进程，为日后教育事业的发展奠定了良好的基础。[1] 不过，阿连德政府实施的教育大众化政策也带来了一些争论，如阿连德政府在其短暂的执政期间所采取的一系列改革措施并没有认真考虑国家的实际情况。智利当时并没有足够的资金来进行这种教育改革和发展，严重的通货膨胀，再加上紧张的政治局势，逐渐使教育改革走入困境，踏步不前，甚至连正常的教学活动也无法进行下去。随着阿连德政府的下台，这个时期的教育改革也偃旗息鼓。但是，阿连德政府推行的教育大众化政策却对日后智利争取教育民主化产生了很大影响。[2]

4. 皮诺切特军政府时期

1973 年，陆军司令皮诺切特发动政变，推翻了阿连德政府，开始了长达 16 年的军政府统治。军政府启用了一批芝加哥学派经济学家治理国家经济，实行市场自由化、贸易自由化和国有企业私有化的新自由主义改革。[3] 20 世纪 70—90 年代，智利依靠新自由经济政策，保持经济持续增长，一跃成为拉丁美洲诸国中经济腾飞的国家。[4]

在教育方面，军政府提出要以"民主化和现代化"为发展目标，建立现代化教育体制，声称要在 10 年内赶上欧洲教育发达国家。在国家实现现代化的过程中，政府把发展教育列为国家现代化的首要任务之一，强调教育功能、结构、内容要适应智利总体发展规划的需求。1979 年，智利政府通过"总统对国民教育的指示"，向全国宣布全面改革教育制度，使智利教育走向

---

[1] 邢克超. 共性与个性：国际高等教育改革比较研究 [M]. 北京：人民教育出版社，2004：224-225.

[2] 滕大春，王桂. 外国教育通史：第 6 卷 [M]. 济南：山东教育出版社，1994：532-533.

[3] 王斯德，钱洪. 世界当代史（1945—1988）[M]. 北京：高等教育出版社，1989：353-357.

[4] 邢克超. 共性与个性：国际高等教育改革比较研究 [M]. 北京：人民教育出版社，2004：225-227.

现代化和民主化。[1] 20 世纪 80 年代起，智利政府采取了一系列措施，如下放教育管理权、改革教育行政管理、鼓励私人办学、改革课程设置等，[2] 以实现教育现代化的目标，即建立一个现代化的教育体制，保证智利人民享有教育机会均等的权利，使受教育者德、智、体全面发展，为国家社会经济发展提供所需要的人才，繁荣国家的传统文化。[3]

（三）民主政府时期的持续健康发展

1990 年，民主联盟上台执政，结束了长达 17 年的军政府统治。政府与反对党对教育战略之于经济增长的重要性、社会整合、促进民主以及基本政策均达成了一致，尤其是对国家主导下进行教育改革的基本策略达成了共识。同时，国民对知识的重要性有了更充分的认识，这也为之后的教育改革做了铺垫。自此，民主政府开展了一系列的课程改革，教育发展呈现出良好的势头。[4] 这期间实施了教育平等发展战略，并取得较好的效果，使得国家比较稳定。此外，为了实现教育平等，智利政府还进行了多方面的努力和尝试，促进了新时期教育事业的持续健康发展。

第一，关注贫困儿童教育，增加教育经费。20 世纪 90 年代以来，智利政府以质量和公平为政策导向，对中小学进行了一系列改革，集中精力提高贫困地区小学的教学质量。1990 年，智利政府开始努力改善成绩差的公立学校和私立资助学校的教育，"P-900 项目"（900 所贫困学生学校计划）成为扶持极度贫困和成绩较差的学校的重大教育战略。在政府的资助下，学校的教学材料得以丰富，基础设施得以改善，教师也得到了额外的在职培训。政府还提供大量培训资金，雇佣大学毕业生作为家庭教师，以帮助

[1] 滕大春，王桂. 外国教育通史：第 6 卷 [M]. 济南：山东教育出版社，1994：533-537.
[2] 袁振国. 对峙与融合：20 世纪的教育改革 [M]. 济南：山东教育出版社，1995：218.
[3] 陈作彬，石瑞元，等. 拉丁美洲国家的教育 [M]. 北京：人民教育出版社，1985：145.
[4] 彭虹斌. 20 世纪 90 年代以来智利中小学教育改革评析 [J]. 外国教育研究，2006（5）：56-60.

成绩低下的学生提高学习成绩，这对智利教育的发展起到了极其重要的作用。[1]1992 年，智利实施改善学前和基础教育质量与公平的项目（MECE 基本计划），这是当时唯一得到世界银行资助的教育项目。该项目资助所有的公立学校，比"P-900 项目"影响更加广泛，为实行复式教学的农村学校设计了新课程，提供了专门的教科书、图书和授课材料；同时，使得农村教师能每个月进行一次为期一天的以项目为基础的学习，交流教学经验，建立起地区性的学习网络，打破了农村地区教师分散的局面，在很大程度上提高了农村基础教育的质量和公平性。[2]这两个重大项目促进了智利民主政府时期教育的发展。此外，还有"师资培训计划""校际计算机网络试点计划""课程改革计划"等，这些计划几乎都是从最贫困的学校开始执行，以实行教育平等战略为最高原则。与此同时，政府还增加了校餐的配给量，制定了加强学校保健工作、免费分发课本和学习用具以及扩大学前教育招生等计划。以上项目都在 20 世纪 90 年代初期开始运作，并在已有经验的基础上，不断发展，逐渐完善和丰富。[3]为了推行这些计划，政府逐年增加教育经费，仅 1990—1999 年，国家教育经费就增加了 15%，人均初、中等教育开支增加了一倍。特别值得一提的是，在智利，教育经费的使用高度倾斜于基础教育，所增加的经费基本上都集中于基础教育和中等教育，而且，在基础教育和中等教育领域，分配给家庭贫困的学生的份额也是最多的。[4]这都体现了政府对于贫困儿童教育的关注。

第二，延长义务教育年限。智利《宪法》规定，小学和中学教育对所有智利人都是义务性的，智利政府向无法支付私立教育费用的学生提供公立中、小学教育。1920 年至今，智利小学教育都是免费的、非宗教性的、

---

[1] 郝明君. 私营化：教育发展的动力还是阻力——基于智利教育券的研究分析 [J]. 外国教育研究，2006（4）：72-75.

[2] 吴洪成，贺飞燕. 试论智利的教育公平 [J]. 教育实践与研究（A），2014（5）：11-14.

[3] ARELLANO J P. Educational reform in Chile[J]. Cepal review, 2001, 73: 81-91.

[4] 周为民. 智利概况 [M]. 海口：南方出版社，2009：259-260.

强制性的义务教育。[1] 义务教育年限起初为 8 年，随着国家的日益进步，实行 12 年制义务教育已经成了智利人民的共同心声，在智利人民和政府看来，普及 12 年义务教育，不但是经济发展的需要，也是精神文明建设的需要。总统的《国情咨文》中说："12 年制义务教育是我们融入世界的方法，是保证中等教育阶段再没有逃学现象的方法；而如果没有逃学，青少年就会摆脱恶习，摆脱毒品和犯罪；如果没有逃学，我们就会获得智慧。为了赢得 21 世纪的这场战斗，实行 12 年制义务教育是我们的承诺。"[2] 为使青少年在 21 岁以前都能接受中等教育，达到高中文化程度，2003 年，智利总统拉戈斯在瓦尔帕莱索签署法令，宣布智利开始实行 12 年义务教育，即在原来 8 年小学教育的基础上增加 4 年中等教育，使青少年在 21 岁以前都能接受中等教育，达到高中文化水平。[3]12 年义务教育的实施，给智利教育带来了新的拐点，提高了国民的整体教育水平。

第三，改革高等教育，多渠道解决学费问题。执政以来，为巩固和发展本国现有的高等教育，新政府先后制定了新的《高等教育法》，成立了高校校长委员会，建立了教育最高理事会，完全恢复了公立高校办学自主权，增加了教育投入，实施了新的高等教育评估方法。1994 年，为了促进高等教育的现代化并且改进高等教育的质量和包容性，智利大大增加了对新教学项目的支持。1997 年确立了一种新的高等教育政策框架，1998 年以来，政府为了改进高等教育质量，在若干个项目中加大投入，如为了促进 23 所大学的图书馆达到世界先进水平进行了大量的投入。同时，智利的高等教育和基础教育之间达成了一个很重要的协议，即在新的大学入学考试与学校课程之间建立直接的关联。这是一个分水岭式的改革，取代了之前存在

---

[1] 薄云. 拉美私立高等教育发展研究：以巴西、墨西哥、阿根廷和智利为个案 [M]. 厦门：厦门大学出版社，2017：35-37.

[2] 周为民. 智利概况 [M]. 海口：南方出版社，2009：260.

[3] 吴洪成，贺飞燕. 试论智利的教育公平 [J]. 教育实践与研究（A），2014（5）：11-14.

了 30 多年的考试体系。[1] 高等教育虽然不是义务教育，但智利政府也做出承诺：决不让任何一个有成就的青年因为经济困难而进不了高等学校。智利政府规定，为在智利大学校长委员会所属大学学习的学生提供贷款，其他私立大学的学生，只要履行教育贷款的规定，保证大学文凭和学位的质量和严肃性，也将得到贷款，因为国家所奉行的原则是必须保证让所有符合条件的青年人都能上学。同时，智利还实施了一项特别奖学金计划，给予那些在技术学校学习的年轻人以特别的帮助。此外，智利还创建了一个解决经费困难的新制度，即助学储蓄卡制度。具体做法是鼓励所有的父母用银行储蓄卡为他们的孩子上大学事先准备经费，当孩子达到上大学的条件时，国家将提供一笔与他们银行卡上累计利息相等或加倍的资金援助。有了这张储蓄卡，加上一笔相当于储蓄卡利息一倍或两倍的奖金，孩子上大学的愿望就比较容易实现了。[2] 此外，政府还于 2005 年建立了新的助学贷款体系——高等教育助学贷款体系，为学生贷款机制的创新提供了法律框架。该机制在 2006 年第一次实施期间，大约有 21 000 名学生获得了资助。[3] 该机制有助于高等教育改革以及学费问题的解决，促进了智利高等教育持续健康的发展。

第四，进行课程改革，实施全日制课程。智利于 20 世纪 90 年代初开展了教育改革，此次教育改革的一个重要组成部分就是将信息与通信技术（ICT，Information and Communications Technology）纳入学校教育，建立一个全国性的教育网络"Enlaces"（在西班牙语中，意为"连结"）。1992 年，"结网"计划在智利首都圣地亚哥的 3 所学校开始试点。1993 年，"结网"计划在南部的一个小城市特木科开展。智利政府发现"结网"计划切实可行之

[1] 德维特，等. 拉丁美洲的高等教育：国际化的维度 [M]. 李锋亮，石邦宏，陈彬莉，译. 北京：教育科学出版社，2011：151.

[2] 曾昭耀. 智利下本办教育 [J]. 中国改革，2002（11）：36-37.

[3] 冯涛. 来自南美洲的经验：智利助学贷款制度设计及其启示 [J]. 黑龙江高教研究，2013，31（11）：57-60.

后，便致力于将该计划推广到全国各地。1995 年，"结网"计划成为官方倡议，该计划由一个试点项目转变为一个规模巨大的全国性项目。1997 年，参与学校达 1 407 所，1999 年达 4 255 所。2000 年，政府推出了"结网"计划农村项目，将其推广到农村和交通不便的地区。2002 年，名为"Red Enlaces Abierta a la Comunidad"（意为"网络链接向社会开放"）的新项目得以实施，该项目通过教育设施和计算机实验室为社区提供网络连接。2003 年以来，作为增加网络带宽的一部分，"结网"计划与多个运营商达成协议，由运营商为教育机构提供优惠费用。经过 10 余年的实施，"结网"计划于 2005 年归属于教育部，成为一个正式机构，命名为教育技术中心（CET）。[1] 此外，智利的学校在 1990—2003 年发生了重大的变化：公共教育经费在此期间增至 3 倍，课程自下向上进行了修改，修改后的课程把重点放在培养学生能力上，强调 21 世纪的技能：实验工作和学会学习，交流和协同工作，解决问题，处理不确定性，适应变化，[2] 这意味着学校有很大程度的自由来决定自己的学习计划和课程。特别值得一提的是 1996 年 5 月颁布的全日制课程计划：在基础教育阶段，每周上课时间从 30 个课时增加到 38 个课时，而在中等教育阶段则增加到 42 个课时。国际研究表明，更多的上学时间对教育质量的提升有积极影响，即在校时间越长与取得更好的成绩之间存在高度的关联。而智利已经有超过一半的学校开设了全日制课程，其余的也正在建设设施或准备项目。[3]

第五，减少教育机会和质量的差距。长期以来，智利在许多方面都是拉丁美洲的领先国家，但智利最大的问题仍然是社会经济不平等，这种不平等的根源之一是教育机会和质量的不平等。时至今日，智利仍然在私有化和国有化之间摇摆不定，高度不平等导致机会仍"偏向富人"，社会经

---

[1] 张广兵. "结网"计划：全球化下的智利教育信息化 [J]. 比较教育研究，2013，35（9）：83-88.

[2] 董宏建，李曼，许琼. 智利教育信息化概览 [J]. 世界教育信息，2012，25（13）：45-49.

[3] ARELLANO J P. Educational reform in Chile[J]. Cepal review, 2001, 73: 81-91.

济地位低的人难以获得更好的教育，从而导致社会流动的机会有限。这一点从近年来智利发生的学生抗议活动中可见一斑。针对以上问题，米歇尔·巴切莱特总统制定了一项多层次的教育制度改革政策。她表示，教育是一项社会权利，不应依赖于教育资源。教育改革的总体目标是使教育成为"社会权利"，为实现减少不平等的最终目标提供多种措施。[1]

第六，补充和完善教育券政策。1990 年，智利民主政府上台，新政府继承了军政府的教育券政策，并对其进行了补充和完善，教育券计划的形式及其功能也得以保存并进一步发展。1990 年后，教育公平和优质教育成为新政府的首选目标，改革的重心转移到用额外的资源资助薄弱学校，政府加大了对极度贫困和低绩效学校的扶持力度，实际上增加了教育的开支和教师工资，并对高绩效学校进行奖励。同时，通过设定课程标准、培训薄弱学校教师等方式，加强了对学校的集权管理。所有这些举措被认为是对教育券政策的一种修正。截至 1996 年，约有 20 个国家已实施教育券政策。其中，智利是唯一一个在全国中小学（包括公立学校和私立学校）范围内推行政府教育券的国家。[2] 可见，智利的教育券政策比较成熟，为很多国家提供了值得借鉴的经验。而智利教育体系的核心内容——每个学生都可以获得教育券并自由选择学校的理念基本上延续了下来。教育券在一定程度上促进了私立教育的发展；为弱势群体子女入学提供了一定条件；家长拥有了一定的选择权。即便如此，智利整体教育质量并没有因实施教育券政策而有明显改善，相反，教育券政策非但没有促进教育公平，反而加剧了教育不平等，家长选择学校的权利也没有得到根本性扩大。[3] 当然，智利也在教育实践中不断地加以改进，以真正提升教育公平和质量。

---

[1] ZELAYA V J. Chile's educational reform: the struggle between nationalization and privatization[J]. Pepperdine policy review, 2015(8): 1-15.

[2] 周琴. 智利教育券政策述评 [J]. 比较教育研究，2007（4）: 39-43.

[3] 李海生. 如何制定教育券政策：来自智利的启示 [J]. 外国中小学教育，2008（6）: 9-12.

　　总体来看，智利的教育发展经历了从无到有、由弱变强的过程，各个发展时期各具特色，并实现了跨越式发展。教育地位与作用的逐步提高，为推动社会经济发展提供了坚实的人才保障和支撑。

第二节　教育家

　　智利的知识分子以最大的努力献身于国民教育的发展与改革事业，教育界涌现出许多优秀的人物，他们的教育观点对智利教育发展发挥着至关重要的作用。同时，他们作品中反映的教育思想也对后世影响深远，直至今天仍然值得重视。

一、路易斯·加尔达梅斯

　　路易斯·加尔达梅斯（1881—1941）是智利的教育家、历史学家和社会活动家。其主要著作有《智利史》《智利宪法的演进》《蒙特总统的十年》等。1881年，加尔达梅斯出生在智利圣地亚哥附近的梅利皮拉。他于1906年毕业于教育学院（现为国立大学的一部分）。1913年，他成为米格尔·路易斯·阿穆纳特吉中学的校长。该中学在加尔达梅斯的努力下，获得了良好的声誉。1928年，他被任命为智利大学哲学和教育科学学院院长。后来作为中等教育司司长主要负责制定《中等教育条例》。他虽然在职时间不长，但推动了中学教育改革，同时，他的报告为之后的教育改革提供了样板。[1]

---

[1] 加尔达梅斯，考克斯. 智利史 [M]. 辽宁大学历史系翻译组，译. 沈阳：辽宁人民出版社，1975：4-6.

加尔达梅斯主张教育要独立于政治，强调大学不仅要培养专业人员，而且要成为一个科学研究的中心。受约翰·杜威和新学校的思想影响，加尔达梅斯认为教育不仅要成为现代文化的辐射点，也要成为社会能量的载体和催化剂，它必须以改善社会生活为目标。他特别重视将学生作为教育工作的中心，主张必须为所有人提供平等的教育机会，建立一个全国性的教育系统。加尔达梅斯为了实现教育理想，在国外进行了广泛的研究工作。他于1935年前往哥斯达黎加，建立了一所大学，并帮助改进当地的教学活动，取得了显著成果。1937年，他被任命为多米尼加共和国教育团的成员，通过建立教师培训学校、调整教学方法等措施，帮助多米尼加共和国进行教育改革，极大地改变了多米尼加教育的落后面貌。

二、加夫列拉·米斯特拉尔

加夫列拉·米斯特拉尔（1889—1957）是智利的著名诗人、教育家、外交官和女权主义者。加夫列拉·米斯特拉尔是其笔名，她的真名为卢西亚·戈多伊·阿尔卡亚加。米斯特拉尔于1889年出生于智利北部科金博省比库尼亚，她的童年很艰难，因家境贫寒，未能上过正规学校，靠自学和姐姐的辅导获得文化知识。她博览群书，知识渊博，学会了阅读和欣赏宗教文本，《圣经》是她最爱读的"书中之书"。1945年，她获得诺贝尔文学奖，成为拉美第一个获得这一荣誉的作家，并于1951年获得智利国家文学奖。

米斯特拉尔是一名优秀的诗人。她早期以发表忧郁的、多情的诗歌而名闻南美，其中的代表作就是《死的十四行诗》。她的作品被称为是一座充满温情的精神家园，洋溢着一种对美好和理想孜孜不倦的追求。她的诗歌和散文集中表达了她对祖国、对拉丁美洲炽热的爱，鲜明地表现了她独特的艺术韵味。她富于强烈感情的抒情诗歌，使她的名字成了整个拉丁美洲的理想的象征。

米斯特拉尔也是一名出色的教育家。她大胆地倡导维护妇女、贫困儿童和其他弱势群体的权利。1906年，她发表了一篇题为《妇女教育》的文章，讨论了女子教育的问题，并主张为无法上学的工人开设夜校和为穷人开课。1910年，米斯特拉尔通过了教师考试，获得了教学证书，从助理教师转为正式教师，开始在智利各地教书。1918年，她被任命为阿雷纳斯角女子中学校长。1921年，她被调至首都圣地亚哥，主持圣地亚哥女子中学工作。之后她在智利大学、哥伦比亚大学等著名学府担任西班牙语文学教授。她始终像慈母一样热爱儿童，特别是贫困儿童，并在她的作品中表达了对儿童和教育事业的热爱。由于教育工作上的成就，1922年，米斯特拉尔受墨西哥公共教育部邀请和智利政府委托，前往墨西哥帮助实施教育改革。改革的范围非常广，不仅涉及各级学校，还涉及图书馆，以帮助墨西哥重建革命后的教育系统。米斯特拉尔一生培养和影响了大量人才，为国家教育事业的发展做出了巨大贡献。

三、多明戈·阿穆纳特吉·索拉尔

多明戈·阿穆纳特吉·索拉尔（1860—1946）是智利历史学家、教育家和政治家，1860年10月20日出生于圣地亚哥。他先后在国民学院、国立大学学习，后来进入智利大学学习法律，于1887年担任司法部副部长；1889年起在教育学院、国民学院任教授，并担任文学院院长；1907年起为几届内阁服务，并两度担任国立大学校长。他从小就热爱写作，出版了大量的作品，著有《智利史》《智利文学史概论》《历史概要》《国民教育》等专著。

索拉尔以热爱文学和献身教育而闻名。在担任智利大学校长期间，他成立了体育和技术学院，他认为体育可以给予学生健康的体魄，加深学生对生命的理解和对生活的热爱，教会学生如何在规则的约束下赢得胜利，也教会学生如何正确地面对失败，帮助学生形成更完整的人格，培养出保家卫国的好青年。索拉尔于 1892—1909 年担任教育学院院长，在他的领导下，妇女首次被允许接受中学教师培训，课程体系进行了改革，以规范、奖励中学教师队伍。索拉尔的教育改革使得课程更符合当时的教育实际，在很大程度上提升了教师队伍的质量，促进了智利教育事业的健康发展。

第四章 学前教育

教育是智利国家发展规划的优先事项。学前教育作为智利正规教育制度的第一阶段，是促进其教育事业发展的重要内容之一。对智利学前教育进行全方位、整体性的探索与研究，不仅能够让我们全面地了解智利学前教育事业，还有助于总结其实践经验，为世界范围内各国学前教育事业的发展提供创新性思路与可鉴性经验。

第一节 学前教育的发展和现状

智利学前教育始于 19 世纪中叶，其最初的目的是加强对处境不利学龄前儿童的教育和照顾。随着教育事业的展开，智利对学前教育的重视程度逐步提升，并将其纳入国家教育制度，为其提供了诸多保障与支持，也因此造就了智利学前教育事业的繁荣发展。

一、学前教育的发展历程

智利第一个学前教育倡议产生于共和国时期。1864 年，教育部颁布法令开办了第一所幼儿园，由国家财政提供资金资助，天主教修女负责其管理与教学。[1] 随着智利教育领域的重要学者访学欧洲，人们对学前教育与护理问题产生了兴趣。

（一）共和国时期的学前教育

自 20 世纪初以来，智利就有关于学前教育的立法、规定与公共政策的记录。[2]1902 年，智利教育大会探讨了儿童应在家庭还是学校中接受学前教育的问题。1904 年，智利全国教育协会发布的《原则宣言》第 17 条指出，国家教育制度必须从学前教育开始。该协会还要求开设正常的幼儿园课程。1905 年 10 月 7 日颁布的法令规定，在圣地亚哥第一师范学校校长的监督和上级指导下，开设一门普通幼儿园课程。1906 年，智利第一所公立幼儿园正式成立，并开始了学前教育专业培训项目。1906—1913 年是智利公立学前教育事业快速发展时期，这一时期全国有近千名儿童在 50 所幼儿园接受学前教育，但好景不长，由于经济发展出现严重问题，大部分幼儿园很快关停。[3] 其间，福禄贝尔学前教育思想对学前教育的发展影响较大。1911 年，智利在德国教师的指导下创办了一所幼儿园，其教师均是福禄贝尔思想的倡导者。[4]1914 年一战爆发，战争的危机促使智利政府关闭全国所有的幼儿园，但是此时政府已经认识到了学前教育的重要性，在圣地亚哥建立了一

---

[1] PERALTA M V. Early childhood education and public care policies in Chile: a historical perspective to analyze the present[J]. International journal of child care and education policy, 2011, 5 (1): 17-27.

[2] PARDO M, WOODROW C. Improving the quality of early childhood education in Chile: tensions between public policy and teacher discourses over the schoolarisation of early childhood education[J]. International journal of early childhood, 2014, 46 (1): 101-115.

[3] PERALTA M V. Early childhood education and public care policies in Chile: a historical perspective to analyze the present[J]. International journal of child care and education policy, 2011, 5 (1): 17-27.

[4] GILL C C. Education and social change in Chile[M]. Washington: U.S. Department of Health, Education, and Welfare, 1966: 40.

所新幼儿园，以保证学前教育继续进行。[1] 智利于 1925 年引入蒙台梭利教育方法，这对智利学前教育产生了较大影响。[2] 1927—1930 年，智利进行了教育改革，学前教育作为改革的重要部分开始恢复发展。1944 年，智利大学学前教育教师培训学校成立，以哲学、心理学和教育学为基础，对如何照顾 2—6 岁的儿童进行专业培训，并授予毕业生学前教育工作者的专业称谓。[3]

（二）二战后的学前教育

二战后，智利经济恢复发展，教育事业发展境遇逐渐改善。1948 年，智利将学前教育纳入国家教育体系，并出台了第一个学前教育研究计划作为指导文件。在国家政策的支持下，智利学前教育覆盖率逐年增长。1962 年 3 月，智利政府在圣地亚哥举行了教育与经济发展会议，会议明确指出智利学前教育存在着对其重要性认识不足、学校场地空间受限、基础设施和教学材料缺乏、生师比过高、教师福利较少等问题。[4] 1965 年，智利颁布法令明确指出学前教育的基本目标是促进儿童全面发展，提高儿童对社会和自然的适应能力。[5] 1970—1973 年，阿连德政府积极发展教育事业，并将学前教育放在优先发展地位。这一时期，智利学前教育覆盖率平均每年增长 15%。[6] 1970 年，智利依据法令创建了国家幼儿园委员会，旨在改善和补

[1] ESCUDERO J C. Desarrollo de la educación parvularia en Chile[J]. História da educao, 2011, 15 (34): 22-44.

[2] UMAYAHARA M. Early childhood education policies in Chile: from pre-Jomtien to post-Dakar[R]. Child care and early education policies, 2006: 23.

[3] UMAYAHARA M. Early childhood education policies in Chile: from pre-Jomtien to post-Dakar[R]. Child care and early education policies, 2006: 23.

[4] GILL C C. Education and social change in Chile[M]. Washington: U.S. Department of Health, Education, and Welfare, 1966: 41.

[5] UMAYAHARA M. Early childhood education policies in Chile: from pre-Jomtien to post-Dakar[R]. Child care and early education policies, 2006: 23.

[6] FLEER M, OERS B V. International handbook of early childhood education[M]. Dordrecht: Springer, 2018: 828.

充父母在促进其子女发展方面所做的努力，同时允许儿童的母亲参与劳动。1974 年，军政府上台，并于次年成立"教育工作者商议会"，提出学前教育是智利全国教育工作中亟须解决的重要问题之一，并对学前教育进行改革。军政府十分重视学前教育的普及与发展，1973—1974 年，接受学前教育的儿童数量增长了 13.8%。[1] 20 世纪 80 年代，智利学前教育覆盖面持续扩大，新自由主义的盛行促进了学前教育私营化发展，公私混合的学前教育体系促使学前教育覆盖率大幅增加。[2] 1990 年，智利批准了《儿童权利公约》，逐步开展了一项提高智利各级教育质量和公平的大规模教育改革，重申学前教育是教育改革的重要组成部分。同年，旨在为智利贫困儿童服务的英特格拉基金会成立。

（三）面向 21 世纪的学前教育

21 世纪以来，智利政府制定并实施了大量旨在促进学前教育的公共政策，为学前教育事业的发展奠定了良好的制度与物质基础。2001 年，智利批准通过了《学前教育课程基础》，为智利学前教育机构提供教育目标、内容、原则等。2003 年，智利明确制定了学前教育原则，规范了幼儿园的相关设置。2007 年，国家幼儿园委员会提出通过提高公立学前教育机构的招生能力，为 0—3 岁低收入家庭儿童提供入学机会，并通过合理分配多渠道基金，保证该类儿童能够顺利进入公共学前教育机构；进一步扩大 4—5 岁儿童的免费教育，大幅度增加了 6 岁以下儿童接受教育的机会。[3] 2009 年，智利颁布《智利教育法》，明确指出学前教育是对儿童从出生到进入基础

[1] 曾昭耀，石瑞元，焦震衡. 战后拉丁美洲教育研究 [M]. 南昌：江西教育出版社，1994：138.

[2] FLEER M, OERS B V. International handbook of early childhood education[M]. Dordrecht: Springer, 2018: 828.

[3] PARDO M, WOODROW C. Improving the quality of early childhood education in Chile: tensions between public policy and teacher discourses over the schoolarisation of early childhood education[J]. International journal of early childhood, 2014, 46 (1): 101-115.

教育之前进行全面照顾的教育阶段，且不构成进入义务教育的强制性条件，其目标是根据本法确定的课程基础，系统、及时、有针对性地促进学龄前儿童的全面发展及其相关学习，并协助家庭发挥其作为儿童首要教育者不可替代的作用。该法令还规范了教育工作者的权利和义务，规定了学前教育的最低要求，且正式承认了提供学前教育的教育机构，为智利学前教育制度与系统的完善奠定了基础。同年，智利还颁布法令，规定从学前教育阶段开始便为处境不利儿童提供平等的受教育机会。

2011年，智利确定了学前教育过渡阶段的年龄，并对课程基础进行划分。2015年，智利明确指出，学前教育机构应是官方承认或授权运作的机构，从儿童出生到进入基础教育之间给予全面照顾，通过采取系统、及时、适当的教育方式，促进儿童知识、技能、态度的学习与整体发展。教育部应当对具有经营许可授权的学前教育机构进行登记，并公布在教育部网站上。经批准开办的学前教育机构必须通过官方网站或者教育部为本单位提供的其他合法途径，每季度报告其就读儿童的登记和出勤情况。2015年颁布的法令明确指出，国家有责任促进各级学前教育的发展，确保过渡层级学前教育阶段的免费入学和财政资助。同年，智利在教育部设立幼儿教育副部长，直接负责学前教育的促进、发展、一般组织与协调，推动实现优质学前教育，促进学前儿童全面发展。2018年，智利教育部制定了新版学前教育课程基础，并贯彻课程优先次序教学原则，完善、改进课程内容与结构，提高学前教育教学效率与质量。2020年，新冠肺炎疫情在全球范围内的蔓延对智利学前教育提出了一定挑战，智利政府也在积极应对中探索学前教育事业高质量发展的可能性。

二、学前教育的现状

正如前文所述，在智利，学前教育事业发展得到了国家高度重视，从其普及程度、投入情况、课程内容、教学框架、制度结构以及社区网络来看，智利学前教育事业发展整体水平处于较为领先的状态，这为智利教育整体发展奠定了坚实、良好的基础。

（一）学前教育的普及与投入情况

1. 学前教育的规模及其覆盖范围持续扩大

由于国家政策的大力支持，智利学前教育事业的规模与覆盖范围不断扩大。1962 年，智利公立幼儿园的入学率还不到 10%，共有 1 153 名教师，1 084 所幼儿园，且大多数为小学附属机构，私立幼儿园的数量相对较少。[1] 截至 1990 年，只有 21% 的 6 岁以下儿童能够接受学前教育，他们大多数为 5 岁儿童，且来自较高收入家庭。[2] 1990 年开始，智利学前教育覆盖范围开始持续扩大。根据社会经济特征调查的统计可知，1990—2011 年，学前教育的覆盖率几乎增加了两倍，并且呈逐年上升趋势。[3]

2012 年，智利学前教育入学儿童达到 71.5 万人，2019 年则增加至 81.6 万人，入学率提高了 14.2%。2012—2019 年，学前教育入学率持续上升，学前教育覆盖率增加了 8.28%，而 2019—2020 年，受新冠肺炎疫情影响，学前儿童入学率下降了 4.7%，学前教育覆盖率下降了 2.4%。[4] 截至 2020 年 8 月，官方公开数据显示，智利学前教育总覆盖率为 55.6%，学前教育普及率随儿童年龄增长而升高。其中，0—1 岁日间看护覆盖率为 17.5%，2—3 岁

---

[1] GILL C C. Education and social change in Chile[M]. Washington: U.S. Department of Health, Education, and Welfare, 1966: 41.

[2] MALVA V, EMY S, OLIVIA H M, et al. Quality of Chilean early childhood education from an international perspective[J]. International journal of early years education, 2002, 10 (1): 49-59.

[3] 资料来源于智利保育学校国家委员会官网。

[4] 资料来源于智利教育部官网。

中间层级覆盖率为 47.3%，4—5 岁过渡层级的覆盖率为 99.8%。由此可见，学前教育等级越高，其覆盖率越高，教育普及程度越高。此外，依据智利学前教育机构注册儿童的人数来看，67.95% 的儿童就读于教育部管理的学校，9.19% 的儿童就读于国家幼儿园委员会学校，10.42% 的儿童就读于英特格拉基金会学校，12.44% 的儿童就读于国家幼儿园委员会资助的学校。[1]

2．学前教育机构种类多元且数量众多

在智利，由于机构规模、服务儿童年龄、资金类型、管理机构和提供教育类型等方面存在较大差异，学前教育机构的类型多元丰富。[2] 目前提供学前教育的机构主要包括：教育部、国家幼儿园委员会和英特格拉基金会。教育部提供学校 7 552 所，约占 63.33%；国家幼儿园委员会提供学校 1 424 所，约占 11.94%；国家幼儿园委员会资助学校 1 718 所，约占 14.41%；英特格拉基金会学校 1 231 所，约占 10.32%。[3]

按资金类型划分，可分为公立、国家资助和私立三类。其中公立学前教育机构包括国家幼儿园委员会学校、地方公共教育学校和市政学校。英特格拉基金会和大学直接管理的幼儿保育与教育机构接受国家资助。依据智利教育部按资金类型划分机构的注册情况来看，国家资助的学校占 55.35%，私立学校占 6.54%，公立学校占 38.11%。

3．学前教育经费投入与人力资源投入逐渐增加

在经费投入方面，智利用于学前教育的支出大幅增长，从 2004 年占

---

[1] 资料来源于智利教育部官网。

[2] 资料来源于智利保育学校国家委员会官网。

[3] 资料来源于智利教育部官网。

GDP 的 0.4% 上升到 2013 年的 0.75%，几乎翻了一番。2001—2013 年，国家幼儿园委员会和英特格拉基金会的预算增加了两倍多。在智利司法与人权部 2021 年的预算分配中，国家儿童服务总占比高达 28%。[1]

在人力资源投入方面，根据智利 2020 年学前教育官方报告统计，截至 2020 年，智利学前教育董事长与校长共 4 072 人，学前教育工作者共 28 049 人，学前教育助理及保育人员共 56 109 人。[2]

（二）学前教育的课程与教学框架

1. 学前教育课程设置

2001 年，智利批准通过了《学前教育课程基础》，将其作为学前教育课程参考，旨在为学前教育机构提供教育和管理的一般程序与准则。鉴于民族、语言等方面的多样性，《学前教育课程基础》允许设置不同的课程重点。2018 年，智利教育部制定了《新版学前教育课程基础》，对 2001 年制定的版本进行了修订与更新，突出强调了对学前教育的新要求以及需要重视的因素，例如社会包容、文化间性、性别差异、公民教育、可持续发展等。[3] 新版本还修改了课程结构，并将教育过程从三年制调整为两年制，以更好地适应各阶段儿童学习发展的需要与特点。[4]

具体而言，学前教育课程基础包括三大核心领域：个人与社会发展，交流，与自然和社会环境的关系。[5] 这三个领域相互关联，最大限度地提高儿童发现和主动了解自然环境的能力，培养儿童的好奇心以及对自然和对

---

[1] 资料来源于智利司法与人权部官网。

[2] 资料来源于智利教育部官网。

[3] 资料来源于智利保育学校国家委员会官网。

[4] 资料来源于智利保育学校国家委员会官网。

[5] 资料来源于智利机会教育基金会官网。

他人的尊重，激发儿童对学习的兴趣并使他们习得技能，进而促使儿童借助其掌握的多元技能与工具，拓展对自身以外的生物以及所处环境之间动态关系的认知和理解。[1]

个人与社会发展贯穿整个教育过程，是儿童表达、学习的基本支柱。交流指与他人建立联系的过程，通过不同的交流方式与外界环境互动，能够将儿童自身体验外化，提升儿童在环境中行动的能力。与自然和社会环境的关系旨在促使儿童在环境中进行自我建构，[2] 帮助儿童以恰当的方式了解自然和社会。

2．学前教育教学框架

（1）《0—6岁学前儿童学习进度图》。《0—6岁学前儿童学习进度图》是由智利教育部、国家幼儿园委员会以及英特格拉基金会合作编写，用以支持学前教育教学工作的工具。作为一种实用教学工具，学习进度图旨在补充《学前教育课程基础》，对学前教育不同年龄阶段应取得的学习成就进行观察，为观察学习轨迹提供了标准，是实施与评价学前教育教学活动的重要依据。该图的目的包括以下几点。第一，为教育工作者的交流、反思与专业发展提供支持。第二，指导课程、教学项目、行动计划等的设计与实施。第三，指导教育工作者选择适当的教学策略与教学资源进行教学工作。[3] 其具体内容如表4.1所示。

---

[1] SIMONSTEIN S. Early childhood education for sustainable development in Chile[M]//SIRAJ-BLATCHFORD J, MOGHARREBAN C, PARK E. International research on education for sustainable development in early childhood (vol. 14). Berlin: Springer, 2016: 29-41.

[2] 资料来源于智利保育学校国家委员会官网。

[3] 资料来源于智利保育学校国家委员会官网。

表 4.1 智利《0—6 岁学前儿童学习进度图》内容

学习领域	学习核心	学习进度
个人与社会发展	自立	活力
		照顾自己
		独立
	身份	自我认知和欣赏
		情感的认知和表达
	共存	社交互动
		价值形成
交流	语言	口头交流
		阅读入门
		写作入门
	语言艺术	创造性表达
		审美意识
与自然和社会环境的关系	自然环境	发现自然世界
	社会环境	了解社会文化环境
	逻辑思维能力	数学能力
		逻辑推理能力

（2）《学前教育良好教学框架》。2003 年，智利教育部发布《良好教学框架》，旨在为教育工作者的教育反思与实践提供参考，促使教育工作者改进其工作以达到良好表现。2008 年，智利教育部基于《良好教学框架》，结合学前教育阶段特征，并综合考虑教育体系法规、教育实践研究、相关专业人员建议等，构建了《学前教育良好教学框架》。《学前教育良好教学框架》的内容包含四个领域，其中每个领域包含四个标准，如表 4.2 所示。

表 4.2 智利《学前教育良好教学框架》的领域及标准 [1]

领域	标准
教学准备	掌握与课程相关的学科和教学知识
	考虑儿童的学习特点和方式
	根据儿童的特点和现行课程，规划教学方案
	符合儿童特点与现行课程标准的评估过程
创造有利于学习的环境	创造并维持一个良好的学习环境
	为儿童学习创造一个安全、舒适的物质环境
	合理安排学习时间
	构建具有挑战性和趣味性的学习氛围
教学面向全体儿童的全面发展	以整体福祉为宗旨带领教学团队开展教学和学习实践
	建立有效沟通，丰富学习机会
	形成益于儿童整体发展的教学互动
	依据教学评估，及时做出反应
职业道德与专业发展	履行其对儿童、对自身职业以及社会角色的职责
	与教育界和当地社区建立合作关系
	反思当前的教育政策和方向及其具体教学实践
	批判性、系统性地反思自身教学实践，以提升自身专业素养

《学前教育良好教学框架》既有利于教师专业发展，也有利于提高学前教育质量。就教师专业发展而言，第一，它能够促进和指导教育工作者的自我反思与评价，改善教学设计。第二，它提高了教育工作者的专业自主权。第三，它指导制定了《学前教育教师培训标准》，并为教师培训方案的更新和改进提供了技术基础。第四，它指导构建了教育工作者职业标准，

---

[1] 资料来源于智利教育部官网。

详细描述了不同职业阶段应具备的一般知识与技能。第五，它为学前教育工作者的教学评估提供了依据。[1] 就提升教育质量而言，第一，它为学前教育工作者提供了标准与指导，既促使有经验的教育工作者丰富其教学实践，也为新手教育工作者提供指导。第二，它涵盖了教育工作的大部分教学实践实例。第三，它强调学前教育工作者、家庭和社区之间的合作，为儿童的发展提供必要条件。第四，它与《学前教育课程基础》相一致，有利于促进儿童的知识、技能学习。[2]

（三）学前教育的总体结构与社区网络

1. 学前教育总体结构

智利学前教育总体结构如图 4.1 所示。其中，教育部是智利学前教育系统总的管理机构，管理幼儿教育部、教育质量局和教育监督局。教育部不仅负责学前教育政策制定与融资，还负责协调其他机构，以保证对所有机构进行高效管理。

2015 年，智利设立幼儿教育部，这是教育部为促进学前教育高质量发展设立的直接负责部门。二者相互协作，共同制定、协调和评价学前教育的政策和方案，以便对 0—6 岁儿童进行全面教育，确保学前教育与基础教育的衔接性。为保证教育质量、确保教育公平，为所有儿童提供接受优质教育的机会，智利于 2011 年设立了教育质量局和教育监督局。其中教育监督局的主要任务是制定和提出技术标准，以便对学前教育机构进行监督。教育质量局则侧重于评估和指导教育系统，帮助提升教育质量以及教育机会的公平性。

---

[1] 资料来源于智利教育部官网。

[2] 资料来源于智利教育部官网。

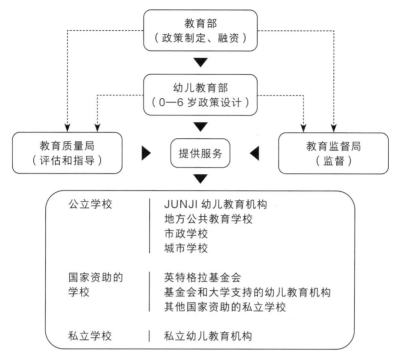

图 4.1 智利学前教育总体结构 [1]

2. 学前教育社区网络

优质的学前教育是所有参与方共同努力的结果。社区作为儿童日常生活的重要场所，其参与为课程实施奠定了基础，能够确保儿童在家庭教育和正规教育之间实现顺利过渡。2009 年《教育总法》第 9 条指出，学前教育社区网络旨在促进儿童在精神、道德、情感、智力、艺术和身体等方面全面发展。[2]

[1] 资料来源于智利保育学校国家委员会官网。
[2] 资料来源于智利保育学校国家委员会官网。

第二节 学前教育的特点和经验

一、学前教育的基本特点

智利学前教育的基本特点是使智利学前教育事业快速发展并取得辉煌成就的重要因素。基于智利学前教育相关政策的实施情况以及智利学前教育机构的教育教学实践，智利学前教育的发展过程集中体现了包容性、互动性和创新性三个基本特点。

（一）包容性

包容性教育是智利学前教育的核心价值取向，旨在消除因态度不端或忽略儿童多样性发展而造成的任何形式的歧视和社会排斥。[1] 包容性教育强调为所有儿童提供学习机会，理解并接受不同儿童的学习节奏、方式，以及语言表达形式，确保所有儿童积极、平等地参与学习和游戏。2015 年 2 月，智利为学前教育中有特殊教育需要的学生出台了课程标准，要求教育机构应针对有特殊教育需要的学生进行课程调整，对其进行过程性评价，以了解其个体特点和发展情况。通用学习设计是包容性教育中的一种多元化应对战略，旨在最大限度地为所有学生提供学习机会。

此外，包容性的学前教育可以理解为学前教育机构与家庭以及整个社区共同进行的教育。因此，必须使全体公民认识多样性和包容性的价值意义，秉持尊重人权、以儿童为中心的理想信念，共同促进包容性教育，并为其推行与实施提供坚实支撑。

---

[1] 资料来源于智利保育学校国家委员会官网。

（二）互动性

互动性是智利学前教育的突出特点之一，主要体现在以儿童为主体的互动交流以及教育支持系统间的沟通协商两个方面。

一是重视儿童与自身、自然环境以及社会文化环境的互动与交流。儿童通过与自身、自然环境和社会文化环境的互动交流，逐渐增进对自我以及对世界的科学认知，掌握相关技能、方法，为可持续发展创造条件。首先，儿童通过加强对自身的认识和了解，能够逐渐了解自己的个性特征，认同自己的性别，从而将自己作为独特、有价值的主体，在自我发展的过程中获得更多的自主权，充分挖掘自身潜力，培育自我主体意识，最终实现自我价值。其次，重视儿童对自然环境的体验与探索，能够发展儿童的观察、预测、交流等探究能力，激发其好奇心与求知欲，使儿童主动探索自然事物内在联系，并积极尝试用自己的知识、经验加以解释，发展其科学思维。[1] 最后，重视儿童对所处社会文化环境的体验与感悟，强调儿童应该了解、认识并欣赏他们所处的社会文化环境，推动儿童发现并内化社会习俗、规范和价值观念，使其尊重并承认所处社会文化的独特性与多样性。

二是重视学校与社区、家庭的沟通与协商。首先，建立教育社区。教育社区是由学前教育工作人员、家庭和儿童共同组建而成的，国家幼儿园委员会制定了相关政策，力求加强家庭与教育社区间的联系，并进一步提升不同教育方案的服务质量。[2] 其次，建立家长中心以促进教育社区的发展。家庭是儿童建立其最初情感和社会联系，并确定其价值观的地方[3]，重视家庭对学前教育的参与是智利学前教育的特色之一。通过增设访谈、开

---

[1] 资料来源于智利保育学校国家委员会官网。

[2] 资料来源于智利保育学校国家委员会官网。

[3] 资料来源于智利保育学校国家委员会官网。

展代理会议、成立家庭工作坊、提供幼儿园活动方案等方式拓宽家庭与教育机构之间的沟通渠道，使各方主体及时、持续地获得反馈，从而建立长期、稳定的合作关系，推动主体间交流互动、彼此信任，积极参与学前教育。最后，全国幼儿教育委员会秉持"儿童利益优先"理念，为每个教育社区、家庭提供学前教育机会。

（三）创新性

为了充分挖掘儿童的潜力、促进所有儿童的全面发展，智利学前教育对创新性提出了要求。教育创新通过改变教学方式，能够促进儿童在充满信任与幸福的环境中获得全面发展。为此，智利设立幼儿教育创新基金，为儿童提供全面发展的机会，并且在课程和教学实践过程中进行了创新性变革。

智利学前教育注重开发创新性课程。学前教育课程的创新性主要体现在内容上。其一，智利注重开发具有本国文化特色的本土性课程。基于本国文化特征开发课程能够满足儿童的兴趣与需求，培养儿童对自身文化的认同。其二，智利在新冠肺炎疫情背景下开发了以家庭教育为主的系列活动课程。受新冠肺炎疫情的影响，智利学前教育机构大多关闭。因此，智利以家庭教育为主导，辅之以一系列专题活动教学课程，减少疫情对学前儿童发展进程的影响，确保所有儿童的全面发展。

智利学前教育积极进行创新性教学。首先，智利鼓励家庭参与教学实践活动。家庭参与学前教育不仅是家校合作共谋发展的过程，也在生理层面、认知层面和社会层面增进了家长对儿童的认识。家庭和学校之间的良好关系有助于保障儿童对学习的积极态度，通过统筹协调多方主体的现有资源，为儿童发展提供更多支持与保障。其次，智利学前教育坚持将儿童视为教学过程中心。在智利，儿童的身份、观点、兴趣、需要和潜力都必须得到成年人的承认、考虑、尊重和照顾。[1] 智利根据各年龄阶段儿童的身心特点，为不同阶段的儿童制定了详细具体的教学计划和活动指南，并向家庭提供 0—3 岁和 3—6 岁的家庭教育活动手册，从而更好地为儿童全面发展服务。最后，智利学前教育为儿童发展创造良好学习环境。在学前教育过程中，良好的环境是培养儿童创造力、激发儿童好奇心、增强儿童提出问题能力的重要保障。动员社会多方主体合作建设学前教育良好环境，能够为儿童与其他参与者的丰富交流创造对话空间，为学前儿童的异质性发展提供机会。

二、学前教育的主要经验

根据智利学前教育事业发展的经验可知，国家的关注与重视是学前教育事业发展的基本前提条件，具有高度专业水平的学前教育工作者是学前教育事业发展的重要推动力。在推进学前教育事业发展的进程中，要注重正规教育与非正规教育齐头并进，并以自由游戏为主要教育手段开展教育教学实践活动。

（一）政策支持是儿童发展基本前提

首先，教育政策为智利学前教育奠定了坚实基础。得益于政府对学前教育事业持续稳定的政策支持，智利的学前教育具有世界公认的较高水准。一方面，国家政策为学前教育提供丰厚的经济资助，雄厚的经济基础有力地促进了学前教育的普及，扩大了学前教育的规模与覆盖范围，将更多儿童纳入

---

[1] 资料来源于智利保育学校国家委员会官网。

学前教育体系。另一方面，政策为学前教育提供了优质人力资源。2016年，智利建立了教师专业发展体系，旨在通过更新学前教育教师的学科与教学知识、应用协作技术，促进教师能力提升，对教师专业发展水平提出了更高要求。

其次，教育政策为智利学前教育提供公共政策保障。2009年，智利颁布了"智利与你一同成长"公共政策，旨在陪伴、保护并全面支持所有的儿童及其家庭。该政策不仅为儿童不同的成长阶段提供相应支持，还为儿童所在的家庭与社区提供支持，从而促进友好、包容环境的创造，满足儿童个性化发展的需求。[1]此外，这一政策还合理考虑了智利多元民族之间的差异性，并在尊重其文化与信仰的基础上为其提供异质性学前教育指导方针。

最后，智利教育政策保障不同国别儿童和谐发展。以伊基克为例，伊基克是智利重要的港口城市，国际化程度较高，移民集中，且儿童所属国别多样。因此，包容性强的智利学前教育在尊重民族文化特征多样性的基础上，使儿童平等地了解他们所处社会文化的差异，并将彼此的差异结合起来，促进儿童个体及其社会性的发展。

（二）提高学前教育工作者的专业性

学前教育工作者的专业性是决定学前教育事业发展水平与质量的重要因素，对学前儿童的发展起到关键性作用。学前教育工作者的责任不仅在于完成课堂教学工作，还应深度掌握国家和地方教育政策，与社会、学校和地方社区开展合作，以及主动促进自身专业发展。因此，专业的学前教育工作者能够更好地促进儿童个性化与社会化发展，推动儿童成长与社会发展相互促进、和谐共存，进而提升整体国民素质。

---

[1] 资料来源于"智利与你一同成长"官网。

2019 年颁布的法令明确规定了智利学前教育工作者的专业水平要求。根据这一法令，智利学前教育工作者必须具备以下四个条件之一才能在学前教育机构中担任职务。第一，持有国家认可的高等教育机构授予的、有效期内的技术资格证书。第二，持有国家认可的中等技术职业教育机构颁发的技术资格证书。第三，持有根据智利签署和批准的现行公约或条约在国外取得的技术资格证书。第四，获得教育部的授权。除此之外，就教学方面而言，学前教育教师必须充分了解学生所处的社会背景、生活习惯、学习方式等，从学生的文化背景、经验水平和思维方式出发，向学生传达学科知识，并能有针对性地使用基于复杂思维的学习策略，如案例学习、合作学习、基于经验的学习、基于问题解决的学习以及基于信息和通信技术的学习等。在完成教学活动后，学前教育工作者应积极进行评价总结，批判性地反思并改进自己的教学实践活动，积累经验，提升自身的专业水平。

（三）正规教育与非正规教育相结合

2009 年，智利颁布法令明确规定，智利教育分为正规教育、非正规教育和非正式教育三种。其中，正规教育是有组织的，具有系统性、阶段性与顺序性。它由一定的层次与模式组成，这些层次和模式确保了教育过程的统一性，保证了教育过程的连续性。非正规教育是在正规教育以外，有组织、有系统的学习过程，不一定需要评估，可以作为一种有价值的学习获得认证。非正式教育则是所有与个人发展有关的过程，通过个人与社会的相互作用而不是通过教育机构来促进。它以一种非结构化和非系统的形式从家庭、媒体、工作经验以及一般的个人环境中获得。[1]

就正规教育与非正规教育的关系而言，非正规教育是对正规教育的重

---

[1] 资料来源于智利保育学校国家委员会官网。

要补充。例如1990年国家幼儿园委员会在智利的农村及小城市地区开展"家庭花园"项目，主要针对因家长外出工作而无人照顾的3—5岁儿童，该项目由学前教育工作者兼职负责，儿童的母亲们每周轮班照看。再如教育部设立的"了解你的孩子"计划，该计划旨在照顾农村地区的儿童，为其父母提供支持。该计划不仅通过培训母亲使她们在家庭中发挥更大的作用，担任儿童的第一任老师，还将社区妇女领导人培养成教育工作监督员，从而推动该计划更好地实施。[1] 由此可见，与正规教育相比，非正规教育将更多的学前儿童纳入学前教育系统，扩大了学前教育的覆盖范围与普及程度。因此，将正规教育与非正规教育结合起来，能够提高智利学前教育的效率和效果，更好地促进学前教育的高质量、公平性、包容性发展，进而实现所有儿童的全面发展。

（四）自由游戏促进儿童个性化发展

自由游戏对于儿童的个性化发展具有重要意义。一方面，自由游戏对于激发儿童想象力、培养儿童创造力具有重要作用。自由游戏是由儿童自发产生并自愿进行的活动，它不受时间、空间等外部环境的制约与限制。[2] 在不同的环境背景下，儿童能够主动尝试新的想法、角色和经验，从而不断丰富自身体验，塑造自己个性化的思想。另一方面，自由游戏能够增强儿童的自信。通过自由游戏，儿童能够逐渐学会将自己的决定和行动应用于所处环境中，逐渐认识到自己与他人的独特性。[3]

智利学前儿童常见的游戏类型丰富多样。若按参与者数量划分，可将其分为个人游戏、配对游戏和小组游戏。个人游戏是儿童与自我互动的游

---

[1] 资料来源于智利保育学校国家委员会官网。

[2] 资料来源于智利保育学校国家委员会官网。

[3] 资料来源于智利保育学校国家委员会官网。

戏，游戏中会出现"平行游戏"现象，常见于2—3岁的低龄儿童。配对游戏则是两名儿童之间的互动游戏，游戏中穿插着问答与行为互动。小组游戏分为关联、竞争与合作三种关系，关联关系以乐趣为主，无等级、角色划分。竞争关系强调个人努力，促进自我概念和自尊的发展。合作则注重就规范、规则与目标达成共识，强调所有成员的参与。其他游戏可按儿童游戏的对象和活动分类，如运动游戏、操纵游戏、建筑游戏、象征性游戏、口头游戏等。通过自由游戏，儿童能够与自然、社会和文化环境产生充分的交流与互动，并在游戏中将自身的认知信息与其听觉、触觉、味觉与视觉等感官信息结合起来，探索并建立现实世界的经验，增进对所处自然、社会和文化环境的认识与理解。

第三节 学前教育的挑战和对策

智利十分重视学前教育事业的普及与发展，学前教育事业取得了辉煌成就，并成为拉丁美洲学前教育领域的典范。然而，随着时代变迁，学前教育事业所处社会环境逐渐改变，部分问题已经严重影响到智利学前教育事业的进一步发展。针对这些问题，智利提出了相对应的解决方案，以期促进学前教育实现跨越式、高质量发展。

一、学前教育的现实挑战

（一）教育公平具有不彻底性

普及学前教育能够为社会处境不利的儿童提供均等化的教育机会，为其发展创造良好条件。然而，尽管智利在促进学前教育公平方面已经做出诸多努力，但仍有部分儿童未能享受优质学前教育。

首先，学前教育私营化在一定程度上加剧了智利学前教育的不公平。尽管学前教育私营化有利于打破教育垄断、扩大教育自由，为家庭提供更多自由选择的权利，为儿童提供更丰富、多样、灵活的受教育机会，但学前教育私营化本身也带来了更大的不平等，不利于学前教育事业公平、健康、可持续发展，主要表现在以下两个方面。其一，尽管智利学前教育将部分处于弱势地位的儿童纳入了服务范围，但家庭极度贫困的儿童仍被排除在外。其二，学前教育过度私营化发展扩大了私立学前教育机构与公立学前教育机构之间的差距，私营化带来的竞争可能会以牺牲弱势群体的利益为代价[1]，这将加剧学前教育的不公平。

其次，部分移民儿童在接受学前教育过程中遭遇文化分歧。学校是一个多元文化相互碰撞的分歧共同体，需要在承认并尊重差异的基础上，通过持续的沟通与对话来保证公平与平等。在智利，除了保证移民儿童进入智利学校学习外，没有其他详细而明确的政策确保移民儿童平等地接受教育。移民儿童的文化背景使他们在学校中承受更多的压力，部分儿童还会受到隐形化、边缘化对待，甚至被歧视。

最后，性别歧视问题在智利学前教育中尚未彻底解决。尽管性别平等在智利官方规定中得到了重视与加强，但在学前教育机构规范实施过程中却未能得到较好的贯彻与实施。智利在学前教育经验选择与课程内容编排方面存在一定缺陷，即注重男童在理性和智力方面的培养，注重女童在感性和情感方面的培养。

---

[1] 郝明君. 私营化：教育发展的动力还是阻力——基于智利教育券的研究分析 [J]. 外国教育研究，2006（4）：72-75.

（二）学前教育质量有待提升

与欧洲国家相比，智利学前教育机构的教学质量得分较低，很多机构处于不合格范围，只有 7% 的机构处于良好范围。[1] 智利学前教育质量有待提升有两方面主要原因。

第一，学前教育迅速扩张影响其资源使用效率。随着智利对扩大学前教育覆盖面、增加学前教育机会的重视，教育部向学前教育提供大量的人力和经费支持，推动学前教育事业规模迅速扩大。然而，其教育场所、教学设备、课程活动材料、教育工作者的数量与质量等方面条件难以达到规范性标准，如部分幼儿园存在人力资源短缺或教育工作者专业水平较低的问题。同时，学前教育资助经费的使用并没有详细、具体的分配标准，且资助经费采取统一分配方式，并不考虑学前教育机构的具体实际情况，这可能导致资助经费分配不合理，进而降低学前教育质量。

第二，学前教育教学成果的评判标准有待细化，良好的师幼互动关系不能等同于高质量的学前教育。学前教育的活动性质决定了教学成果难以用量化标准衡量。学前教育活动以非结构化活动为主，大多数时间儿童都在自由玩耍。即使有一些证据表明护理人员在与儿童进行良好的互动，但在这个过程中，更多方面的因素也需要纳入考量，良好的互动仅仅是高质量学前教育的必要条件之一。

（三）学前教育教师职业认同减弱

根据幼儿教育部与国家统计局共同进行的"2019—2024 年学前教育工作者供需差距"合作研究成果，以 2019 年学前教育工作者的供需情况为基

[1] MALVA V, EMY S, OLIVIA H M, et al. Quality of Chilean early childhood education from an international perspective[J]. International journal of early years education, 2002, 10 (1): 49-59

准进行预测，到 2024 年，学前教育工作者将出现 8 173 人的人员缺口，且 2019—2024 年，学前教育工作者的实际数量与需求之间的差距逐渐扩大，详见图 4.2。这一现象不仅与智利扩大学前教育覆盖面有关，还受到学前教育工作者待遇较低、职业认同感降低、流失率较高等因素的影响。在工资待遇方面，智利学前教育教师的工资待遇在各个教育阶段中是最低的，并且他们的工作量较大，全职教学工作者预计每天需工作 8—11 小时。[1]

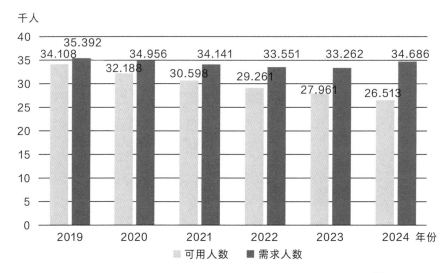

图 4.2 2019—2024 年智利学前教育工作者供需情况 [2]

就职业认同感而言，职业认同感降低是造成学前教育教师工作质量较低且流失率较高的关键因素。在智利，基于提高学前教育质量的政策，学前教育过度学校化发展导致学前教育教师话语权与公共政策之间产生了矛盾。为了使学前教育成果可视化，智利学前教育的质量评价重点逐渐由评

[1] VIVIANI, M. Creating dialogues: exploring the good early childhood educator in Chile[J]. Contemporary issues in early childhood, 2016, 17 (1): 92-105.

[2] 资料来源于智利教育部官网。

估教学过程转向评价教学结果，这使得将业绩和问责引入学前教育成为一种新的趋势。[1] 一方面，学前教育过度学校化发展迫使学前教育教师采用与儿童年龄阶段不相适应的教学方法，忽视了游戏的作用，而是选择将教学重点放在儿童阅读、写作和算术等技能的练习上，这种带有强烈工具主义色彩和限制性的教育损害了儿童对学习的好奇心与主动性。另一方面，过度学校化的学前教育将会窄化教育目标，侧重以学习结果为评价导向，忽视儿童身心发展的整体过程。尽管学前教育教师对于这一做法持明显反对意见，但公共政策制定将他们的声音排除在外，加剧了政策制定者与学前教育工作者的敌对，学前教育工作者的话语权难以保障，使得其"职业自我"陷入困境，最终导致其职业认同感降低。

（四）新冠肺炎疫情阻碍学前教育发展

2020 年开始肆虐的新冠肺炎疫情对智利学前教育的发展提出了新的现实挑战。在智利，各类学前教育机构因新冠肺炎疫情暂停运行，这对学前儿童的早期教育与发展产生严重阻碍。学前教育活动无法照常开展，但智利儿童的生长发育进程却不可能因此停滞，这对疫情背景下的智利学前教育提出了较大挑战。

首先，新冠肺炎疫情限制了学习社区教育作用的发挥，对学前教育家校远程协作提出了新的要求。家校之间的有效沟通和群体凝聚力对线上学前教育质量具有重要作用。通过网络会议、在线课程、线上沟通等方式，加强家校之间的交流合作，保证教育信息的交互共享，促进所有家庭获得专业的教育支持，是向隔离在家的儿童持续提供优质学前教育的基本条件。

---

[1] PARDO M, WOODROW C. Improving the quality of early childhood education in Chile: tensions between public policy and teacher discourses over the schoolarisation of early childhood education[J]. International journal of early childhood, 2014, 46 (1): 101-115.

尽管教育部等相关部门向家庭提供了与学前儿童各发展阶段相适应的网络在线课程，但在家庭与学校以及学前教师的交流对话、合作共享等方面仍有待加强。

其次，新冠肺炎疫情改变了学前教育教师的教学方式。在疫情背景下，学前教育线下进程严重受阻。在线上教育进程中，教师从课堂主导的地位转变成为家庭教育的协助者，他们不仅要为不同儿童提供异质性教学活动方案，还要与不同家长进行有效的沟通，这对他们的网络技术提出了更高要求。因此，教师不仅需要转变自身参与学前教育过程的身份与方式，还要在了解、掌握现有网络技术的基础上，整合使用多样化的信息技术资源，为线上教学的顺利进行提供良好保障。

最后，新冠肺炎疫情赋予了家庭新的教育任务，父母及其他监护人承担起了学前教育的重要协助工作。他们不仅需要在监护人和教育者的双重身份之间快速转换，还要在教师的专业指导下，保证学前教育进程的顺利进行，这样才能保障儿童受教育过程的连续性。

二、学前教育的应对策略

教育是消除社会不平等的主要工具，特别是在儿童大脑潜力最大、更愿意接受外部刺激的发展早期。[1] 21 世纪以来，智利社会一直处于稳步发展状态，智利学前教育事业的发展也取得了一定成就。为了积极、有效地应对学前教育面临的诸多挑战，智利有针对性地对学前教育事业发展进程进行调整与改进，推动学前教育事业向高质量、高效率和高速度发展。

---

[1] 资料来源于智利教育部官网。

（一）拟定合理学习方案，保障学前教育进程连贯高效

为学前儿童拟定合理的学习方案，能够为学前儿童促进自身发展提供科学高效的行动指南，有助于学前教育预期目标的实现。

一方面，智利为学前儿童学习进程制定中长期规划与短期规划。[1] 中长期规划通常以学年或学期为划分时段，对教学实践中拟定的学习目标进行选择与排序，以确保能够完全覆盖且对应学前教育阶段课程中规定的学习任务。中长期规划还需要根据学前教育机构的特点、儿童的需求以及实际学习情况明确截止日期，以便从宏观上把握教学进程。同时，在中长期规划的设计与实行过程中，应及时根据儿童特点、兴趣和需要进行灵活性、适应性调整，并将其与国家或社区规划倡议相结合，对儿童发展产生综合影响。短期规划通常以一天或一周为时间单位，对儿童学习活动进行设计，其主要目的在于保障教学活动的连贯组织与实践，并为学前儿童学习提供合适的环境。对学前教育预期教学计划的实际效果以及儿童反馈结果的评估，能够及时调整或修改教学计划，有效提升教学效率与效果。在短期规划制定过程中，要综合考虑学前儿童阶段特点、兴趣需要与性别差异，激发儿童积极参与的主体性，培养其自主权。

另一方面，根据学前教育儿童发展特征制定差异化教育方案。尽管学前儿童发展阶段及其特点整体上具有一致性，但不同阶段儿童的发展差异性较大，同一阶段儿童发展也具有异质性，为此，学前教育制度或方案的制定不仅要考虑不同年龄阶段儿童的发展特征、兴趣需要、性别差异等，还要重视同一年龄阶段学前儿童之间存在的差异性。就不同年龄阶段儿童的教育而言，日间看护和中间层级的儿童学习时间不能持续太久，并且要重视启发式教学以及自由游戏教学方法的使用。对于较高水平的过渡层级

---

[1] 资料来源于智利保育学校国家委员会官网。

儿童而言，其注意、理解、表达等能力有所提高，能够适应更长时间的学习活动与较正式的教学形式。就同一年龄阶段儿童的教育而言，由于社会文化背景、家庭成长环境、男女性别差异等因素，儿童之间呈现较大差异。因此，在教学规划拟定过程中，要做到性别差异可视化、理解并尊重不同文化、接纳特殊性和差异性等，促进儿童实现个性化发展，从而保障学前教育的健康可持续发展。

（二）革新学前教育理念，推动学前教育质量跨越式提升

理念是行为的先导，革新学前教育理念是有效提高学前教育质量的重要举措。为有效提升学前教育质量，智利提出了学前教育事业发展需要重点关注的四个方面。第一，重视学前教育过程中的家庭参与。家庭参与学前教育过程，既能增进家长或其他监护人对学前儿童兴趣、需要、特征、发展水平等方面的认知与了解，还能够加强家校间沟通与协商，为学前儿童提供家校一致的教育服务，发挥合力提升学前教育质量。第二，重视学前教育的包容性。智利学前教育十分重视在了解、尊重与接纳多元文化、性别等差异的环境中推动儿童之间的健康、和谐共处。这有助于学前儿童在独特性与多样性并存的成长环境中获得个性与社会性的双重发展。第三，促进儿童的全面发展。在学前教育过程中保持学习成就与幸福情感的平衡，有助于培养儿童形成独立健全的人格，促使其实现自我价值，这也是高质量学前教育预期达到的目标。第四，改进学前教育教学管理，提高教学成效。一方面，智利规定了学前教育课程实施次序，以个人与社会发展、交流、与自然和社会环境的关系三个领域为优先学习重点，详细部署了学前教育各年龄阶段儿童的课程活动内容。另一方面，智利制定合理具体的学前教育教师职业标准，为教师专业发展提供明确方向，并设定清晰的衡量标准，以便对教师职业素养进行综合性评估，提升其工作效率与教育质量。

（三）提升学前教育教师认同，打造学前教育专业教师队伍

对自身职业的认同是推动教育事业高质量发展的必要前提。为教师制定激励政策以及为其专业发展提供更多机会与支持，是提升学前教育教师自身职业认同的重要举措。一方面，智利制定了教师激励政策。在智利，国家不仅基于对教育机构和教师的评价给予教师相应奖励，还有其他两类奖励措施，一类是基于学生成绩对教师进行奖励，另一类是基于教师自身知识与技能进行奖励。自 2004 年起，智利专业教学绩效考核制度开始实施，该制度根据《学前教育良好教学框架》规定的智利国家教学标准，每 4 年对教师进行一次考核。评价结果由自我评估、校方评估、校外评估以及教学成果展示四个部分组成。教师考核成绩不合格者需要接受培训，并在培训完成后次年申请重新考核，若三次考核不合格，则无法继续担任教师职务。如果教师考核合格，则可以获得额外绩效奖励。[1] 和薪酬与奖励政策对学前教师职业认同的影响一样，提高福利待遇对学前教师的专业认同也起到一定作用，如提高学前教师的工作保障、医疗保险、退休养老等社会福利等。

另一方面，制定持续培训计划，为学前教育教师提供专业发展机会。2016 年，智利颁布法令，提出为教师的专业以及相关方面发展提供免费培训。这一举措能够促进学前教育教师提升自身专业水平，为学前教育事业发展奠定坚实基础。教师通过面对面讲习班、小组工作会议、远程网络教育与培训以及定期参加技术交流会等方式接受专业继续教育与培训，增进对儿童发展的认知，提高自身专业素养。增加学前教育教师进修机会，还有助于促进教师在专业发展过程中进行自我反思，促进其自我实现，这对打造一支优秀、专业的学前教育教师队伍以实现智利学前教育事业的稳定、健康、可持续发展至关重要。

---

[1] VAILLANT D. La gobernanza educativa y los incentivos docentes: Los Casos de Chile y Uruguay[J]. Revista Uruguaya de ciencia política, 2015, 21 (1): 119-139.

（四）完善儿童学习社区，营造学前教育良好环境氛围

智利学前教育尤为重视学习社区对学前教育机构的补充作用。尤其是新冠肺炎疫情的肆虐更凸显了学习社区的重要作用。以国家幼儿园委员会为例，它组织了多种类型的学习社区，如课堂学习社区、专业学习社区、家庭教育方案学习社区、替代教育方案学习社区等。[1] 组织学习社区的目的在于整合不同领域的教学资源，并为学前教育多方责任主体提供参与机会，以互补互助的方式给予儿童全面且优质的学前教育。[2] 组织学习社区需要加强学前教育相关责任主体自身的专业知识建设以及对学前教育实践活动的批判性反思，以改进教学实践，提高学前教育质量。在学习社区中，多方主体共同统筹协调学习社区的空间、时间以及常规教育资源，制定具有针对性、特色化的长期规划，有助于改善学前儿童的学习环境，优化教育服务质量。

同时，因新冠肺炎疫情的影响，学前教育相关责任主体之间的沟通交流受到严重阻碍。为此，智利学前教育机构试图通过信息网络平台为学前教育提供更多灵活、有效的替代性方案，从而充分发挥多方责任主体的协同作用，促进学前儿童全面发展。另外，营造相互包容、尊重的社区学习环境能够为学前儿童的教育与发展奠定良好基础。学习社区有利于营造相互信任、相互尊重、共同协作、互助互惠的学习环境，为学前儿童的健康发展提供良好环境基础，为优质学前教育提供重要保障。

---

[1] 资料来源于智利保育学校国家委员会官网。
[2] 资料来源于智利保育学校国家委员会官网。

第五章 基础教育

　　基础教育是面向全体学生的国民素质教育，其根本宗旨是为提高全民族的素质打下扎实的基础，为全体适龄儿童终身学习和参与社会生活打下良好的基础。智利的基础教育由小学教育阶段（8个年级）和中学教育阶段（4个年级）组成。小学教育分为两个阶段：第一阶段为初小（1—4年级），第二阶段为高小（5—8年级）。中学教育分为普通教育与职业教育，一般分开在不同的中学教学。智利基础教育的主要目的是将基础教育普及全民，让智利每个孩子都享受优质的教育，在一个快乐、安全、充实的环境中度过自己的童年和青春。2009年，智利通过了《通识教育法案》，取代了1990年通过的《教育宪法组织法》，为其基础教育制度建立了一种新的结构。[1]

---

[1] 资料来源于智利教育部官网。

第一节 基础教育的发展和现状

一、基础教育的发展历程

智利基础教育经历了漫长的发展演进过程，智利各届政府都十分重视基础教育的发展，同时也不断采取改革措施来完善基础教育，提高基础教育质量。智利自 1818 年独立后其基础教育改革发展主要经历了以下几个阶段。

（一）仿效欧洲的基础教育

1818 年 2 月 12 日，奥希金斯正式宣布智利独立，成立智利共和国。智利独立运动取得胜利后，其教育也开始了一场革命。智利历届政府都很重视国民教育的发展，对教育课程及内容不断进行改革，改变了殖民时期重视宗教教育的倾向，加强了文化教育。与此同时，智利发挥国家的作用，建立国家主管教育的职能机构，使教育逐步摆脱了教会的控制。1833 年颁布的智利《宪法》规定，国家干预教育的权力高于教会，国家要实施重视教育发展、大力推动教育发展的政策。1842 年，智利政府将原属于内政部的国民教育局独立出来，成立国民教育部，作为主管教育的职能机构，确立了国家对教育事业的领导权，智利教育事业从此掀开了新的一页。

智利于 1860 年颁布了《教育组织法》，规定小学教育为免费教育，教育经费由国家提供。该法还强调要保障女性受教育的权利并扩大劳动家庭子女的就学机会。[1] 总体来说，这一时期的智利教育体制，基本上是仿效欧洲

---

[1] 陈作彬，石瑞元，等. 拉丁美洲国家的教育 [M]. 北京：人民教育出版社，1985：142.

建立的。智利独立初期，由于资产阶级力量薄弱，加之封建寡头和宗教势力的反对和阻挠，[1] 一些基础教育改革措施仅停留在法律条文上，没有能全部贯彻执行。

（二）转变改造的基础教育

19 世纪 80 年代末，智利发生内战。1891 年，海军军官豪尔赫·蒙特夺取政权，开始了议会共和国时期。进入 20 世纪后，随着智利铜矿和硝石矿的开采，矿产品出口成为国家财政的主要来源，工业部门对专业技术人员和熟练劳动者的需要迅速增加，社会要求实行民众教育。随着资产阶级力量不断壮大，工人阶级日渐成长，社会与经济发生重大变革，社会上要求教育进行相应变革的呼声日益高涨。一些教育家提出了教育与经济、科学、道德同步发展的主张，使教育走上与经济发展相结合的道路。1920 年，亚历山德里政府颁布了《小学义务教育法》，在智利普及小学义务教育。该法规定 7 岁以上儿童接受免费义务教育，小学毕业可直接升入中学。同时规定职员、手工业者和矿工都有接受小学教育的权利，国家规定 7—13 岁的儿童受教育最低年限为 4 年。政府呼吁社会重视教育，并责成家长送子女上学读书。[2]

1939 年，智利教师联盟提出将单一的教育体制改为普通教育与职业技术教育相结合的双重教育结构。[3] 为了使教育更快地发展，智利政府明确了基础教育的培养目标和教学任务，其中初等教育的任务主要是对青少年传授科学文化基础知识和进行道德教育；中等教育是初等教育的延续，使学生获得更全面的知识。据统计，1920 年，智利全国有初等学校约 3 500 所，

[1] 王晓燕. 智利 [M]. 北京：社会科学文献出版社，2011：239.
[2] 陈作彬，石瑞元，等. 拉丁美洲国家的教育 [M]. 北京：人民教育出版社，1985：143.
[3] 王晓燕. 智利 [M]. 北京：社会科学文献出版社，2011：240.

学生约 30 万人，1930 年全国小学生已达 53.3 万人，城市适龄儿童的入学率为 49.4%。[1]

（三）不断完善的基础教育

第二次世界大战后，智利社会经济结构发生了多次变革，各届政府加大了对基础教育基本教学设施的投资，在普及和发展初、中等教育的同时，出现了教育发展多样化态势。总的来说，由于历届政府对教育的重视和所作的努力，智利基础教育事业不断发展，居民文化水平有了较大提高。二战后，智利教育体系逐渐形成，教育思想逐渐完善，教育宗旨被列入《宪法》，人民有接受教育和自由开办学校的权利。政府在支持和保护自由办学的同时，对各类自由开办的学校拥有检查其功能、监督其管理、评估其质量的权力。[2]

20 世纪 60 年代中叶，智利已经普及了初等教育。爱德华多·弗雷·蒙塔尔瓦政府（1964—1970 年）实行了以发展教育服务设施、促进学校体制多样化、提高国民教育质量为主要内容的教育改革。为此，弗雷政府设立了全国教育监督委员会、全国教育评定委员会等机构，以促进教育的发展和教学质量的提高。1970—1973 年，在阿连德执政期间，智利确定了教育改革的五大目标：第一，迅速扫除文盲；第二，普及初等教育，使所有适龄儿童都能接受教育，使教育向民主化方向发展；第三，大力发展中、高等职业技术教育，使职业技术教育向普遍化、多样化的方向发展；第四，加强非正规教育体系的发展；第五，改善教育工作者的待遇。[3] 这为智利基础教育改革和发展奠定了基础。

[1] 陈作彬，石瑞元，等. 拉丁美洲国家的教育 [M]. 北京：人民教育出版社，1985：143.
[2] 王晓燕. 智利 [M]. 北京：社会科学文献出版社，2011：240.
[3] 王晓燕. 智利 [M]. 北京：社会科学文献出版社，2011：240.

1965 年，根据联合国教科文组织当时提出的将义务教育从 6 年延长到 8 年或 9 年的建议，智利将 6 年制小学教育改为 8 年制小学教育，并实施免费义务教育。儿童 6 岁（或 7 岁）入学，学制为 8 年。小学教育分为两个阶段：第一阶段为初小（1—4 年级），主要实行整体教学法；第二阶段为高小（5—8 年级），教学内容按学科划分，并进行职业探索和职业定向培训。中学教育改为四年制，具体分为两种类型：学术型和技术职业型。学术型普通中学，学生毕业后绝大部分报考大学；技术职业学校，分为工业、商业、技术和农业等门类，从这类学校毕业的学生既可参加工作，也可升入大学。教师教育制度根据这一结构也进行了相应修改，以便为基础学校培养通才教师。[1]

（四）军事管制的基础教育

1973 年 9 月，皮诺切特发动军事政变。从此，智利开始了军人长期统治的历史。军政府执政期间，在政治、经济和文化教育上实行独裁统治，进行新自由主义改革，并于 1980 年制定了《宪法》，其中规定，智利教育的宗旨是人人享有受教育的权利，教育的目的是使每个受教育者在各个不同学习阶段得到全面发展。家长拥有对其子女进行教育的优先权和义务，国家对行使这一权利予以特别保护；小学教育为义务教育，国家将制定免费制度，以保障全体公民享有受教育的权利；国家与全社会都有义务促进各级教育的发展，鼓励科学技术研究、文艺创作，保护和发展民族传统文化，并使其日臻完善。[2]

1980 年，智利开始实施覆盖全国中小学的教育券政策。教育券政策不仅是一种教育资源优化配置的新方法，而且是一种筹集分配教育经费的新

---

[1] 资料来源于智利教育部官网。

[2] 陈作彬，石瑞元，等. 拉丁美洲国家的教育 [M]. 北京：人民教育出版社，1985：148.

思路。教育券是由税款资助和民间资助给予证件或现金支付，以此扩增公立学校学生选择就读其他公立或私立学校的机会。持教育券的家长可以在任何接纳教育券的学校，用此券支付子女的学费或其他教育费用。

同时，智利军政府也启动了一项深刻的、以市场为基础的教育改革。其目标是通过行政权力下放、资本融资、解除劳工管制和促进公立与私立学校之间的公开竞争来提高效率。十年后，第一个民主过渡政府采取了一项新的教育战略，旨在重新调整公共投资，提高质量和公平性，同时基本维持以前的行政和资金框架。改革中最具革命性的部分是实行了普遍的教育担保制度。在这一制度下，公立和私立学校根据学生的入学人数获得补贴，家庭可以自由选择学校，私立学校可以以不向学生收取学费为交换条件获得补贴。另外，军政府为了与市场导向的政策相匹配，推行有明显准市场化倾向的教育改革，将学校教育的公共财政与生产功能相分离。改革将公共教育的设立权限转移到市一级；将中等技工学校转变为非营利组织；将既存的供养式的拨款机制转变为适应私立非营利学校需求规模的拨款模式，建立以在校学生数目为基准、适合所有公立学校和私立合作学校的拨款体制，政府根据每所学校的在校学生人数进行拨款。[1]

在这一时期，智利政府鼓励优先发展基础教育，不断增加基础教育经费，重点发展边远和农村地区基础教育事业。对于经济困难和住家较远的学生，除提供免费教育外，学校还为他们免费提供膳食、住宿、校服和医疗服务等。边远地区学校除完成教育部规定的教学内容外，还增设职业技术课，如木工、捕鱼、手工课等。在智利农村仍有相当一部分人小学毕业后不能升入中学，因此他们一旦掌握某一专业技能，就可以此作为谋生的手段。[2]

---

[1] 彭虹斌. 20 世纪 90 年代以来智利中小学教育改革评析 [J]. 外国教育研究，2006（5）：56-60.

[2] 陈作彬，石瑞元，等. 拉丁美洲国家的教育 [M]. 北京：人民教育出版社，1985：146.

（五）现代化驱动的基础教育

20 世纪 90 年代，智利政府以质量和公平为政策导向，对基础教育进行了一系列的改革，如实行教育改进项目、"全天制学习"计划、"P-900 项目"、农村教育项目等。同时，政府对基础教育课程也进行了相应改革，稳步提高了教育质量，缩小了地区之间的差距。[1] 智利在所取得的经验的基础上，逐渐改进和充实基础教育，同时着手实施了从质量上改进中等教育的计划，其目标是让全体青年享受高质量和机会均等的中等教育。总体来说，这些举措改善了智利基础教育的条件，促进了教学实践的革新，为教师的集体工作提供了激励，并优化了教育分权、学校管理和教师进修培训等。[2]

1994 年，智利政府成立了教育现代化全国委员会，从教育公平、教育质量、教育透明度、教育财政、教育法规以及教育教学六个方面提出了基础教育改革举措。[3] 第一，在教育公平方面，政府将资源更多地用于低收入社区和儿童，所有弱势儿童都有资格获得学校营养餐，以改善贫困地区基础学校质量，为师生创造优雅舒适的工作和学习环境。第二，在教育质量方面，提高整体教育质量被智利政府视为促进未来经济增长、提高扶贫绩效和社会凝聚力的基石。政府将更多的注意力和资源用于改进课堂环境、完善校本规划和改进策略、构建教师网络、在职培训和学生信息技术。第三，在提高教育透明度方面，政府对教育质量测量系统等评估数据的使用更加公开，评估结果逐渐向公众公开。第四，在教育财政方面，贯彻财政优先策略，通过利用更富裕人群的支付意愿，不断扩大教育资源基础。第五，在教育法规方面，智利政府和教师工会达成了一项新的法律框架，保

---

[1] 彭虹斌. 20 世纪 90 年代以来智利中小学教育改革评析 [J]. 外国教育研究，2006，4（5）：56-60.

[2] ARELLANO J P. Educational reform in Chile[J]. CEPAL review, 2001, 73: 81-91.

[3] ARELLANO J P. Educational reform in Chile[J]. CEPAL review, 2001, 73: 81-91.

证教师享有合法教职。第六，在教育教学方面，为了促进反思和持续学习，要求教师在大学和非政府组织的技术支持下，每周召开一次例会，计划他们的教学工作、分享经验、撰写团队日志等。在社区义工的帮助下，将学校生活与青少年文化联系起来，以解决可能导致辍学的社会问题。

1996 年 5 月，智利开展了基础教育改革，增加了基础教育其他倡议和方案，形成一套基础教育综合改革方案。[1] 其主要内容包含四个方面：从促进教育改进和创新方面来说，这一套方案包括长期以来为向学校提供教材和促进创新而采用的所有方案；从促进教师专业发展方面来说，智利政府通过提供业绩突出特殊津贴、艰苦工作特殊津贴、教学优秀奖励津贴等一系列优惠政策来改善教师工作条件；在促进课程改革方面，在权力下放的基础上设立学校课程的新程序，这意味着学校在制定自己的学习计划和课程方面有很大的自由度；在学时计划方面，智利政府设立了教育支持补贴，使有更多学习要求的学生能够获得额外的教学时间，在小学教育阶段，每周上课时间从 30 个课时增加到 38 个课时，在中学教育阶段，每周上课时间增加到 42 个课时。

2003 年 5 月 7 日，智利总统拉戈斯在瓦尔帕莱索签署法令，宣布智利开始实行 12 年义务教育，使青少年在 21 岁前都能接受中等教育，达到高中文化水平。普及 12 年义务教育不但是智利教育公平和教育生产效率的具体体现，也是社会文明和经济文明的需要。

2017 年，智利总统巴切莱特颁布《新公共教育法》，以推进教育体制改革，提高教育质量，建立一个高参与度和高透明度的公共教育体系，要求全国所有中小学生公共教育机构把教学质量放在首位，政府提供专门的人力、财力和教学资源支持，确保基础教育发展战略的实施，从而提高基础教育质量。具体措施包括：取消国家直接补贴学生的助学券制度，逐步由

---

[1] ARELLANO J P. Educational reform in Chile[J]. CEPAL review, 2001, 73: 81-91.

国家财政支出代替学生教育支出；提高基础教师薪资的同时对教师的准入和教学设立更高的要求，并加强教师培训；用新的入学选择机制代替原有的入学选拔制度，以消除教育不平等。

总体来说，智利的基础教育发展与改革形成了较具创新性、较具成本效益和较具可行性的教育体系，基础教育内容和教育方式也发生了深远的变化。现代教育系统的大多数工具——透明度、学生评价、灵活的课程设置、目标定位、对课堂过程的关注、持续的专业发展和学校自主性——都存在于智利基础教育系统中，而且存在的时间比大多数国家都长。

二、基础教育的现状

随着智利经济的不断发展，智利基础教育有了进一步的完善。目前，智利已有较为健全的基础教育体系，学生入学人数大幅度增加，教育质量也在不断提高，为今后继续加强和发展智利教育事业打下了良好基础。

（一）学校类型

智利基础教育主要有公立学校、私立资助学校和私人收费学校三种类型。公立学校由政府部门管理并提供全部资金，主要接受来自中低收入家庭的学生，学生就读无须缴纳学费，由学校根据在校学生人数，每月从政府领取教育券。私立资助学校接受来自中等收入家庭的学生，其中一部分由地方宗教组织和非营利性组织管理，另一部分（特别是 1980 年之后建立的学校）则是营利性组织，它们像公立学校一样接受政府补贴，补贴额度取决于政府的财政状况，一般约为公立学校的 50%。学生也无须缴纳学费，[1] 因此这类学校也是免费的。由中央政府资助的私立学校，完全由私营企业管理。私人收费学校只接受来自较高收入家庭的学生。私人收费学校的收入全部来自学生缴纳的学费，不享受政府津贴，学生和家长必须支付高昂的学费才能进入这些机构。就学生入学人数来说，公立学校的学生占大多数。[2] 就学校数量来说，学校数量最多的是公立学校，由市政府直接管理，由中央政府间接资助。

（二）培养目标

智利基础教育培养目标分为总体目标和具体目标。

就总体目标而言，智利八年制小学教育总体目标是：学生在学业结束后，能够从个人、社会、自然和非物质的角度认识现实；能够创造性地、新颖地、深入地、严密地和批判地考虑问题；不断发展体育和艺术才能及劳动能力；根据本人能力，继续升入中学阶段学习；行为举止规范，意识到自己的义务和权利，尊重他人，具有宽容和理解精神。[3] 智利中等教育的总目标是：继续推进正规和系统的教育进程，使每个学生成为一个对家庭、国家和世界发展承担责任和义务的人；使学生学到知识、发展各项能力，使他们在社会精神和物质建设领域都能发挥积极作用，使这些知识和能力成为学生终身学习的积极动力；使学生能够自由和审慎地思考问题，并善于做出自己的判断和决策；使学生正确地认识自己所处的时代以及人类面临的问题和变革；使学生深入了解和评价历史和文化遗产，并了解本国的国情；使学生掌握基础知识以便于继续接受高等教育或就业。[4]

就具体目标而言，智利八年制小学教育必须达到的具体目标是：能够

---

[1] 李海生. 如何制定教育券政策：来自智利的启示 [J]. 外国中小学教育，2008（6）：9-12.

[2] 郝艳青. 智利教育券计划透视 [J]. 世界教育信息，2003（5）：18-20.

[3] 李仲汉，韩其洲. 世界初等教育的发展与改革 [M]. 北京：人民教育出版社，1991：281-282.

[4] 资料来源于智利教育部官网.

确切地通过口头和书面语言表达自己的想法；掌握数学四则运算及其基本补充概念；系统地按年代顺序熟知小学毕业生应掌握的智利历史和地理；懂得自然科学方面的基本概念；获得与其年龄和能力相符的健康体质、艺术和劳动技能；知道自己对社会的义务并努力实践。[1] 智利中等教育应达到的具体目标是：有正确的西班牙语口头和书面表达能力；掌握四则运算及基本概念；系统地了解智利的历史和地理；掌握基本自然常识。中等教育是正规的初等教育的继续，培养学生分析和独立思考的能力，并能掌握一门手艺或技能，以便在社会生活和生产中发挥积极作用。智利中等教育的一般目标是：培养中学生认识并参与当今世界科学、文化不断变革的进程的能力；发展独立自主和负责的精神，以适应学生未来生活的要求，具有团结一致、尊重他人、为人坦诚和捍卫正义的品质；关心国家利益、文化传统和历史发展，为国家的发展建设承担责任；使学生获取认识自然和掌握现代科学知识的能力；发展正确使用口头和书面语言所需的能力，以及利用口语和外语交往的能力；认识并珍视人类赖以生存和发展的必不可少的自然环境；能用独到的审美眼光鉴赏存在于各种文化之中的价值；强健体魄；培养持久的学习兴趣，掌握基本技能；促进以道德价值为基础的人道和精神训练。[2]

（三）课程设置

智利基础教育的课程设置可以具体划分为小学教育第一个阶段、小学教育第二个阶段和中等教育三个阶段。小学教育的第一阶段（小学1—4年级），每周30节课，每节45分钟。其中包括西班牙语、技术、手工和菜园种植（从3年级开始）、历史和地理、外国语、音乐、数学、体育、自然科

---

[1] 李仲汉，韩其洲. 世界初等教育的发展与改革 [M]. 北京：人民教育出版社，1991：282.

[2] 资料来源于智利教育部官网。

学、宗教（由学生及其家庭任意选择）、艺术、工艺和技术教育、班会等。其中西班牙语和数学每周至少 5 节。在这一阶段，除体育、绘画、音乐和外语可由专职教师教授外，其他课程由一个教师担任教学。学校校长要在技术教学法办公室、任课教师或教研组长的协助下，按照每一个班级的不同学科和特点灵活安排课程。小学教育第二阶段（小学 5—8 年级），五年级和六年级每周 30 个课时，七年级和八年级每周 33 个课时。后通过改革，小学每周上课时间不断增加直至 38 个课时。[1] 主要课程与第一阶段相同，只是西班牙语每周增加到 6 节，历史和地理每周各 4 节。五年级或六年级凡有条件的学校可开设外语课，七年级或八年级每周必须安排 3 节外语课。音乐、绘画和手工课，学生可从中任选两门。七、八年级的课程按学科划分，并尽可能由毕业于有关学科的教师或取得同等资格的小学教师负责教学。[2]

中等教育法定入学年龄为 14—18 岁，学制为 4 年。分文理中学、职业技术中学及艺术中学三大类。文理中学学制 4 年，前 2 年设公共核心课程，后 2 年学文学、史学、社会学、数学等选修课程。职业技术中学学制 4—5 年，分农业、工业、技术和商业四类。前 2 年学公共核心课程，后 2—3 年学职业课程。这三类教育前两年的教育内容相同，到了第三年和第四年根据学校方向的不同而呈现出一定的差异。以上三大类中等教育无论哪一类，完成这一阶段学业后，学生都将获得中级教育毕业证书且可以注册接受高等教育。职业技术学校的学生还会获得所学专业的技术证书。接受中等教育的学生，无论是进入公立大学还是私立大学，都需要通过大学选拔考试。根据所获得的分数，学生可以进入全国各所高校的各个专业继续深造。[3] 文理中学毕业生可选择进入高等院校继续学习或参加工作，具体分两个阶段：第一阶段（前两年），进一步巩固和提高基础教育阶段学习的知识，为进入

---

[1] ARELLANO J P. Educational reform in Chile[J]. CEPAL review, 2001, 73: 81-91.

[2] 资料来源于智利教育部官网。

[3] 资料来源于智利教育部官网。

高中第二阶段或中等职业学校做准备；第二阶段（后两年），设选修课，充分发挥自己的才能和兴趣。每周必修学科 21 个学时，选修学科 9 个学时。选修学科要根据学生的兴趣以及学校的人力、物力有选择地安排。[1]

（四）教师队伍

据统计，智利基础教育教师平均年龄是 43 岁，12% 的人在 30 岁以下，11% 的人在 55 岁以上。绝大多数（70%）是女性。就教师收入而言，智利在经合组织成员中是最低的，教师的年均收入不足 2 万美元，小学单位教时工资和高中单位教时工资远低于其他成员。政府还经常拖欠补助津贴，造成教师经常举行大规模的示威游行。在教师专业培训方面，智利 95% 的教师完成了专业学习，78% 是大学或大学级专业培训机构的毕业生，而 17% 来自教师培训体系。[2] 就智利当前基础教育教师队伍建设而言，最突出的问题是教师资源分配不公，师资力量向发达城市倾斜，边远贫困地区师资力量较差。临时教师在智利也占有相当的比重，临时教师的工资待遇比在编教师的待遇还要低很多，越是边远贫困地区的教师待遇越差，造成教师经常性流动。效率和公平是统一的，教师若处于比较恶劣的生存环境，遭受不公平的待遇，自然也就无法进行高效的教学。[3]

（五）网络系统

智利政府从 1990 年开始在全国范围内倡导在教育中应用信息通信技术，这是智利基础教育改革中较重要的部分，也称作"结网"行动，其目的在

[1] 资料来源于智利教育部官网。

[2] ARELLANO J P. Educational reform in Chile[J]. CEPAL review, 2001, 73: 81-91.

[3] 吴洪成，贺飞燕. 试论智利的教育公平 [J]. 教育实践与研究，2014（5）：11-14.

于整合多种信息技术，为智利公立学校的全体师生提供优质教学资源。1992年，"结网"行动在一个由 100 所学校联合组成的教育网络中进行试点，经过对行动的内容、成本、效益进行分析，为大范围推广信息技术总结了经验。1995 年，"结网"行动正式成为全国性官方项目。[1]"结网"行动对智利基础教育网络系统的建设起到了关键性的作用。"结网"行动依据学生数量为学校提供技术设备，每套设备包括多媒体计算机、打印机、调制解调器和局域网，同时也为学校提供教育软件，包括文字处理、电子表格、图像处理等成品化应用软件以及学科软件。[2] 智利在加强基础教育网络系统方面采取的大部分措施旨在确保远程教育基础设施的可用性，以及培养信息技术素养较高的教师。从技术工具层面来说，注重发展在线教育平台，构建在线学习网站。

第二节 基础教育的特点和经验

一、基础教育的基本特点

智利基础教育遵循"社会公平和社会均等""基础教育普及全民""让每个孩子都受到优质教育"等原则，倡导基础教育的公平性与市场化，并在基础教育改革中强调通过权力下放来处理政府与市场的关系。智利基础教育阶段的教育券政策是实现其基础教育普及、提高入学率，减少辍学率的最有效政策。此外，智利也十分注重开展有特色的校外基础教育。

[1] 西诺斯特罗萨，海普，拉瓦尔，等. "结网"——智利的教育信息化行动 [J]. 中国远程教育，2001（6）：71-74.

[2] 资料来源于智利教育部官网。

（一）基础教育的公平性

智利基础教育遵循尽可能地让所有公民平等地接受教育的原则，关注日益多样化的学生群体的需求，并针对最弱势群体提供补偿性支持，以追求教育平等。智利基础教育改革的根本目标是要落实教育平等发展战略。因此，智利政府不仅把教育摆在国家议事日程的重要战略地位上，而且把教育平等这个原则摆在发展战略的首位。[1]

智利《宪法》规定，国家把发展教育事业作为一项重要职责，并在社会发展规划中予以优先安排。政府同意并促进私人机构参与教育事业，但政府在规定教学标准、教学方法，监督教育过程以及保证教育质量和公众利益方面负有职责，这在一定程度上确保了基础教育的公平性。智利基础教育通过政府拨款的形式进行国民收入再分配，给经济困难、无法上学的人以平等的入学机会。尽管智利政府采取了很多措施强调基础教育的公平性，但并没有从本质上促进教育公平，仅保证了入学公平，即起点公平，没有在实质的教育资源与教育质量方面缩小差距，反而在一定程度上加大了不同阶层之间所受教育的差距。

（二）基础教育的市场化

智利基础教育改革旨在构建起以市场为导向的教育体系。为了与以市场为导向的经济政策相匹配，智利政府推行具有明显准市场化倾向的教育改革，将学校教育的公共财政与生产功能分离开，使所有公立学校服从市场规则。基础教育市场化改革建立了以学生在校人数为基准的、适合所有公立学校和私立资助学校的拨款体制，政府根据每所学校的在校人数进行

[1] 曾昭耀. 智利下本办教育 [J]. 中国改革，2002（11）：36-37.

拨款，每个学生的拨款额度随教育级别而变化。

教育面向市场化的改革旨在确保人人享有优质教育的权利。智利政府推行的教育券制度作为逐步消除政府集权的自由市场化计划之一，把教育财政分配的决策权交给了地方政府和私人办学团体，在经费严重紧缺的情况下改善了国内教育质量，促进了公立学校与私立学校的竞争，惠及更多家庭，提高了低收入家庭儿童的教育流动机会。实践表明，智利要提高基础教育效率，尤其是政府掌管的公立教育，就必然要打破教育垄断、扩大教育自由，把教育放到市场中，在竞争中谋求生存。[1]

智利基础教育改革在一定程度上消除了公立学校的经济和行政障碍，赋予家长选择学校的自由，但并未提供相关适应性措施来弥补公共教育方面的投资不足，使弱势群体（即移民、土著、社会经济地位低下和有特殊需要的学生）仍处于不利地位。同时，智利基础教育改革并没有解决高风险问责制（基于标准化测试）的低效率，仍维持了公立学校之间对优质生源的竞争，市场化在某种程度上阻碍了基础教育公平性的实现。

（三）基础教育权力下放

私人和私营部门对基础教育的高度参与是智利教育制度的一项重要特色。为实现基础教育现代化，智利将教育行政管理权和财政权下放，教育部将中小学的管理权移交给地方，以发挥地方办教育的积极性。地方政府被赋予了聘用和解雇教师以及维护教育基础设施的责任，而中央部委则保留了其教育管理、质量监督和课程设置等职能。

在基础教育管理方面，智利在每个行政区成立区教育局，区教育局根据公共教育的宗旨和目标来进行教育规划、监督和评价。每个区教育局设

---

[1] 郝明君. 私营化：教育发展的动力还是阻力——基于智利教育券的研究分析 [J]. 外国教育研究，2006（4）：72-75.

有教育、文化、行政和规划方面的组织机构，此外还设有法律顾问机构。在权力下放的过程中，还建立了非集中化的规划体制。这样，区教育局可同公共教育监督局和地区规划与协调秘书处协调行动，有利于推动地区发展一体化项目的实施。[1]地区规划与协调秘书处由国家规划厅统一领导管理。

在基础教育课程方面，智利基础教育逐步实现对课程资源开发的权力下放，建立从"统一控权"走向"多级管理"的民主课程管理制度。智利目前实施义务教育课程改革，将课程权力下放到学校，学校有权决定教学内容。在基础教育教师方面，为了改变教师终身制，使地方当局对教育进行更多的管理，允许地方学区解聘老教师，许多教师不再受雇于教育部，而是成为学校的雇员，教师工作失去了传统上的稳定性。而在一些富裕地区，教师薪金较高，与较为贫困的地区形成了明显的差异。为了解决这一现象，中央政府需继续资助无钱办学的地方学区，也资助不收学费的私立学校，以满足学生和教师的需求。

（四）特色教育券制度

智利政府把握时代脉搏，在重新审核其教育投资政策的基础上，改变了原来的教育拨款模式，于1980年开始在基础教育领域推行教育券制度。教育券政策是为了在经费严重短缺的情况下尽快改善国家整体教育质量，也希望通过教育决策权下放减轻民众对中央集权的诟病。[2]智利教育券政策对扩大基础教育的教育对象、提高基础教育的教育质量起到了至关重要的作用，经过多年政策实践，智利在教育券政策上取得了一些成效，在一定程度上激发了私立学校和公立学校的竞争，促进了私立教育的发展。同时

---

[1] 李仲汉，韩其洲. 世界初等教育的发展与改革 [M]. 北京：人民教育出版社，1991：277.

[2] 李海生. 如何制定教育券政策：来自智利的启示 [J]. 外国中小学教育，2008（6）：9-12+17.

在教育券政策实行中，由于实施地方主导的教育制度，国家把学校行政权力下放到市政府，一定程度上也调动了地方政府的办学积极性，有效地改善了弱势群体的受教育条件。虽然教育券政策取得了一定的成效，但在改进教育质量方面没有发挥出理想的效果，整体教育质量没有得到根本性改善，反而在一定程度上加剧了社会的不公平和不同阶层之间的差距。

二、基础教育的主要经验

根据智利基础教育的公平性、市场化等特点可以总结出智利基础教育的主要经验。智利政府积极实施基础教育分权管理，贯彻落实权力下放，努力实现教育民主，并立足基本国情，不断完善教育券政策以及重视教师作用，将大力提高教师素质看作是提升基础教育质量的关键举措。

（一）实施分权管理，贯彻落实权力下放

智利基础教育将公立学校权力下放给地方，由地方出资办学，将学校的行政责任转移给市政府。分权化管理是智利 20 世纪 90 年代基础教育改革的主要任务之一。这种分权反映在宏观、中观和微观三个层次。宏观指教育部在全国范围内发挥协调功能；中观指政府将基础教育管理权交给地方政府和州政府，让他们来负责普通中等教育和部分中等职业教育；微观则指扩大学校自我管理的权限，提高学校办学的独立性、自主性、创造性和效率。[1]

---

[1] 韩骅. 问题与对策：拉美地区近 10 年教育发展回眸 [J]. 比较教育研究，2001（1）：55-60.

（二）大力消除差别，努力实现教育民主

20 世纪 90 年代初，智利完全财政独立的私人收费学校数量占比不到全国中小学总数的 10%，学生人数只占 8.4%，私立资助学校比重较高（学校数和学生数分别占 28.8% 和 33.7%）。[1] 1989 年，智利将私立学校划归市一级教育行政管理，由于原来以教育部为首的国家各级教育行政承担了私立学校很大份额的投资责任，所以这一调整对私立学校影响很大。在 "社会公平和社会均等" 原则和 "给每个人高质量教育" 的方针指导下，国家对私立学校采取的根本政策是消除私立和公立学校的差别，使之相互接近，最终融合。据智利教育部统计，2000 年人均在校学习时间是 1960—1992 年平均数的两倍；文盲率降到 5.7%。儿童教育水平达到或超过拉美其他国家。在政府教育改革计划的推动下，官方教育基金迅速增加，2000 年已达到 29 亿美元，较 1994 年增长了 86.1%。[2] 为适应迅速变化的社会环境，智利力图变封闭办学模式为开放办学模式，注意引导社会舆论关注，鼓励全社会参与办学，推动基础教育改革，特别是通过规范私立学校、改造中等教育结构以及鼓励全社会参与办学等措施，不断完善基础教育，为实现基础教育民主化做出努力。

（三）立足基本国情，不断完善教育券政策

智利推行教育券改革带来的教育市场化，在提高部分家长学校选择权的同时，又在一定程度上加剧了基础教育的不平等。智利在教育券实施的过程中，也意识到教育券在提高教育质量、促进基础教育公平性方面效果不甚显著的问题，因此在推行教育券政策的同时适时进行修正，加大了对

---

[1] 韩骅. 问题与对策：拉美地区近 10 年教育发展回眸 [J]. 比较教育研究，2001（1）：55-60.

[2] 杨学进. 出口信用保险国家风险评价——理论·方法·实证 [M]. 北京：经济科学出版社，2004：139.

极度贫困和低绩效中小学校的扶持力度，增加教育投入，提高教师工资，对学业绩效良好的学校进行奖励，同时通过设定课程标准、培训落后地区学校教师等方式，加强了对学校的改造。教育券政策模式的选择，不仅取决于政策需要，还取决于改革的条件和情境，决策者应根据政策环境选择合适的政策模式。[1] 因此，智利教育券政策只有既强调市场导向又强调对弱势群体进行倾斜和照顾，既追求公平又追求效率，才称得上是良好的政策。

（四）重视教师作用，大力提高教师素质

基础教育教师素质对于提高基础教育教学质量有至关重要的作用。智利基础教育提高教师素质主要从对教师进行在职培训、制定教师奖励政策，以及培养教师信息技术素养三个方面进行。一是对智利基础教育教师进行在职培训。智利基础教育在职教师培训计划由培训、实验和教学法研究中心负责。该中心可直接或通过区教育局同大学签署协议制定进修计划，其主要目标是培养行政、评价和教育技术等方面的教育专家。二是为教师制定奖励政策。智利教育部专门设立全国教育奖，在全国公立学校开展教学竞赛，以鼓励教师加强教学研究工作，提高教师的教学质量。三是重视教师信息技术素养提升。提升基础教育教师的信息技术素养，要注重保护教师兴趣，注重信息技术应用以及因地制宜地举办培训，培训的关键是让教师通过信息技术的应用案例及实践应用，充分利用信息技术的基本功能。[2]

---

[1] 李海生. 如何制定教育券政策：来自智利的启示 [J]. 外国中小学教育，2008（6）：9-12+17.

[2] 张广兵. 智利中小学教师信息技术素养培养及其启示 [J]. 教师教育学报，2018，5（6）：98-103.

第三节 基础教育的挑战和对策

一、基础教育的现实挑战

智利基础教育在不断的改革发展中前进，但由于受经济、政治、文化、社会等因素的影响而面临一定的现实挑战。在全球化的冲击中，智利基础教育也不断反思与改进。智利基础教育面临的主要挑战是教学质量不高、公平程度缺乏、优质师资欠缺以及网络建设不足。

（一）教学质量不高

智利基础教育教学质量不高是长期存在的问题，在公立学校中尤为突出。同时智利基础教育质量还存在城乡差异，一些农村与城市较为贫困地区的教育质量明显落后于中心地区。虽然最近几十年以来智利基础教育基本普及，退学率和辍学率也逐步下降，大多数人都获得了受教育的机会，但是基础教育教学质量仍落后于时代需要，智利教育部在不断的发展与改革中并未从根本上提高基础教育教学质量。自 2011 年起，智利民众多次举行大规模集会，要求改革智利教育体制。另外，基础教育质量不高也体现在智利基础教育教师专业性不强、素质较低等方面。

（二）公平程度缺乏

从宏观上看，智利学生享受着公平的教育待遇，公立学校和部分私立学校是参与教育券计划的，但是教育质量好的学校是不参与教育券计划的，如私立学校，只有中产阶级及以上家庭的孩子才能够支付高昂的学费进入私立学校，而穷人只能进入资金相对匮乏的公立学校，享受普通质量的教育。因此，教育券政策充其量只能说是起点的公平，而教育过程和教育质量实际上是不公平的。相关研究表明，智利的教育券政策并没有让不同阶层子女受教育权趋于平等，反而加剧了不平等。来自下层社会的学生的学习成绩呈下降之势，来自中产阶级和上层社会的子女成为主要的受益人。[1] 从微观方面来看，基础教育教师培训无法满足教育需要，教师往往把学生的失败归咎于家庭或孩子，认识不到学校或自己的责任，也无法改变或改善自己的表现。同时，基础教育教科书的可用性也影响中小学生的学习，现有的教科书不足以满足儿童的现实需要。教师对贫困孩子的成功期望值很低，这也对学生学习产生了负面影响。

（三）优质师资欠缺

在智利，教师技能差、优质教师资源不足仍然是提高学习质量和学生成绩的主要挑战。智利基础教育教师在 2011 年举行的教师知识跨国评估中表现不佳，在 17 个国家中排名第 16 位。智利教师在教学知识和学科知识方面的得分都低于国际基准水平。智利教师负担较重，许多中小学教师每周要上 36 节课，有的甚至要上近 50 节课，而且他们的薪资低，生活条件较差。尽管智利的中小学教师培训和教师在职培训工作都有所改善，但仍需要进一步改革。

（四）网络建设不足

智利基础教育网络建设存在不足。一是学生家庭贫富差距过大，学生

---

[1] 李海生. 如何制定教育券政策：来自智利的启示 [J]. 外国中小学教育，2008（6）：9-12+17.

家庭条件影响教育网络的可达性。在智利，互联网和信息通信技术的接入和使用在很大程度上取决于收入水平、年龄、居住地区和教育水平。二是智利在互联网使用方面的不平等程度较高，城乡差异较大。圣地亚哥、安托法加斯塔和麦哲伦三个地区的数字化水平较高，其他地区相对较低。

另外，智利教育部的统计结果显示，智利现有 1 123 所学校学生人数不足 10 人，占全国学校总数的 9.7%，这些学校主要集中在比奥比奥大区和洛斯·拉戈斯大区。其中，75 所学校只有 1 名学生。这些数据表明，智利的地理状况给教学工作带来了巨大影响。

二、基础教育的应对策略

智利教育政策的连续性是其基础教育改革与发展的前提与保障。为保证顶层设计的连续性，保证基础教育质量与公平的同步发展，提高基础教育迎接现实挑战的能力，智利政府积极实施各项工作以应对基础教育的各种挑战。

（一）提高教育质量，助力基础教育质量提升

从宏观层面看，智利主要是以政府为主体，加强宏观调控。智利基础教育实践表明，对于教育质量较低的公立学校而言，提高教育质量最有效的方法不是靠单纯发放教育券，也不是加强与私立学校的竞争，而是提高教育行政部门的宏观调控能力，加大教育投入，不断开发新的课程、教材、教法，培训高质量的师资等。[1] 为了改善基础教育教学工作、提高教育质量，

---

[1] 李海生. 如何制定教育券政策：来自智利的启示 [J]. 外国中小学教育，2008（6）：9-12+17.

国家在经费紧缩的情况下，仍然竭尽全力向初级和中级学校发放西班牙语、数学、自然科学、历史和地理教材，还向低收入家庭的儿童发放了"书包"（含作业本、铅笔和其他学习用具）。智利为提高教育质量、解决退学和留级问题，做出了一系列努力。例如，2009 年颁布的《教育法通则》制定了国家教育质量保证体系，通过建立国家基础教育质量保证体系、媒体质量保证体系及其监督体系来提高教育质量，主要由教育部、教育质量监督机构和国家教育委员会协助、评估和指导教育系统，提高教育质量和公平性，使每个学生都有平等的机会接受高质量的基础教育。

从微观层面看，智利主要是从学生成绩入手，提升基础教育质量。智利将学生的学业成绩不断地进行比较，以找出差距，寻找对策。如通过全国学习评价系统每两年对 4 年级、8 年级、10 年级学生的成绩进行一次评价，并将结果公之于众。总体来说，智利全国中小学生的学业成绩稳步提高，城乡之间的差距逐步缩小。

（二）增加教育经费，加大基础教育投资力度

智利教育经费来源主要包括政府财政投入、私人投资、学杂费、捐赠等。智利通过允许受补贴的私立中小学收取学费的政策，利用愿意支付学费的富裕人群的意愿，扩大了教育的总资金。智利加大基础教育经费投资力度主要是从税收制度改革、改进公共投资和教育资源转移三个方面进行。

一是进行税收制度改革。智利政府认为教育改革是一项历史性任务，需要大量的财政资源，为此政府要进行合理的税收改革。智利政府于 2012年开始，把中小学教育政府补贴提高 21%，8 年内政府补贴额增加了 1 倍。[1]

二是改进公共投资。基础教育公共投资一直是改善教育质量的重要推

---

[1] 本刊编辑部. 智利政府实施税改以增加教育投入 [J]. 世界教育信息，2012，25（6）：7.

动力，这些投资对于扭转基础教育预算削减和资金不足的情况至关重要，可以通过解决重要利益攸关方（如教师）的合理关切，使政策改革制度化。

三是教育资源转移。政府将资源从高等教育向小学和中学教育的转移，显示了政府对基础教育的重视程度。政府在高等教育中引入了成本回收措施，并明确将支出重新分配到基础教育，公共支出的分配得到改善，有利于基础教育的发展。

（三）提升教师待遇，打造基础教育专业团队

为提高基础教育教师待遇，打造基础教育专业团队，智利政府主要从提供绩效激励措施及加强教师教育两个方面进行。

一是提供绩效激励措施。智利教育部推出了两轮教师绩效激励措施。首先在 1995 年引入了新的教师奖金激励措施，随后在 2003 年实施国家教师评估计划。智利政府用绩效激励措施来督促基础教育教师提高其教学效率，并用丰厚的奖金等作为回报来提高教师的待遇。评估计划特别注重提高教师的技能，是根据一套教师教学能力框架和标准制定，在广泛征求教师意见后获得批准，并逐步实施的。

二是加强基础教育教师队伍建设。多年来，智利在提高教师质量方面，从奖励和自愿逐步过渡到强制，通过各种方式提高教师工作积极性和专业发展。在教师教育方面，加强各省师范学校、师范学院和大学教育院系之间的联系，建立了全国中小学师资培训网络和定期进修制度。[1]

---

[1] 韩骅. 问题与对策：拉美地区近 10 年教育发展回眸 [J]. 比较教育研究，2001（1）：55-60.

（四）优化网络设备，推动基础教育信息建设

为进一步改善农村网络设备与设施、加大基础教育教师培训力度和提高教师信息素养，智利不断增加并更新优质网络教学内容和服务，在教学活动中更加全面地整合信息技术。在宏观层面，智利政府采取措施，提高农村的教学网络覆盖率，促进基础教育公平。在微观方面，政府从教师、教学内容与教学活动三方面推动基础教育信息建设。在教师方面，加大基础教育阶段教师培训力度，提高中小学教师信息素养。[1] 在教学内容方面，增加并更新优质网络教学内容和服务。在教学活动方面，在教育系统中引入信息通信技术，更加全面地推动基础教育信息建设。

---

[1] 西诺斯特罗萨，海普，拉瓦尔，等. "结网"——智利的教育信息化行动 [J]. 中国远程教育，2001（6）：71-74.

第六章 高等教育

高等教育是培养高级专门人才和职业人员的主要社会活动。智利是拉美地区高等教育发源较早的国家，拥有公立、私立混合型的高等教育。经过不断发展，智利逐渐实现了高等教育大众化和普及化，并成为拉丁美洲地区乃至世界高等教育发达的国家之一。截至 2021 年 3 月，智利共有高等教育院校 298 所，在校学生人数约 112.71 万 [1]，高等教育入学率高于拉丁美洲国家的平均水平。

第一节 高等教育的发展和现状

智利高等教育起源于殖民地时期，其最著名的智利大学最早可追溯到 1622 年。[2] 大学应该为国家服务，智利高等教育自兴办之日起，其命运始终与国家的历史演变联系在一起，并逐渐成为支持国家发展与制度建设的思想支柱与长足动力。

---

[1] 资料来源于智利教育部官网。

[2] 王留栓. 亚非拉十国高等教育 [M]. 上海：学林出版社，2001：254.

一、高等教育的发展历程

智利正规高等教育起源可以追溯到殖民地初期，1622 年，智利第一所大学——圣托马斯·德阿基诺大学创办。1738 年，根据西班牙国王圣费利佩五世赦令，在圣托马斯·德·阿基诺大学的基础上改建圣费利佩大学。该校于 1757 年正式开学，设立神学、法律、医学和数学 4 个专业。虽然圣费利佩大学是智利早期正规高等教育机构，并在效仿欧洲国家高等教育制度的基础上具备了智利近代高等教育体制的雏形，但其归根结底是为殖民主义服务的，缺乏民族性与独立性。从历史进程来看，智利高等教育改革发展与国家历史演进道路相依存，主要经历了独立进程期、曲折发展期和求索创新期，体现出实现高等教育民族化、自由化、公平化的历史判断与现实追求，形成了独具特色的高等教育发展模式。

（一）独立进程期

从 19 世纪初取得民族独立开始直到 1970 年阿连德政府上台之前，智利拥有一段长期的宪政历史，并有力地维持着社会安定。[1] 在局势安定的大背景下，智利高等教育稳步发展，并呈现出教育走向民族化的突出特征。

自独立之日起，智利政府就认识到了掌握高等教育办学权对巩固和发展新生共和国的重要性，开始根据实际发展需求独立创办学校，逐渐形成了重视发展高等教育事业的社会传统，智利高等教育也得以在该时期稳步发展。1813 年，智利政府颁布法令，依法创办了国民学院。国民学院有资质提供初等、中等和高等教育，曾是智利的国家文化教育中心。[2]1833 年，时任总统更是通过制宪形式，规定国家干预教育的权力大于教会，以《宪

---

[1] 文学. 20 世纪 90 年代以来智利高等教育改革的特点与启示 [J]. 比较教育研究，2013，35（9）：89-94.

[2] 王留栓. 智利高等教育的大众化和普及化 [J]. 世界教育信息，2011，24（12）：38-42.

法》高于一切的形式将高等教育管控权收归国有，标志着智利高等教育在追求民族化的进程中取得了重要胜利。

1842 年是智利高等教育蓬勃发展的奠基之年，智利大学的成立无疑具有里程碑意义。在思想自由的鼎盛时期，"大学必须为国家服务"的呼声由欧洲传入智利，催生了智利第一个真正意义上的公立高等教育机构——智利大学。同年，智利国民教育部成立，在制度和政治层面上确立了国家在高等教育事务管理中的优先权。

1888 年，智利天主教大学建立，标志着智利私立大学的诞生，该院校秉持始终为教会和社会服务的办学理念。1919 年，智利第一所公私融合型大学——康塞普西翁大学成立，该大学的特点在于追求自由发展的精神。1931 年，智利颁布《大学教育组织法》，承认了新建立的天主教大学、康塞普西翁大学和瓦尔帕莱索大学，确立了私立资源进入高等教育市场的合法地位，有助于在独立进程时期大力推动高等教育持续发展。

总体来看，智利在这一时期大面积收回了对高等教育的独立管控权，实现了高等教育的民族化目标和高等教育覆盖率的稳步增长。据统计，智利在校大学生数量占适龄入学人口的比重从 1935 年的 1.4% 提升到 1960 年到 4.0%，1970 年更是迅速增长至 9.2%，[1] 在同期全球发展中国家队列中处于较高水平，各项高等教育发展指标处于拉美地区前列。智利对高等教育事业发展的重视不仅局限于对教育规模的关注，还集中体现在对女性教育的重视。早在 1877 年，智利就允许并鼓励女性接受高等教育。到 1970 年，已有 16% 的妇女在智利从事高等技术类工作，高于同期美国 14.7% 的水平。[2]可以说，独立进程期的智利高等教育不仅有民族化特征，更显现出民主化的萌芽。

---

[1] RAFAEL E. Evolución de la matricula en Chile: 1935—1981[M]. Santiago: Programa Interdisciplinario de Investigaciones en Evolución, 1982: 111-120.

[2] FERGUSSON E. Chile[M]. New York: Alfred A. Knopf, 1943: 274.

（二）曲折发展期

从 1973 年推翻阿连德政府，到 1989 年下台，皮诺切特在智利进行了近 20 年的军政府统治，该时期属于智利历史上的政局动荡期，给智利高等教育事业的发展带来了前所未有的冲击和挑战。

20 世纪 70 年代中期，军政府开始派军队进驻学校和教育机构，严格限制教师与学生的教学活动，学校正常使用的教材、教学大纲和授课内容均受军政府监督，甚至教师的任期也由军代表掌握。[1] 军政府严苛的控制导致智利高等教育出现停滞与倒退，但这也为智利高等教育自由化改革酝酿了契机。

20 世纪 80 年代初，债务危机爆发，波及多数拉美国家。在智利，经济低迷引发了失业率攀升、贫富差异日趋加大等状况，社会底层群体在国家的政治经济生活中越来越被边缘化，社会矛盾不断被激化。与此同时，随着大众对高等教育需求的增加，政府兴办高等教育院校的财力负担愈来愈重，新大学的发展一直受限。直到 20 世纪 80 年代末，智利政府颁布改革方案，高等教育改革才开辟了新的方向。政府声称"决定最大限度地支持建立私立高等教育机构，以满足民众对高等教育的需求"[2]，这项改革将发展高等教育的部分成本转嫁给私营部门，减少了国家为高等教育注入的资金流，为刺激和发展新的高等教育机构、扩大高等教育规模提供了更大的多样性与包容性。据统计，自改革实行以来，智利政府在国家高等教育支出中承担的比重在逐年递减，从 1990 年的 27% 缩减到 1997 年的 12%，[3] 而高等教育规模却逐年递增，1997 年高等教育的入学人数为 1980 年入学人数的

---

[1] 文学. 20 世纪 90 年代以来智利高等教育改革的特点与启示 [J]. 比较教育研究，2013，35（9）：89-94.

[2] TEFERRA D, KNIGHT J. Higher education in Latin America: the international dimension[R]. Washington: World Bank, 2010: 149.

[3] 周楠. 20 世纪 80 年代以来拉美高等教育"自由化"改革评析 [J]. 比较教育研究，2017，39（4）：84-90.

167%，接受过高等教育的总人数也从 1980 年的 12% 增至 1997 年的 32%，[1]
绝对入学人数增幅明显，有助于智利高等教育实现由"精英化"向"大众
化"的转变。

事实上，智利高等教育新的改革在该阶段之所以推行得如此顺利，是
因为它搭乘了政治经济领域的"自由化"和"去管制化"改革的便车，顺
应了历史发展潮流及现实需求。在此大背景下，该阶段的高等教育变革也
凸显出"自由化"的改革目标。具体改革措施如下。

第一，削减政府对高等教育招生的干预，取消国家统一规定的入学考
试及录取资格，将招生权下放到院校层面，允许高等院校根据自身情况制
定招生计划。

第二，引入多元化竞争策略，激发高等教育的发展活力。从 1981 年开
始，政府减少了对公立及私立高等教育机构的直接拨款，引入了间接资助、
竞争性贷款及资助学生等经费资助形式。间接资助的评估指标指向的是高
校接收的优秀生源比例，竞争性贷款主要用于资助高等院校的科研发展与
教师深造，其依据标准为政府委托的独立第三方的评估结果。经费资助形
式的改革打破了政府直接拨款在公立学校的经费资助中一家独大的地位。

第三，扶持私立高等教育发展。智利政府不仅在办学准入机制上承认
了私立高等教育机构的合理性与合法性，也赋予了私立高等教育机构自主
招生权，还通过加大学生资助的方式巩固私立高等教育的发展基础。1990
年，智利私立高等院校中学生受资助的比例高达 54%，使更多人接受私立高
等教育成为可能。直至 1999 年，智利私立大学的注册人数占高等教育注册
总人数的 53%，[2] 私立高等教育在宽松的政策环境下不断壮大，在规模上有
超越公立高等教育之势。

---

[1] 资料来源于世界银行官网。

[2] XAVIER B. Globalización y política educativa: un análisis crítico de la agenda del banco mundial para América
Latina[J]. Revista mexicana de sociología, 2002, 64(3): 3-35.

（三）求索创新期

高等教育在智利经济转型期发挥着关键作用。20 世纪 90 年代，智利共和国回归到民主政治，民主政府时期的教育政策明确强调增加公共投资以提高教育系统的质量和公平性。

在 1994 年的一次公开讲话中，智利财政部部长明确表示了政府对教育的承诺：在不超过 8 年的时间内，将国家教育投资水平从占 GDP 的 4.9% 提高到 7.0%。[1] 为了获得稳定的国家公共投资，智利各高校还联合成立了智利大学校长委员会 [2]（即 CRUCH），这类"CRUCH 大学"享受国家财政资助，构成了目前智利高等教育体系中重要的主体。进入 21 世纪以来，历届智利政府都将发展高等教育事业作为国家发展的重要方针，不断增加用于高等教育的公共开支。

从政府不断增加高等教育的公共经费支出足以看出 21 世纪以来智利官方对发展高等教育的高度重视，这种重视既是国家自发的，也是在学生运动的推动下加强的。2006 年，一场名为"企鹅革命"（因学生的黑白制服得名）的大规模学生运动爆发，对以新自由主义为基础的教育制度的公平性和平等性提出了质疑，揭露了私立高等教育规模膨胀为学生及其家庭带来的沉重的教育负担。以 2011 年为例，智利国民收入由低到高分为五个等级（I—V），来自不同收入等级的家庭的学生接受高等教育的机会仍存在显著差异，从低到高依次为 26.9%、33.7%、39.4%、56%、84.2%。2011 年，学生运动达到顶峰，智利教育系统几乎瘫痪。政府陆续通过了《包容法》《高等教育法》《公共教育系统法》以及《专业教师发展体系》，[3] 以实现入学民主化、提高高等教育质量。《包容法》的突出贡献在于明令禁止学校对申请学

---

[1] Government of Chile. Attracting, developing and retaining effective teachers: country background report for Chile[R]. Paris: OECD, 2003: 17.

[2] 智利大学校长委员会于 20 世纪 60 年代获得智利政府给予的法人地位，隶属教育部。

[3] 资料来源于智利教育部官网。

生的学业成绩、家庭、宗教或社会经济条件施加限制，学生的申请和登记通过教育部相关部门统一管理。2018 年，《高等教育法》中关于教育免费的计划通过，建立起了全面、免费的高等教育法律保障体系。尽管在实施的初级阶段，高等教育免费政策只能惠及 60% 的低收入家庭，[1] 但在同期国际高等教育领域中仍属于突出水平。

总体来看，自 1990 年以来，智利高等教育迎来了蓬勃发展的良机。民主政府先后制定了新的《高等教育法》，建立了高等教育部，恢复了公立高校的办学自主权。在国家财政的大力支持下，智利高等教育水平迅速提高，基本满足了民众对高等教育不断增长的现实需求，步入了求索创新的历史新时期，向着高等教育公平化的目标稳步迈进。

二、高等教育的现状

智利是第一个加入经合组织的南美洲国家。从高等教育发展的各项指标来衡量，智利在整个拉丁美洲地区的成就是首屈一指的。目前，无论是高等教育入学率，还是知名高校数量、大学排名，智利在拉美地区均名列前茅。

（一）体制与规模

智利高等教育体制与结构多样。依据不同的分类标准，可将智利高等教育机构划分为不同的类型，如表 6.1 所示。其中，按教育功能和创办性质划分是最常使用的分类方法。

---

[1] 资料来源于智利教育部官网。

表 6.1 智利高等教育机构类型

分类 依据	高等教育机构类型	特征
教育 功能	大学	有权授予学士、硕士和博士学位
	专业教育学院	可颁发国家认可的专业文凭和技术职称
	高等技术培训中心	授予技术职称
创办 性质	公立院校	由政府投资开办
	私立院校	由私人创办，具有营利性质
兴办 历程	传统大学	19 世纪 80 年代之前建立及 80 年代后期从传统大学中独立出去的大学，如智利天主教大学、圣地亚哥师范学校、康塞普西翁大学
	非传统大学	—
发展 条件	校长委员会所属院校	隶属智利大学校长委员会
	非校长委员会所属院校	—
评估 办法	19 世纪 80 年代前成立的院校和高等技术培训中心	接受教育部评估
	19 世纪 80 年代后建立的私立院校	接受教育高级委员会评估

从教育功能来看，智利的高等教育由大学、专业教育学院、高等技术培训中心三类构成，见图 6.1。大学的学制一般为 2—7 年，承担高等教育、科学研究及终身教育的使命，有权授予学士、硕士和博士三种学位。专业教育学院学制一般为 2—5 年，以培养学生具备某一领域的专门知识为目标，向学生颁发国家认可的专业文凭和技术职称，无权授予学士学位，但其毕业生可以同等学力参加大学的硕士或博士学位课程学习。高等技术培训中心一般学制为 2—3 年，主要培养学生从事某项专业活动所必备的专业技能，可授予技术职称。此外，智利还有由武装部队、警察和安全部门等开办的军事院

校，这些院校也属于法律正式认可的高等教育机构，隶属国防部。进入 21 世纪以来，智利的高等教育规模持续扩大。截至 2021 年，智利共有大学 298 所，专业教育学院 82 所，高等技术培训中心 156 个。[1] 超过 50% 的传统大学和私立大学位于圣地亚哥、瓦尔帕莱索、康塞普西翁等经济最活跃的城市。

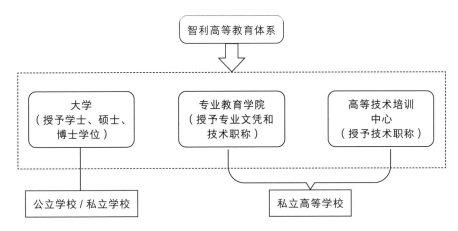

图 6.1 智利高等教育体系

从创办性质来看，智利的大学又可分为公立大学和私立大学。由政府投资开办的大学为公立大学，由私人创办的具有营利性质的大学为私立大学。专业教育学院和高等技术培训中心，以及留存至今的教会创立的学校都是私立性质的。从国家成立之日起至今，智利高等教育系统仍保持独特的"公私混合"特征，并且其私立教育相当发达，是世界上为数不多的私立高等教育主导型国家。从 20 世纪 90 年代开始，智利的私立高等院校注册人数就逐年递增，1990—2007 年，智利私立高校人数增长了 4 倍以上，其增幅远远超过公立高校。目前，智利共有 35 所私立大学，其在校生人数占全国大学在校生人数的 50% 以上。[2]

[1] 资料来源于智利教育部官网。

[2] SHIN J C, TEIXEIRA P. Encyclopedia of international higher education systems and institutions[M]. Heidelberg: Springer Netherlands, 2017: 933.

智利的高等教育体系结构多样，为学生提供多层次、多元化的教育选择，增大了学生接受教育的可能性与能动性，1990—2015 年智利各类型高等教育院校入学人数见表 6.2。在过去的 30 年里，智利高等教育入学率不断攀升，学生规模也不断扩大，智利快速经历了高等教育大众化时期，过渡到普及化水平。2015 年，智利高等教育系统学生总数约 123 万人，毛入学率达 53.1%。[1]

表 6.2 1990—2015 年智利各类型高等教育院校入学人数 [2]

单位：人

高等院校类型	1990 年	1995 年	2000 年	2005 年	2010 年	2015 年
公立大学	61 632	95 493	124 823	146 583	178 541	188 804
私立传统大学	50 561	66 357	90 461	101 386	132 349	147 532
私立非传统大学	19 509	69 377	103 805	193 177	322 120	371 132
专业教育学院	40 006	40 980	50 593	114 680	224 339	378 802
高等技术培训中心	77 774	72 735	52 643	63 176	128 571	146 521
总计	249 482	344 942	422 325	619 002	985 920	1 232 791

（二）招生与培养

智利高等教育的法定入学年龄为 18—23 岁，进入高等学校学习必须持有中学毕业证书或者同等学力，并且通过全国大学选拔考试，该考试由智利大学命题，主要考察学生的西班牙语、数学、科学和历史掌握能力。

智利高等教育学制为 2—7 年，综合性大学学制至少为 5 年，医科大学为 7 年，专业教育学院为 2—5 年，高等技术培训中心为 2—3 年。具体修业

---

[1] SHIN J C, TEIXEIRA P. Encyclopedia of international higher education systems and institutions[M]. Heidelberg: Springer Netherlands, 2017: 932.

[2] 资料来源于 SIES ICE 官网。

年限随学校类型和专业的不同而有所区别，2017 年智利《信使报》列举了本国 9 个不同专业，针对其最长及最短学年出具了对比报告，见表 6.3。[1]

表 6.3 智利各专业修业年限对比

专业	学校	实际修业年限	
		学年	平均学年
建筑	智利国家首都科技大学	10	9
	芬尼斯特雷大学	7	
法学	伯纳多·奥伊金斯大学	10	9
	洛斯安第斯大学	7	
护理	圣托马斯大学	7	6
	智利天主教大学	5	
工业工程	智利奥托诺马大学	10	8
	智利圣塞瓦斯蒂安大学	6	
商业工程	比奥比奥大学	8	7
	智利圣塞瓦斯蒂安大学	6	
医学	智利奥托诺马大学	8	8
	智利圣地亚哥大学	7	
教育学	圣地亚哥大都会大学	7	6
	洛斯安第斯大学	5	
新闻学	普拉亚安查教育科技大学	8	6
	比尼亚德尔马大学	5	
心理学	智利大学	8	7
	智利马约尔大学	6	

[1] 资料来源于智利教育部官网。

在专业结构方面，智利高等教育在改革的过程中不断优化专业设置，与当下智利由发展中国家向发达国家过渡的社会现实背景相契合，不再局限于大力推动工程类、财经类等与社会经济发展紧密相关的专业，人文类、法律类、教育类等其他专业的建设也得到了官方的大力支持。2000—2009年，教育类专业学生注册人数增长了183.3%，法律类次之，增长幅度为92.3%。对专业结构设置的调整反映了随着国家经济的进一步发展与社会的逐步转型，公民的差异化需求逐渐得到满足。

（三）名校目录

全球高等教育研究机构 QS 发布的 2022 年世界大学排名显示，智利共有 20 所高校上榜，见表 6.4，较 2021 年多出 10 所，其中 90% 的智利高校在国际学术界的认可度正在提高。本部分将介绍智利最著名的两所高校。

表 6.4 智利大学国内排名及 2022 年 QS 排名

学校名称	国内排名	2022 年 QS 排名
智利天主教大学	1	135
智利大学	2	183
智利圣地亚哥大学	3	487
康塞普西翁大学	4	601—605
瓦尔帕莱索天主教大学	5	751—800
阿道夫·伊巴涅斯大学	5	751—800
洛斯安第斯大学	7	801—1 000
迭亚戈·波塔勒斯大学	7	801—1 000
费德里科圣玛利亚技术大学	7	801—1 000
安德烈斯·贝洛国立大学	10	1 001—1 200
智利南方大学	10	1 001—1 200

续表

学校名称	国内排名	2022 年 QS 排名
智利边境大学	10	1 001—1 200
塔尔卡大学	10	1 001—1 200
瓦尔帕莱索大学	10	1 001—1 200
德萨罗洛大学	10	1 001—1 200
智利奥托诺马大学	16	1 201+
伯纳多·奥伊金斯大学	16	1 201+
北部天主教大学	16	1 201+
拉塞雷纳大学	16	1 201+
比奥比奥大学	16	1 201+

1. 智利天主教大学

智利天主教大学是智利的第一所私立大学，1888 年建成于首都圣地亚哥，首任校长为华金·拉腊因·甘达里利亚斯主教。该院校在发展历史上开启了拉美地区女性入学的先例。1922 年，圣地亚哥大主教批准女性进入大学，到 1927 年，智利天主教大学已有 16 名女学生。[1]

智利天主教大学隶属于天主教会，享有自治权与学术自由。它的基本任务是促进科学、艺术和其他精神表现形式的培养，并通过教学、研究、创造和交流培养高级专业人员。智利天主教大学是智利大学校长理事会、非国立公立大学 G9 网络、拉丁美洲和欧洲大学 CINDA 网络以及拉丁美洲和加勒比天主教大学组织的成员。截至 2020 年上半年，智利天主教大学共有 33 025 名正规学生，其中包括 27 895 名本科生、3 301 名硕士生、1 258 名博士生和 571 名博士后。智利天主教大学的学术机构由 3 593 名教师组成，其中有 2 331 名全职教师，获得研究生以上学历的教师占比 89.7%。[2]

---

[1] 资料来源于智利天主教大学官网。

[2] 资料来源于智利教育部官网。

智利天主教大学的最高管理权集中在最高理事会，最高理事会与天主教会建立直接联系，它的主要职能是确保大学成为以天主教信仰为导向的高等教育机构。最高理事会层级之下是校长办公室，校长和他的团队（由分管学术事务、经费事务及公关事务的3位副校长及1名校办秘书长组成）管理大学具体事务。它的主要职能包括"制定大学政策、章程和条例；提出年度预算并主持高级理事会；在司法和对外层面代表大学"[1]。

当前，智利天主教大学共设有农学和林业工程学院，建筑设计和城市研究学院，艺术学院，生物科学学院，社会科学学院，通信学院，法学院，经济和行政学院，教育学院，哲学学院，物理学院，历史、地理和政治学学院，工程学院，文学学院，数学学院，医学院，花学院，神学院18个学院。著名学科有数学、物理、化学、工程学、建筑学、神学、生物学等；开展的研究生专业有农业经济、城市开发、经济学、社会学、哲学、教育学、神学、政治学等；开设的博士专业有细胞生物学、生理生物学、生态生物学、化学、历史、神学等。

2. 智利大学

智利大学成立于1842年，位于圣地亚哥，是智利历史最悠久的高等院校，也是拉丁美洲最负盛名的传统大学之一。同年，智利官方颁布了一项组织法令，赋予智利大学依法监督各级教育的职能。自此，智利大学承担起促进科学和文化研究传播、协助国家行政各部门工作的重要使命。在办学目标方面，智利大学致力于培养卓越人才，特别强调研究和研究生学习，并设想通过其教学、创造和传播职能，在科学和技术、人文和艺术的创新发展方面发挥引领作用。

---

[1] 资料来源于智利天主教大学官网。

智利大学的组织章程规定，校长是最高法人代表。除此之外，还有负责大学规范职能和战略指导方针的大学参议院、负责行政事务的大学理事会以及负责监督和评价的评议委员会，它们共同构成智利大学的组织框架。2006 年 3 月，智利大学修订了新的大学章程，强调了其独立法人资格和完全自治权，并明确了在所有知识领域和文化领域内创造、发展、整合和传播知识的办学使命，提出了以批判性思维和跨学科视阈为国家提供发展战略咨询、促进国际化、应对新的区域和全球挑战、可持续地改善财务管理等具体战略目标。

目前，智利大学设有建筑和城市化学院、林业和自然保护科学学院、经济和商业学院、艺术学院、化学和制药学院、哲学和人文学院、科学学院、社会科学学院、医学院、农业科学学院、兽医和畜牧科学学院、牙科学院、物理和数学学院、法学院 14 个学院；下设 5 个研究所，包括公共事务研究所、通信和图像研究所、国际研究所、教育高级研究所和营养与食品技术研究所；共有 13 个博士科目点，博士学位的代表性科目有生物学、物理学、数学、化学、地质学、工程学等。[1]

第二节 高等教育的特点和经验

智利高等教育经历了 19 世纪初到 20 世纪 70 年代民族化探索时期的艰难起步，和 20 世纪 70—90 年代自由化发展时期的奋起直追，迎来了 20 世纪 90 年代以来的特色发展。时至今日，智利已成为拉丁美洲地区高等教育发展强国，在高等教育发展与改革的丰富实践中，凸显出鲜明的发展特色与实践经验。

[1] 周为民. 智利概况 [M]. 海口：南方出版社，2009：264.

一、高等教育的基本特点

智利高等教育的基本特点首先体现在办学性质层面，即私立教育的高度繁荣；其次体现在办学形式方面，即高校享有充分的自主权和自治权；最后体现在办学条件层面，表现为拥有多元的教育经费筹措渠道。

（一）私立高等教育发展繁荣

20 世纪 80 年代以来，智利逐步从以公立为主导的高等教育体系过渡到公私立并存、同质发展，再到 21 世纪以来以私立为主导的教育格局，智利私立高等教育的繁荣不仅达到了历史上的鼎盛，也闻名于整个拉美地区。

私立高等教育的繁荣首先体现在教育规模不断扩大。早在 1989 年，智利私立高等教育部门在校生数量占高校在校生总人数的比重就已达到 50%，实现了私立教育与公立教育同步发展，到 2012 年，这一比例更是高达 72.3%。[1] 此外，2010 年，智利私立大学的入学率就已超过 CRUCH 所属的所有大学入学率之和。其次，私立高等教育的繁荣也体现在教育职能方面，尤其是研究生教育层面。智利私立大学的研究生教育虽然起步较晚，但发展势头足。据统计，1995—2012 年，智利私立大学研究生培养数量占全国高校研究生总数的比重实现了从 3.7% 到 43.6% 的大幅提升，[2] 私立大学在人才培养中发挥的作用愈加突出。最后，私立高等教育的繁荣也体现在私人办学经费比重不断攀升。总体来说，智利官方对高等教育的公共经费投入要明显低于经合组织成员的平均水平。以 2012 年的数据为例，该年智利高等教育生均公共投入占人均 GDP 总量的 15%，远低于同期拉丁美洲地区

---

[1] 薄云. 拉美私立高等教育发展研究：以巴西、墨西哥、阿根廷和智利为个案 [M]. 厦门：厦门大学出版社，2017：112.

[2] 薄云. 拉美私立高等教育发展研究：以巴西、墨西哥、阿根廷和智利为个案 [M]. 厦门：厦门大学出版社，2017：113.

26% 和经合组织成员 30% 的平均水平。但其高等教育发展规模却与较少的公共经费投入成反比，2012 年左右智利高等教育毛入学率为 74%，远超同期拉丁美洲地区 42% 的平均水平。[1] 为较少的公共投入和较高的教育覆盖率之间提供发展可能性的根本原因在于智利的私人教育投入占比较高。同年，智利总教育投入中有 40.1% 来自私人行业，是经合组织成员中私人教育投入占比最高的国家。

（二）办学自主权下放

智利《宪法》规定，大学实行自治，因此智利政府一般不干涉高校的办学工作。智利的高等教育系统设有一个重要管理机构——教育部高等教育司，以及三个主要协调机构，其主要职能如表 6.5 所示。由表中信息可以看出，智利官方对高等教育的干涉范围与层面主要集中于办学经费层面，较少涉及其他层面的干预，充分体现了权力下放。

表 6.5 智利高等教育管理体系

机构类型	机构名称	主要职责
管理机构	教育部高等教育司	高等教育政策的规划实施及教育经费分配
协调机构	智利大学校长委员会	组织、协调下属各院校的教学保障、科研计划及有关工作，向教育部门提供数据及报告，设计大学入学考试
	高等教育理事会	其他私立大学的评估与认证
	高等教育贷款管理委员会	落实国家助学贷款制度

---

[1] 经济合作与发展组织发展中心，联合国拉美经委会. 2015 年拉丁美洲经济展望：面向发展的教育、技术和创新 [M]. 中国社会科学院拉丁美洲研究所，译. 北京：知识产权出版社，2015：195.

大学章程是保证大学自治的载体。《宪法》规定无论公立或私立大学都必须有大学章程，大学自治的形式要以既定章程为依据，依章实现内部管理。公立大学章程的修改要经议会审核批准，私立大学成立时章程要经政府批准。[1]

完善的大学管理体制是实现大学自治的制度保障。大学内部首先设立最高一级的管理机构——最高理事会，该理事会一般由 6—9 名成员组成，负责大学的政策制定等工作。在人员构成上，私立大学的理事会成员一般由投资人指定；公立大学的理事会成员一般由三分之二选举产生的教师代表和三分之一总统任命的政府代表共同构成。校长在管理体系中处于第二层级，私立大学的校长对最高理事会负责，公立大学的校长则由总统在候选人中筛选并任命。大学内部设学院、系、部门，主任均从教师中推荐选拔，主要负责各学科、部门的教学与科研工作。

（三）教学经费投入机制多元

高等教育资金来源多样化是智利高等教育的重要特征。尤其自 20 世纪 80 年代后期高等教育改革实行以来，高等学校的资金来源愈加丰富。公立院校以往完全依赖国家拨款的体制被多元机制所取代，私立院校的繁荣则为教学经费投入机制开辟了私人行业自筹资金和学生缴纳学费两种渠道。智利高等教育经费投入机制见表 6.6。

表 6.6 智利高等教育经费投入机制

投入主体	投入类型	投入主体	投入类型
政府部门	直接投入	其他	慈善捐款

---

[1] 刘承波，范文曜. 智利高等教育体制及其治理 [J]. 现代教育管理，2009（1）：99-103.

续表

投入主体	投入类型	投入主体	投入类型
政府部门	间接投入	其他	服务收入
	"大学生贷款"		国际合作收入
	全国科学技术发展基金		国际援助
	高等教育发展及奖学金基金	学生及其家庭	学费
	全国研究生奖学金	私人部门	自筹经费

　　高等教育资金投入来源虽然呈现出多样化的特征，但各项资金在大学经费中的占比却不尽相同。以传统大学为例，其经费来源及构成比例由高到低依次为政府拨款（约占 30%—40%）、学费（约占 30%—40%）、学校社会服务创收（约占 10%—20%）等。而在私立院校内部，其办学经费有 90% 左右是学费和自筹经费，只有 10% 左右来自政府资助。[1]

二、高等教育的主要经验

　　智利高等教育的改革与发展从总体上来看是比较成功的，分析其成功经验对于其他发展中国家高等教育事业发展具有很好的参考和借鉴意义。从总体来看，稳定的政治经济环境、完善的质量认证制度及灵活的经费竞争制度都有助于推动高等教育发展。

（一）稳定的政治经济环境是高等教育发展的催化器

　　与拉美其他国家相比，智利国家发展的环境优势在于其较早形成了稳

---

[1] 资料来源于智利教育部官网。

定的政治、经济局面。自 19 世纪初智利宣布国家独立以来，智利的政治道路表现出很强的稳定性与秩序性。1833 年《宪法》的问世为智利政治稳定提供了坚实的法制基础，该《宪法》在智利历史上持续了近百年，直到 1925 年才被废止，这在拉美历史上是前所未有的。平稳的政治环境推动了智利高等教育由民族化到民主化再到现代化的过渡，促进了公立教育部门、私立教育机构、学生等利益相关者对高等教育的追求与探索。

在宽松的政策环境下，智利的经济部门也平稳运行。尽管 20 世纪 90 年代末智利也不可避免地受亚洲金融危机的影响，GDP 的增长速度有所下降，但基于"自由化"和"去管制化"的政治经济背景，智利经济发展得以平稳过渡，GDP 仍保有 7% 左右的增长速度，[1] 这使得智利巧妙地避开了彼时拉美经济模式的陷阱。经济的迅速发展一方面消化了大批高校毕业生，并为高校招生打开了缺口，另一方面为更多学生接受高等教育提供了更多选择与机会，平衡了智利高等教育发展的供求机制，推动了高等教育提质增效。

（二）完善的质量认证制度是高等教育发展的稳定器

伴随高等教育规模持续扩大的是多层次各类型高等教育机构的不断涌现，但随即爆发的突出问题是教育质量参差不齐，尤其是超规模发展的私立高等教育机构更是缺乏统一的评估与认定。为此，智利政府在公立、私立大学中建立了高等教育认证制度，以此确保高等教育质量。

教育部和全国认证理事会是智利两个主要的高等院校认证主体，前者主要负责定期检查、抽考 1981 年以前成立的高校，后者基于自愿原则，主要负责评估 1981 年以后成立的高校。未通过认证的院校允许办学，但不

---

[1] 薄云. 拉美私立高等教育发展研究：以巴西、墨西哥、阿根廷和智利为个案 [M]. 厦门：厦门大学出版社，2017：114.

具备颁发国家毕业证书的资格，因此大多高校都会主动参与认证。认证的具体流程包括：参与认证的院校依照认证指标提交自我认证报告；外部工作组在六年认证期限内到各教学单位实行两次全面的实地考察和不定期的专门检查；外部工作小组公开汇报认证情况；理事会召开会议决定最终认证结果，合格则给予认证。不合格的院校可提出延期申请（最长可延期5年），其间达到标准则认证合格，最终认证结果仍未合格的院校，教育部取消其办学资格。总之，智利实行完善的教育质量认证制度，涉及院校使命、学生培养质量、教师队伍质量、教学条件和质量、科学研究水平等认证标准，充分体现了其最终的落脚点在于提升高等教育质量。

（三）灵活的经费竞争制度是高等教育发展的加速器

市场主义的核心是市场竞争。智利市场主义的一个体现在于引入具有竞争机制的"高等教育质量改善项目"。高等教育质量改善项目是由教育部高教司下设机构牵头负责实施，该项目每年有5 000万美元的资金支持，用于支付各院校申请通过的项目。该经费制度与以往高等教育资金直接分配的方式不同，它将公立大学、私立大学、专业教育学院、高等技术培训中心放在同一个竞争平台，由学校根据自身发展需求提交项目申请，交由政府之外的评估机构对其进行评估，在评估中脱颖而出的项目及其所属院校将得到基金支持。该项目的实施对激发高校竞争活力、促进高等教育在适度竞争中良性发展起到了明显作用。除此之外，该项目还具有明显的政策倾向性与补偿性，通常倾向首都圣地亚哥以外地区的大学，这有利于进一步促进教育公平、缩小智利高等教育的区域差距。

第三节　高等教育的挑战和展望

伴随着 21 世纪以来的经济快速增长，智利成了最先加入经合组织的南美国家，但过度注重效率等工具性指标导致了对公平等价值性指标的忽视，智利也逐渐成为高等教育最不平等的成员国之一。未来智利高等教育要想获得长足发展，必须首先纠正其以市场为基础的弊端。

一、高等教育的现实挑战

（一）教育私有化的趋势亟待逆转

允许私人资本与市场力量介入，在智利高等教育扩张的初期确实起到了显著作用，但在要求教育实现内涵式增长与可持续发展的当下，教育私有化的弊端也不断显现出来。

首先，教育私有化趋势加深的弊端之一在于私立高等教育规模过度扩张造成教育的公共性被削弱。一味模仿经济市场运作逻辑的高等教育市场将高等教育资源作为一种消费品，削弱了高等教育的公共性，更削弱了国家在高等教育领域中的领导和干预作用。一个世纪以来，公共性一直主导着智利高等教育的政策取向，但私立性仅仅在十年里就向教育发展的核心领域推进。[1] 在关于政府在国家高等教育领域的领导职能和主导性意识形态方面，没有几个拉美国家经历过比智利更迅猛、更根本性的变化。

其次，教育私有化趋势加深的另一本质弊端在于当市场和资本过度介入高等教育时，它们所持有的将高等教育视为可购买和出售的消费品的观

---

[1] 列维. 拉丁美洲国家与高等教育：私立对于公立主导地位的挑战 [M]. 周保利，何振海，译. 北京：北京师范大学出版社，2016：107.

念破坏了高等教育的本质、学生的学习体验以及知识的生产。

最后，高等教育私有化的趋势加深，意味着高等教育不再主要被视为造福于社会所有人的公共物品，而是主要造福于个人的私人物品。"谁受益谁付费"的市场化逻辑将不断得到强化，这可能引发新一轮的学费上调。设想各国若将学费和生活费的负担更多地推到学生及其家庭的肩上，就有可能吸引最富有的学生而不是最优秀的学生，这意味着不能充分利用本国的人才，最终导致不平等永久化，阻碍社会流动。

（二）教育成本下移形势亟待重视

2016 年，智利本科第一学年的入学率为 57%，与经合组织国家的水平相似，[1] 高等教育入学机会不断被扩大。然而，这种过度扩大的主要原因在于弱势群体学生可通过贷款支付学费。例如，2005 年，智利官方创建了国家担保信贷，即以国家作为贷款担保人为所有在公立和私立机构就学的学生提供银行贷款。

助学贷款是基于成本分担政策的一项举措，不同于发展私立教育的目的之一是把一部分办学成本分担给经济市场，助学贷款试图改变公共成本和私人成本对高等教育贡献的平衡，让更多的高等教育成本由学生承担，本质上属于私人成本。贷款使得即使最贫穷的人也可以接受高等教育，还为私立大学获得更多营收以及提高学费创造了条件。然而，助学贷款是基于一个有争议的假设之上的，即高等教育具有较高的私人回报，但并非所有毕业生都能按照既有假设在结束高等教育后获得高薪工作。事实上，高等教育的主要受益者更有可能是来自中高收入家庭的孩子。这显然与投资收益的风险规律不完全吻合，加之智利高等教育正陷入质量危机，更加深

---

[1] LEIHY P, SALAZAR J M. The moral dimension in Chilean higher education's expansion[J]. Higher education, 2016 (8): 1-15.

了助学贷款的风险与弊端。教育成本下移直接导致学生及家庭的经济压力增加，其主要的副作用在于当债务压力达到一定的程度时，可能会阻止低收入家庭的学生申请大学。研究表明，来自更弱势背景的学生比来自更富裕背景的学生对净价格变化更敏感。[1] 未来教育成本分担政策将在多大程度上阻碍人们接受高等教育，及其对当下扩大教育参与努力的破坏，是一个值得深思的问题。

（三）教育不平等的局势亟待缓解

私立高等教育的过度扩张和高等教育入学率不断增长产生的主要弊端就是教育不平等的加剧，这无疑给智利高等教育的可持续发展带来了严峻的现实挑战。

在智利，社会阶层与高等教育机构的声望是互相关联的；此外，声望与质量也是相互关联的。[2] 学业成绩与学费是高校录取学生的两个筛选机制。从学业成绩层面而言，全国大学选拔考试与基础教育学科紧密相连，体现了高等教育公平性与基础教育公平性的相关性。在智利，中小学也有教学质量差异明显的公立学校和私立学校之分。研究结果表明，智利高考成绩最好的学生主要来自私人收费学校，其次是私立资助学校，最后才是公立学校。[3] 这就意味着从基础教育阶段开始，家庭社会经济背景处于劣势的学生就被排除在优质教育资源之外，他们进入高质量高等教育机构的难度更大。其次，这部分学生测试成绩不佳，更容易被分流至收费高、办学质量

---

[1] SANTIAGO P, TREMBLAY K, BASRI E, et al. Tertiary education for the knowledge society[R]. Paris: OECD, 2008: 182.

[2] 列维. 拉丁美洲国家与高等教育：私立对于公立主导地位的挑战 [M]. 周保利，何振海，译. 北京：北京师范大学出版社，2016：152.

[3] 教育部墨西哥、智利高等教育考察团. 墨西哥、智利私立高等教育发展考察报告 [J]. 浙江树人大学学报（人文社会科学版），2009，9（3）：21-25.

较低的私立高校，这进一步加深了这部分学生及其家庭在高等教育领域的挫败感和不平等境遇。考核方式的变革则引发了新一轮的教育不公。PSU（大学选拔考试，即智利高考）是自 2003 年以来智利推行的一种主要的大学入学测试方式，主要考察西班牙语、数学、科学和历史四个主要领域的知识[1]，超过一半的大学（克鲁奇大学和其他八所私立大学）的招生基于单一的 PSU 测试。有证据表明，根据 PSU 分数选拔学生是一种武断的方法，对有特权社会背景的学生更有利。[2] 考试方式的转变加剧了智利教育系统中的入学机会不平等。

二、高等教育的未来展望

智利的高等教育在过去 20 年中有了显著的发展。然而，随着教育规模的扩大，人们对教育质量和入学机会的担忧日益增加。适时汲取现实经验、应对现实挑战，对智利高等教育的发展和持续的繁荣至关重要。

从发展路径来看，需整合各教育主体意愿，凝聚教育改革共同愿景。教育发展战略是对教育发展的全局性、根本性和长远性问题的谋划和决策。智利要确保高等教育各系统在战略上协调，以便有效利用资源，实现公共目标，支持系统内部的学习者和研究人员充分发挥潜力，第一步必须是为高等教育的未来制定一个全面和一致的愿景，以指导未来中长期政策制定。

从发展结构看，智利高等教育正面临结构性变化，且这一变化与需求和供给两个因素紧密相连。就需求而言，家庭向高等教育提供资金支持时，会衡量成本与收益，期望获得较好的回报。因此，这些家庭会越来越多地

[1] TEFERRA D, KNIGHT J. Higher education in Latin America: the international dimension[R]. Washington: World Bank, 2010: 14.

[2] ESPINOZA O, GONZALEZ L E. Access to higher education in Chile: a public vs. private analysis[J]. Prospects, 2013, 43 (2): 28.

选择较短的技术生涯，作为平衡投资与收益的最好方法。就供给而言，专业与职业技术教育的招生状况不断改善。毫无疑问，这是智利家庭决策变化的结果，更多的家庭在衡量子女追求大学学位时可获得的质量和效益。

目前，智利正在探索从由传统和市场力量共同驱动的缺乏整体规划的高等教育体系转变为一个在政府强有力指导作用下由许多自主参与者联合构成的多元体系。这一转变有赖于制定包含各利益诉求主体不同目标的共同愿景，以及为实现愿景目标而制定的广泛战略。这一愿景将指导法律、法规和其他政策措施的制定，使智利高等教育朝着中长期目标持续迈进。从内部机制来看，需要厘清各教育机构系统责任，进一步加强系统间的相互联系。

毫无疑问，智利高等教育面临着全新的环境与重重的挑战，如何根据各方变化进行有效的改革，这是一个需要不断思考并在实践中不断检验的过程。同时，这一过程也需要多方力量的参与，绝不可能仅仅局限于教育领域。智利对高等教育未来发展的战略眼光也必须考虑到各教育机构应该如何相互协作，应该要求所有机构最大限度地承担责任，并找到进一步连接高中、技术培训、专业培养和大学教育的途径。从发展动力来看，需要寻求自身效率与质量的平衡点。教育平等是教育质量的体现，教育平等的发展程度是评价高等教育质量的重要依据之一。

第七章 职业教育

    智利是较早脱离殖民统治、进行现代化改革，并形成职业教育体系的国家。由于发展民族资本主义的需要，以及面对新的国际国内环境，解决自身经济、政治和社会发展问题的需要，智利于 20 世纪 50—60 年代逐步建立起国家职业教育体系，旨在培养资本主义发展所需的人力资源，提高工业部门的劳动生产率，最终实现本国教育现代化。总之，智利职业教育发展较好，在拉美诸国中处于领先水平。

第一节　职业教育的发展和现状

    智利的职业教育一般称为"职业教育与培训"，为方便论述，下文均称"职业教育"。智利职业教育经历了一个多世纪的发展，并在发展过程中不断改革，积极学习欧美国家的经验并开展职业教育国际合作。同时，智利的经济基础较好，经济活力较强，为职业教育发展提供了动力。智利职业教育已形成包括中等职业教育和高等职业教育在内的一套较为完整的职业教育体系。

一、职业教育的发展历程

智利职业教育自创建以来，经历了以权力下放和私有化为特征的改革发展，以及调整与深化等发展阶段。

（一）初创期（19世纪中期至20世纪60年代）

1849年，智利在圣地亚哥成立了工艺美术学校，该学校可视为智利最早的职业教育学校。该校的目的在于为早期的民族工业培养中级技术人员。该校于1947年成为国家技术大学。[1] 早期的职业学校借鉴了西班牙艺术与手工艺学校的模式，主要为了满足当时在南美盛行的以大规模生产为核心的福特主义生产模式的要求。除此之外，智利的职业学校在发展过程中也受到法国、美国和澳大利亚的影响，并从中获取了经验与启示。

从20世纪40年代开始，智利制定了一个新的面向未来发展的经济项目框架，旨在培养工业化和城市化所需的人力资源。此后，智利职业教育得到了大力发展。1941年，智利教育部成立了职业教育司，主要向女学生提供家政培训。

1965年，爱德华多·弗雷·蒙塔尔瓦政府首次尝试全面的教育改革。改革将中学教育减少到4年，延长了义务教育年限。在接受中等教育期间，学生可以选择学术轨道，也可选择学术–职业混合轨道。在课程方面，新的职业教育课程将通识教育与专业培训相结合。[2] 其中，最显著的变化是将职业教育纳入正规的中等教育，这样学生最终可以获得正式的中等教育证书，并且有资格接受高等教育。这项改革扩大了最贫困人口接受中等教育的机

---

[1] RAMBLA X, CASTIONI R, SEPULVEDA L. The making of TVET systems in middle-income countries: insights on Brazil and Chile[J]. Journal of education and work, 2020 (1): 67-80.

[2] SOTO M L. La reforma educacional Chilena de 1964: su importancia e impacto en el desarrollo nacional[J]. Revista de estudios y experiencias en educación, 2002 (1): 23-45.

会，减少了提前离校的人数，降低了适龄失学儿童的比例。与此同时，改革确立了中等职业教育是一种教育类型，旨在培养国家经济发展战略所要求的技术精英。

为了提高学生的劳动力技能，智利于 1966 年成立了国家职业培训学院。该学院负责规划和提供劳动力培训课程并保证培训方案符合国家的发展要求，以培养技术和职业行业的成年工人。在人民团结阵线执政期间，该学院由政府和工会管理。

20 世纪 60 年代后半期，智利职业教育经历了一体化和多样化的双重进程。就一体化而言，职业教育被纳入中等教育范畴，职业教育这种学习形式的有效性被重视。就多样化而言，职业教育的发展导致了专业科目的多样化和入学人数的大量增加，以及学习方案的更新。

（二）重大改革期（20 世纪 70—80 年代）

1970 年上台的萨尔瓦多·阿连德政府继续实施教育改革。新政府制定了一个雄心勃勃的教育改革项目，即"国家统一学校"，但这一计划遭到了保守派、部分媒体和天主教会的反对。阿连德的教育改革寻求消除中等教育学术轨道和职业轨道之间的课程差异，以及加强教育和职业之间的联系。该提案旨在将教育的目标和社会政治目标结合起来，支持以手工和智力融合为指导原则的教育新体验。但这一改革项目由于 1973 年的政变未能实施。

1973 年，皮诺切特上台。在军政府的统治下，智利选择了世界银行等多边金融机构倡导的新自由主义方案，实施了一种新自由主义的经济发展模式。国家主导的经济体制开始转向市场经济，出口的快速增长、经济的蓬勃发展，直接影响了包括教育在内的社会政策。

1988 年，智利建立了一项名为教育质量测量系统（SIMCE）的国家标准化测试。这项测试的目的是为家长充分提供不同学校的信息，以帮助他们做出知情的选择。教育推动经济发展的目标催生了对训练有素的劳动力的巨大需求，反过来也推动了职业学校的发展，职业教育随之迎来大变革。在职业教育领域，智利发起了一系列以权力下放和私有化为主要特征的改革。这一时期的职业教育打破早期的模式，崇尚自由市场的力量，国家减少了对职业教育的干预。职业教育由一个国家控制的系统逐渐转变为由市场力量主导的高度私有化系统。在高等职业教育方面，最大的成就是1981年以来专业教育学院和高等技术培训中心这两类高等职业教育院校得以创建并蓬勃发展，以满足职业高等教育和劳动力市场的双重需求。

（三）调整和深化期（20世纪90年代至今）

智利的民主过渡发生在1990年，政府试图将自由市场政策和社会政策结合起来。这一时期，智利政府在经济方面致力于稳定宏观经济、将经济增长与社会发展有机结合、注重实现经济、社会的协调发展。与之相应，在教育领域，智利对政府在教育中的作用进行了重新定位，在不放弃市场主导的前提下重拾政府的领导作用，通过大幅度增加公共资源、坚持政府主导、推行课程改革，缩小普通教育与职业教育的差距，提高教育质量，以期实现教育公平。市场机制保障个人自由和效率，而国家应支持教育机构，以便通过市场实现"人力资本开发、公民培训和更大的教育公平"的目标。

这一时期的教育改革旨在将中等职业教育整合成一个完整的体系。改革的主要目标是：第一，使职业教育与特定生产部门的要求保持一致；第二，推迟学生在学术和职业轨道之间做选择的时间，强调获得通用和基本技能；第三，改革教育体系，在中等教育的最后两年对学生进行集中专业化培训。然而，本次课程改革并没有解决职业教育的低劳动力市场相关性问题和低社会声誉问题。同样，尽管在这一时期采取了相关政策举措，但仍不足以形成一个连贯有力的职业教育体系。

2006 年，智利成立了总统教育质量咨询委员会，该委员会分析智利教育系统面临的挑战，并提出一系列政治改革建议。虽然职业教育在形式上是委员会职权范围的一部分，但却很少被关注。虽然中等职业学校也受到整体政策的影响，但实际上只有两项针对职业教育的政策措施被采纳并保留下来，即针对最弱势的职业教育学生的补偿性措施和为资源不足的职业教育学校增加公共资金。

2008 年，教育部决定成立职业教育与培训委员会，为职业教育制定一个全国性的改革议程。该委员会的主要政策建议与职业教育的传统人力资本思想一致。为了促进中等职业教育向高等教育的过渡，委员会建议采用一个全国性的资格框架，并在职业教育课程中更加强调 STEM[1] 教育。委员会还建议雇主提供更多的以工作为基础的学习机会，以更广泛地参与职业教育，同时给予职业教育机构更大的自主权，并通过质量保证机制和基于考试的问责机制加强国家的评估作用。同时，教育部内部设立了职业教育秘书处。在巴切莱特第二任政府期间，职业教育秘书处成为职业教育政策制定的重要参与者。

2016 年，由职业教育秘书处主导并与其他利益相关者进行广泛协商后，国家职业技术教育与培训政策由教育部批准并公布。该政策包括了来自职业教育与培训委员会的政策建议（国家资格框架、雇主参与职业教育规划、基于考试的问责制）以及新的举措。例如为低收入人群提供免费职业教育，将职业教育教师纳入一般的持续专业发展体系。与此同时，另一项落实的提议是成立职业技术教育与培训国家咨询委员会 [2]。该委员会的第一个行动是制定《职业技术教育与培训国家战略（2018—2030 年）》。该战略建议政府内部（教育部和劳动部）和政府外部（雇主和职业教育机构）在国家和

---

[1] STEM 是科学（Science）、技术（Technology）、工程（Engineering）、数学（Mathematics）四门学科英文首字母的缩写。

[2] 该咨询委员会由政府、工会、私营部门和职业教育专家代表组成。

地区层面进行更高层次的机构协调，重点是更好地支持职业教育学生毕业后的发展。

总之，20 世纪 90 年代以来，智利职业教育进行了一定的调整和深化，中等和高等职业教育均得到了较好的发展，职业教育学生人数也大幅提升。一方面，中等职业教育学生的数量与比例均大幅度增长，1991 年，中等职业教育学生达 255 396 人，占整个中等教育学生的 35.5%；1998 年，这一比例达到历史最高点 45.1%，学生人数为 397 673 人。[1] 另一方面，高等职业教育学生的人数和比例也快速增长，2009 年，智利高等教育学生总数约 820 000 人，其中综合性大学学生占 68%，专业教育学院学生占 21%，高等技术培训中心学生占 12%。[2] 进入 21 世纪后，智利在制定职业教育政策时普遍采用人力资本理论，侧重于职业教育如何更有效地为培训更合格的劳动力服务。

二、职业教育的现状

智利职业教育分为中等职业教育和高等职业教育两类，由教育部进行管理，依据《教育普通法》开展。教育部通过职业教育与培训全国委员会以及职业教育与培训委员会对职业教育进行管理。职业教育与培训全国委员会的任务主要是批准职业教育方案、计划和课程等。职业教育与培训委员会是由教育部组办的外部委员会，其职责是分析职业教育与培训的前期发展，提出实施措施以强化并协调职业教育与培训与当前社会、经济需求的关系。[3]

---

[1] COX C. Policies' and society's impact on vocational education: patterns of reform in Chile in the last quarter century[J]. Norrag news, 2007 (38): 59-60.

[2] CABREBA A M. Qualifications frameworks: implementation and impact: background case study on Chile[R]. Geneva: International Labour Organization, 2010: 15.

[3] 张广兵. 智利职业教育的改革与发展 [J]. 西南科技大学学报（哲学社会科学版），2015（4）: 10-14.

（一）中等职业教育

在智利，公民从 6 岁到 18 岁属于义务教育范畴，义务教育包括 8 年小学教育和 4 年中等教育。中等教育学校分为两种：一种是科学–人文学校，即普通中学，学生毕业后绝大部分报考大学；另一种是技术–职业学校，分工业、商业、技术和农业等门类，从这类学校毕业的学生既可参加工作，也可升入大学。在中等教育的前两年，学生学习相同的通识课程。在后两年（学生 16—18 岁），科学–人文学校开设普通轨道课程，技术–职业学校开设职业轨道课程，职业学校的学生根据他们的专业领域学习不同的课程。大约 2/3 的学生选择普通教育，1/3 的学生选择职业教育。职业教育深受工薪阶层学生的欢迎，大多数选择职业教育的学生来自社会经济状况较差的家庭，他们中的许多人将此看作选择工作时取得先机的一种方式。在智利，教师和父母已经形成了一种共识，即技术–职业教育是为社会经济背景较差、学业成绩较低、对未来期望较低的学生提供的。

技术–职业学校的课程包括每周 12 小时的普通教育和 26 小时的职业教育。在完成中学 4 年的学习后，学生获得中学毕业证书。为了获得职业教育证书，学生在中学毕业后必须完成一段时间的"工作场所培训"[1]，时间为480—960 个小时。小部分（4.5%）的学生遵循双轨制，即学校培训和工作场所培训交替进行。[2]

现行的技术–职业中学包含 46 个专业，与 14 个经济部门和职业领域相对应。这 14 个经济部门是：管理与国际贸易、五金工艺、电工、医药、建筑、伐木、采矿、制图、食品技术、服装、社会工作、酒店与旅游、农业、渔业。技术–职业中学在学生打下通识教育基础后，为学生开设新的职业课

---

[1] "工作场所培训"是指作为中等或高等职业教育系统一部分、由企业提供的实践培训。

[2] KIS V, FIELD S. Learning for jobs OECD reviews of vocational education and training Chile: a first report[R]. Paris: OECD, 2009: 12.

程，要求学生在毕业之前掌握特定专业所需的能力，为学生在某一行业就业做准备，而不是为某一特定工作做准备。其根据是，鉴于技术和职业的快速变化和市场的不可预测性，需要为学生适应市场竞争打好终身教育的基础。

1990—2007 年智利科学-人文学校和技术-职业学校 3、4 年级人数如图7.1 所示。

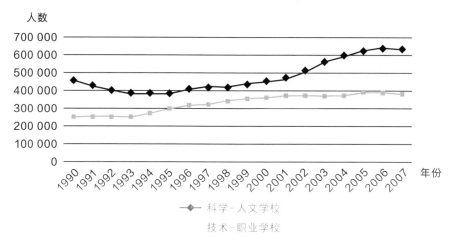

图 7.1 1990—2007 年智利科学-人文学校和技术-
职业学校 3、4 年级学生人数

（二）高等职业教育

20 世纪 90 年代初，更加自由的政策使建立私立高等教育机构成为可能，这加快了智利高等教育大众化进程。智利高等教育包括三类机构：大学、专业教育学院和高等技术培训中心。高等职业教育主要由专业教育学院和高等技术培训中心负责。目前，智利全国有专业教育学院 82 所，高等技术培训中心 156 个。这两类高等职业院校均为私立，有非营利性和营利性两种运营模式。这两类院校对人才培养和课程设置有很大的自主权，教育部只是对其给予一定的指导。相较于拉美大多数国家只有 14%—30% 的中学毕业生进入高等职业院校，智利有超过 40% 的中学毕业生进入高等职业院校。据统计，1990—2009 年，智利高等职业教育机构招生人数从 117 780 人增加到 299 604 人。[1] 2021 年 1 月的数据表明，高等技术培训中心入学人数占高等教育入学总人数的 11.36%，专业教育学院占 30.8%。[2]

在高等职业教育阶段，学制多样灵活，学位授予权情况如下。高等技术培训中心提供两年制课程，重在技术能力的培养，授予两年制的技术文凭。专业教育学院设有农业、建筑、商业等学科，提供四年制课程，不仅能够授予两年制的技术文凭，还能够授予四年制的职业学位。大学保留了颁发与 12 个职业（包括法律、医学、工程、药学、建筑等）相对应的职业学位的专属权力，并且还能够授予高等技术培训中心和专业教育学院的文凭和学位。高等职业教育的学生若想在理论和研究方面继续深造，可以进入高一级的本科学习，这就给选择职业教育的学生提供了发展空间，同时也体现了普通教育与职业教育的公平性。[3]

第二节 职业教育的特点和经验

根据经合组织的研究与分析，智利职业教育的发展主要在于其有充满活力的经济作为基础。1985—2007 年，智利 GDP 年均增长 6%。社会普遍认为教育和培训非常有价值，社会对教育有着强烈的需求，接受义务教育后阶段教育的人数快速增长，高中毕业率从 1995 年的 46% 上升到 2007 年的 71%。[4]

[1] ESPINOZA O, GONZALEZ L E. Access to higher education in Chile: a public vs. private analysis[J]. Prospects, 2013, 43 (2): 199-214.

[2] LóPEZ C A, FALABELLA A. The Chilean education system: between expansion and inequality[M]//JORNITZ S, do AMARAL M P. The education systems of the Americas. Cham: Springer, 2021: 18.

[3] 石美珊. 巴西、智利职业教育考察有感 [J]. 决策导刊，2014（4）：39-41.

[4] KIS V, FIELD S. Learning for jobs OECD reviews of vocational education and training Chile: a first report[R]. Paris: OECD, 2009: 12.

政府关于发展、改革职业教育和培训系统的承诺，已在职业教育与培训委员会的近期工作，以及创建职业教育与培训全国理事会等方面得到体现。总体来说，智利职业教育有诸多特点，其职业教育的发展不但得到社会的重视和支持，而且在权力下放与私有化过程中保持着一定的张力。

一、职业教育的基本特点

一是行业参与职业教育。人力资本理论认为职业教育对一国的经济发展具有决定性作用。职业教育是为经济发展服务的，职业教育所培养的人才应为行业企业所用，所以行业参与和支持职业技术教育是行业企业自身发展的需要，否则职业教育培养出的人才与行业的需求将是错位的。在智利，行业参与了职业教育的发展，其具体做法是，加强职业学校与企事业部门的联系，使职业教育直接与劳动生产挂钩，将一部分中等职业学校委托给生产部门或私人企业办理，政府教育部门只对其进行监督和检查。

二是积极学习和借鉴发达国家的职业教育经验。1991年，智利和德国开启了职业教育方面的合作，1992—2004年，智利教育部与德国服务培训与就业部门开展合作，将德国的"双元制"职业教育模式引入智利职业教育。智利通过与发达国家开展职业教育合作，推动了本国职业教育的整体改进与质量提高，使得职业教育辍学率下降，毕业生薪水、工作机会、进入大学机会增加。

三是职业教育专业和课程围绕经济市场和行业的需求进行设计。职业教育是一种与市场和经济互动的教育，因此职业教育的专业设置、培养方案和课程内容是动态发展的，产业结构的变化、新技术的发展以及新工艺的变革，都要求职业教育系统与之密切配合、及时跟进。例如，智利宗座天主教大学商业管理学院为使课程与经济密切接轨，每个专业都配备有专门的课程研发团队，主要负责对经济市场进行追踪、调研和分析，从而及时调整、更新课程内容和教学方法。

四是教育体系普职贯通。职业教育的普通化、普通教育的职业化是全球教育发展的趋势。鉴于知识社会对人的全面发展提出新要求，智利对职业教育进行了重大改革，要求职业教育内容增加通识知识比重，并与学生的生活相关联。智利在初等教育阶段增加了技能课，重在培养学生的沟通能力、合作能力与问题解决能力。同时，智利在中等教育阶段重新构建了普通教育与职业教育体系，以前连贯的 12 年教育计划被重新划分为两个周期，即为期 8 年的基础教育阶段和为期 4 年的中等教育阶段，中等教育阶段分为 4 年制科学-人文学校和 4 年制技术-职业学校。经过改革后，智利中等教育结构与法国的模式相类似。无论是科学-人文学校还是技术-职业学校，所有学生在前两年均学习相同的通识课程，随后科学-人文学校的学生继续通识教育的学习，但也会继续学习部分职业教育的课程；同样，技术-职业学校的学生在后两年主要学习职业教育课程，同时继续学习部分通识教育课程。对于技术-职业学校的学生来说，这意味着将原来 4 年的职业教育压缩为 2 年，他们将有更多的机会学习通识知识。智利通过对中等教育阶段进行细致划分，对中等教育课程进行合理重组，改变了传统中等教育阶段中普通教育和职业教育非此即彼的二元对立现象，使教育体系普职贯通。由此，在中等教育的后两年，技术-职业学校的职业教育课程占 2/3，通识课程占 1/3，职业教育学生的文化和通识素养得以提升，为其今后更好地发展打下坚实基础。

二、职业教育的主要经验

一是在全社会形成重视职业教育的氛围。一般而言，社会经济发展需要高素质的技能型人才，而智利面临的现实是企业出现了"职业人才荒"。这与社会的就业观念和教育观念有关，也与职业教育的办学质量、社会声誉有关。职业教育难以满足企业对高级人才的需求，不可忽视的一点就是职业教育的生源较差。这样，职业教育容易形成一个恶性循环，即职业教育质量不高，就难以吸引到优秀的生源，而没有优秀的生源，职业教育质量就难以提高，职业教育的社会声誉也就难以提高。自 2014 年起，智利政府发起了许多重大教育改革，认识到了职业教育机构及其学生的需求和特殊性，强调职业教育的重要性，即职业教育要帮助年轻人为经济和劳动力市场需求做好准备，让职业教育在智利国家改革中扮演重要角色。[1]

二是在权力下放与私有化过程中保持一定的张力。在国际上，智利教育体系被认为是实施所谓新自由主义教育改革的典范。智利是世界上引入市场化、自由化和私有化机制最彻底、时间最长的国家之一。但随着时间的推移，智利的教育准市场并没有对教育质量产生显著的改善作用。相反，职业教育在市场化与私有化过程中，未能很好地处理市场力量与政府作用、私人企业与公共部门等关系，出现了将职业教育直接抛给市场，放弃政府作用的情况。因此，智利政府不得不进行调整，重新定位政府在职业教育中的作用，在不放弃市场主导的前提下重拾政府的作用。

三是完善的工作场所培训机制。职业教育知识和技能的获得与否与练习和实践有着密切的联系。学生要真正理解一个概念和学会一种技能，必须通过练习，即反复训练才能得以实现。所以职业教育中实习实训的设计和安排，以及行业实践尤为重要。智利工作场所培训是其职业教育系统的重要组成部分，为职业教育学生磨炼技能、走上工作岗位打下坚实的基础。

四是较为健全的质量认证框架。智利在构建全国性质量认证系统方面

---

[1] ZANCAJO A, VALIENTE O. TVET policy reforms in Chile 2006—2018: between human capital and the right to education[J]. Journal of vocational education & training, 2018 (4): 1-21.

有着长期的实践，自 1999 年以来多次尝试建立一个连贯、系统的认证计划。
2002 年，在职业教育质量计划中形成了制度化的全国性质量认证系统。在
职业教育质量框架方面，最初的尝试始于 2003 年，智利基金会在构建智利
质量计划的背景下，与经济、就业、职业资格研究与文献中心签订合作协
议。制定全国性的质量框架是为了协调培训系统，使之符合生产部门和劳
动力市场的需求。全国性的质量框架于 2009 年 9 月由教育部正式颁布，此
后开展了一系列的制度改革以支持该质量框架的实施。

第三节 职业教育的挑战和对策

自 1989 年以来，智利政局稳定，政府更迭有序，经济政策和各项法律
延续性十分稳固，社会治安亦排在拉美国家前列。在此背景下，智利职业
教育经历了较大的发展，同时也面临着一系列挑战。为应对职业教育发展
过程中的挑战，智利实施了一系列具有针对性的措施。

一、职业教育的现实挑战

智利职业教育经历了以权力下放和私有化为特征的改革，以及应对私
有化改革所带来的问题及时进行调整与深化的阶段，为智利经济发展做出
了巨大的贡献。然而，当前智利职业教育仍面临一系列挑战。

（一）学生基本能力不足

一方面，智利 15 岁学生的阅读和数学能力达不到他们应有的水平，这

是职业教育的一个特殊问题。来自国际学生评估项目的数据表明，智利很大一部分学生的阅读和数学能力较弱。大约 1/3 的 15 岁学生处于 1 级或 1 级以下水平，缺乏必要的阅读技能，难以进行终身教育。此外，智利学生在 16 岁时开始学习中等职业教育课程，由于阅读和数学能力不足，他们在进入中等职业教育时不具备必要的基础。另一方面，中等职业教育学生接受高等教育存在困难。虽然超过 90% 的中等职业教育学生渴望接受高等教育，但许多人对此准备不足。尽管一些高等职业教育机构（通常是专业教育学院和高等技术培训中心）不要求高考成绩，但高等教育的录取通常以高考成绩为依据。一般而言，中等职业学校学生的高考得分明显低于普通中等学校的学生。此外，许多被高等院校录取的职业教育学生由于基本能力较弱，也难以适应高等教育课程的内容。

与此同时，由于智利职业教育体系的各个要素之间的联系薄弱，目前还没有系统的机制来评估职业教育的学习效果。换言之，智利目前没有对职业教育学生的职业能力进行系统评估，因此很难确保培养的学生都能获得行业所需的一系列能力。因此，无论是在满足劳动力市场要求方面，还是在进一步学习深造方面，职业教育的毕业生都不具备足够的基本能力。

（二）职业教育与行业之间缺乏整合

智利职业教育系统所面临的最大问题，可能是职业教育与所对应的行业之间缺乏整合。职业教育系统对学生的就业指导相对薄弱，同时缺乏将职业教育人才供应与劳动力市场需求结合起来的机制，职业教育与行业之间契合度不高。首先，从历史上看，在智利，无论是单个企业还是雇主协会都没有在建立职业教育系统中发挥积极作用。在高等职业教育层面，雇主在确定技能需求、制定方案和监测毕业生方面缺乏必要的参与。其次，在国家和地区层面，智利缺乏系统地确定劳动力市场需求的机制。在智利，尚不清楚培训提供者是否明确公司对技能的要求，特别是劳动力市场对新毕业生技能的要求程度。[1] 这使得中等和高等职业教育机构难以确保职业教育充分满足劳动力市场的需求。此外，智利的工作场所培训质量保障机制薄弱，对毕业生完成工作场所培训的激励措施不足，对工作场所培训缺乏一定的重视，并没有视之为一个宝贵的学习机会。同时，工作场所培训并没有被纳入职业教育课程中，只是被视为对前两年所学知识的应用。

（三）不平等现象加剧

教育平等是教育要达到的目标，也是教育顺利开展的重要前提。职业教育亦是教育平等重点关注的领域，只有推动职业教育平等，职业教育才能有序发展。智利职业教育权力下放和私有化的改革，虽取得了减少中央政府教育支出、使教育经费来源多元化等成果，但是也带来了地区间职业教育水平差异加大、职业教育不平等现象加剧等问题。同时，基础教育是在教育券模式下运作的，在这种模式下，职业教育提供者的财政可持续性完全取决于他们刺激家庭入学需求的能力，这势必导致职业教育领域的不平等。[2]

二、职业教育的应对策略

智利在应对职业教育的挑战方面采取了积极应对策略，这些策略成为智利当下和未来一段时间职业教育的发展方向，也是智利职业教育领域重点要做的工作。

---

[1] TEDESCO J C. Educación y sociedad en América Latina: algunos cambios conceptuales y políticos[J]. Revista colombiana de educación, 1993 (27): 50-63.

[2] ELACQUA G. The impact of school choice and public policy on segregation: evidence from Chile[J]. International journal of educational development, 2012 (3): 444-453.

（一）实施国家资格框架

国家资格框架是一个国家建立在普通教育、职业培训和继续教育之间的相互沟通和衔接的基本标准及制度体系，用于统一规范教育资格证书、职业资格证书及培训证书等，是一个国家人力资源开发和配置的基本标准，在沟通教育领域和劳动力市场中发挥着"建通道""促融通""降成本"等重要作用。国家资格框架已经被智利引入，并正在成为智利职业教育改革的对策之一。当然，实施资格框架需要得到智利各利益攸关方的广泛支持，并辅以其他措施确保其有效性，以创建一个连贯的职业教育体系。

（二）提升职业教育学生综合能力

现代社会中，综合能力的重要性不言而喻。越来越多的工作，包括蓝领工作都要求具备综合能力。近年来，智利致力于让职业教育为通识课程留出足够的空间，并尽量提供高质量教学培养学生的综合能力；继续努力通过基础教育提高智利学生的综合能力；系统地甄别职业教育中在读写和计算方面存在困难的学生，并提供针对性帮助。同时，智利重视运用工作场所培训提高职业教育学生的综合能力。一般而言，综合能力很难脱离真实工作场所而获得和发展，工作场所培训则提供了良好的契机，有利于培育学生的创业精神，促进他们的专业成长，并培养他们的综合能力。

（三）积极建立职业教育与行业间的联系

职业教育与行业之间的合作伙伴关系在促进职业教育发展及满足劳动力市场需求方面发挥着非常重要的作用。智利实施了一系列措施旨在建立职业教育系统与行业之间的系统磋商架构，允许其在部门和地区层面进行磋商、沟通，积极构建职业教育与行业的联系。一方面，积极与雇主建立联系，寻求雇主对职业教育适应新要求的指导意见，将雇主纳入职业教育政策制定过程中，以确保政策的成功实施。同时让雇主更加了解职业教育的政策背景和制度设置，推动雇主与职业教育系统建立合作关系。另一方面，积极完善工作场所培训机制。智利系统地构建职业教育各个环节的工作场所培训机制，推动职业教育机构与行业之间建立伙伴关系，建立有效的工作场所培训质量标准体系并进行质量控制，确保工作场所培训的成效是实质性的，而不仅仅是获得工作经验。

（四）推动实现职业教育平等

近年来，智利政府在世界银行的资助下，制定了六年中期战略计划，其目标在于改进教育质量并使其更趋平等。这一计划通过改进机构评估和提高课程的选择性，以改进教育的适应性、质量和平等性。同时，智利开始对公立和私立大学进行资助。公立大学学生的学费由政府资助，私立大学将学生按家庭收入情况，从低到高依次分为五类（每类各占学生总数的20%），其中前两类学生可以得到政府全额助学金，第三类可获得全额贷款，第四类可获得部分贷款，第五类需要全额缴费。这种资助政策在一定程度上可以确保贫困学生顺利进入高等院校深造。为了更好地促进高等教育机会平等，扩大对包括高等技术培训中心和专业教育学院在内的私立教育机构的学生的公共资助，智利教育部于2006年启动了国家担保信贷，并增加了一项专门针对技术和职业学生的奖学金。

第八章 成人教育

成人教育主要是指以社会成人为教育对象，以满足成人的社会发展需求和促进成人的个性发展为目的而开展的各种层次和各种类型的教育培训和教育活动[1]。智利成人教育包括扫盲、成人基础教育、成人职业教育、成人开放教育和在线成人教育等。自 20 世纪 80 年代起，智利广泛采用各种远程教育手段，普及成人基础教育并开展职业培训。随着信息技术和第四次工业革命的突飞猛进，生产手段、生产方式、就业条件不断改变，智利愈加重视成人教育的作用和职能，成人教育的影响也愈来愈广泛而复杂，社会经济发展给智利成人教育带来挑战的同时，也展现了广阔的发展前景。

第一节 成人教育的发展和现状

20 世纪 80 年代之前，智利在教育行政上采取的是中央集权制，国家干预并主导教育的发展，教育由国家主办，国家还对私立教育进行资助，基础教育的主要责任集中在中央。智利的成人教育主要由公共教育部、全国职业培训学院和农村教育学院三个主要机构负责。[2] 公共教育部设成人教育

---

[1] 杨汉清. 比较教育学 [M]. 3 版. 北京：人民教育出版社，2015：408.

[2] 关世雄，张念宏. 世界各国成人教育现状 [M]. 北京：北京出版社，1986：491.

司，负责协调全国的成人教育工作，各大区有成人教育协调员，各省有成人教育巡视员，分别负责大区和省的成人教育协调工作。[1]

一、成人教育的发展历程

受长期殖民统治影响，与欧美发达国家相比，智利的成人教育起步较晚，发展历史不长。根据其发展历程，智利成人教育大致可划分为以下三个阶段。[2]

（一）初创时期

由于长期受殖民统治影响，智利从 19 世纪初摆脱殖民统治取得独立后，经济发展水平仍十分落后。进入 20 世纪以来，智利逐渐增强了民族意识，民族工业迅速兴起，尤其是采矿业取得了长足的发展，极大地促进了本国经济的繁荣。在欧美等西方国家经济发展模式的影响下，智利的经济结构也发生了变化，社会经济水平显著提升，人们生活水平明显提高，为国家加速对教育的重大改革和经济投入奠定了基础。此时教育改革的主要内容为加强国家对教育的领导，完善各级教育制度，普及义务教育等，其核心是建立和实行义务教育制度，普及初等教育。尽管当时还没顾及成人教育，但是，1920 年《小学义务教育法》颁布，规定职工有享受小学教育的权利，并确定了公民受教育的最低年限，这无疑为智利成人教育的产生与发展奠定了基础。到 20 世纪 50 年代，成人教育越来越引起国家的广泛关注，并逐渐向制度化发展。国家先后以不同形式开展了成人补充教育

---

[1] 张维. 世界成人教育概论 [M]. 北京：北京出版社，1990：593.

[2] 曾昭耀，石瑞元，焦震衡. 战后拉丁美洲教育研究 [M]. 南昌：江西教育出版社，1994：347.

和扫盲教育。总之，在这一时期，智利充分认识到成人教育的重要性和建立成人教育体系的必要性，为后期成人教育的发展奠定了坚实基础。

（二）制度化时期

20 世纪 60 年代以来，智利在发展本国经济的过程中，采取了许多措施，并制定了社会经济发展复苏计划，推动陈旧工业向现代工业发展。产业结构的变化向就业市场提出了新的要求。为满足现代化发展需要，进一步推进现代化进程，国家对土地、税收、住房、卫生、福利、教育等进行全方位改革，智利成人教育进入了制度化时期。

1. 政府的政策支持

一是建立成人教育领导机构。为了使成人教育走向制度化，智利在教育部下设成人教育局，并由教育专家担任成人教育局局长，直接向教育部副部长报告。成人教育局的主要职责是制定国家成人教育发展规划和成人教育年度预算，了解成人教育的各种需求，制定课程方案和教材计划，配备人员，为从事成人教育的人员提供在职培训，搜集、公布和统计资料，保持与国际组织及非官方组织的联系，等等。

二是健全成人教育法律法规。20 世纪 60—70 年代，国家以立法的形式对教育进行了全面改革，包括实施成人教育的一系列法律规定，将成人教育计划纳入国家发展规划中，成人教育在法律上得到了保障。1968 年，智利颁布法令，开设成人文理中学，并具体规定了这类学校的教学计划、办学原则和相应的评价标准。[1]

三是成立成人教育学术组织。20 世纪 70 年代初，智利成立了成人教育

---

[1] 曾昭耀，石瑞元，焦震衡. 战后拉丁美洲教育研究 [M]. 南昌：江西教育出版社，1994：350.

协会，并由国家成人教育领导担任协会主席，协会成员则由政府聘任，主要由成人基础教育的教师或扫盲教师组成。成人教育协会、成人联合会及世界成人教育大会定期举行会议，为智利成人教育官员及教师提供了交流、学习的平台，他们一起讨论成人教育共同面临的问题，总结成功经验。此外，智利设有国际在职训练中心和教材中心，类似机构和组织在促进成人教育国际交流发展中也发挥着重要作用。

2．国际组织的援助

在制度化时期，有两个国际组织对智利成人教育产生了巨大影响：一个是联合国教科文组织，另一个是美洲国家组织。

联合国教科文组织在帮助智利扫盲、成立成人基础教育培训机构和开展活动方面发挥了很大作用。在联合国教科文组织以及美洲国家组织的支持下，拉美地区成人教育与扫盲中心成立。该中心主要培训扫盲教师和成人文盲，对成人教育的制度化和专业化产生了巨大影响，成为智利成人教育师资培训的一个重要基地。

美洲国家组织在智利成人教育的发展中也发挥了很大作用。1968年，美洲国家组织在美洲文化委员会第五次会议上，制定了拉美地区教育发展计划。该计划的主要目标是通过联合拉美各国的力量来提高教育质量。这对智利加速发展成人教育、改善成人教育管理和提高成人教育质量以满足经济、文化、社会发展的需求起到了重要作用。

另外，非政府组织的支持对智利成人教育制度化也起到了很大的促进作用。1975年，国际成人教育理事会制定了"拉美计划"。该计划的目的是帮助建立拉美地区的成人教育机构、促进各国成人教育的组织和活动，有效地增加了政府部门与非政府部门之间的联系与合作，极大地推进了智利成人教育的发展。

（三）新发展时期

经过前两个时期的发展，智利的成人教育体系已初步形成，并于 20 世纪 80 年代初步入一个新的发展时期，这一时期发展的特征主要是终身教育思想贯穿了成人教育。终身教育思想对成人教育乃至整个人类教育的影响都是深远的，它为人们思考成人教育的价值和地位、成人教育活动开展的原则、成人教育对个体全面发展的作用、成人教育在整个人类社会生存中的意义等问题提供了新的空间，也为成人教育实践深入到为个人全面发展服务并成为人们的生活方式提供了理论基础。智利将终身教育作为一种主导思想并努力付诸实践，颁布了《终身教育计划》和《终身教育法》，将成人教育纳入终身教育体系，并将终身教育的理论作为成人教育的理论和实践基础。随着对终身教育思想研究的深入，成人教育不断发展，智利也创办了综合性的成人教育机构。总体来说，这一时期智利的成人教育逐渐从重视成人基础教育向重视职业教育方向发展，并向丰富生活、适应未来工作方向过渡。成人教育日益趋向与成人的日常工作与生活结合，成为促进人类社会和人类自身发展的重要途径。

二、成人教育的现状

智利《宪法》规定，教育的目的是全面开发人在各个生长时期的智力。国家实行义务免费基础教育保证每个公民都有受教育的机会，把发展教育列为国家"最重大的责任之一"，在社会发展计划中处于优先地位。自 1980 年起，智利广泛采用各种远距离教育手段，普及成人基础教育，开展职业培训。1984 年初，智利政府又通过了成人基础教育和成人基本技术教育两项计划。成人基础教育相当于普通基础教育 1—4 年级水平，学习期限为 250 个学时，对象是 15 岁以上失学或辍学的青少年。成人基本技术教育的内容为西班牙语、数学、社会科学、自然科学、外语，以及专业技术课，对象是 18 岁以上，受过小学 4 年级以上、初中 2 年级以下基础教育的成年人，总学时为 2 560 个课时。1979 年，智利 14 岁以上的人口中有 10% 为文盲，经过全国性扫盲运动，1983 年文盲比例下降到 6%，受到联合国教科文组织的表彰，获得了 NOMA 奖金奖状。[1] 随着信息技术和第四次工业革命的突飞猛进，智利愈加重视成人教育的作用和职能，成人教育也因此有了更加广阔的发展前景。

（一）教育目的

尽管对成人教育的目的说法各异，但多数人认为成人教育的目的在于满足成人的需要。美国成人教育理论家达肯沃尔德和梅里安则将成人教育的目的总结为：为了培养智力；为了社会进步；既为了个人成长也为了社会进步；为了引起社会秩序的变革；为了提高工作效率。[2] 从智利制定的国家成人教育计划来看，其成人教育的目的主要体现在以下几个方面。

首先，满足社会需求。成人教育的需求随着社会经济的发展而日益增加，成人接受教育的需求或由成人自己提出，或由政党、教会、群众团体转达。在这种多样化需求下，国家采取了各种措施发展成人教育以满足社会需求。

其次，提供和改善成人受教育的机会。智利《宪法》规定，人人具有平等的受教育的权利，对于那些由于种种原因未能上学或中途退学的成人，社会有责任提供最基本的基础教育以提高他们的文化素质。对有基本读写能力又具备实际工作经验的人，国家会提供中等乃至高等教育的机会。

---

[1] 关世雄. 成人教育辞典 [M]. 北京：职工教育出版社，1990：488-489.

[2] 关世雄. 成人教育辞典 [M]. 北京：职工教育出版社，1990：155-156.

最后，解决贫困、失业、低生活水准等社会问题。智利已将成人教育作为解决社会问题的重要战略之一，同时加强成人职业技术训练以应对市场和社会经济职业结构的变化。

总之，智利通过各种办法，尽力使成人得到更好的教育，从而增加成人在劳动力市场中的机会。

（二）教育对象

与发达国家相比，智利成人教育对象所处的社会经济地位层次相对较低，所具备的文化技术水准也低。在这样的情况下，智利成人教育的重点与发达国家不同也就不足为奇了。总体来说，智利成人教育的对象主要为农民、城市贫民、土著居民、低阶层的个体职业者、城市中竞争性较强的行业和服务行业中低工资的工人、以及城市工业领域的中下层职工等。

（三）主要教育机构

智利成人教育主要由公共教育部、全国职业培训学院和农村教育学院三个主要机构负责。公共教育部历来注重发展成人教育，很早就建立了一个成人教育系统。在这个系统中，扫盲教育仍是主要的组成部分。全国职业培训学院成立于1966年，归全国生产发展联合会领导。该学院最初只同工业部门的生产活动相联系，20世纪60年代以后，其职业培训活动扩大到了农牧业、矿业、渔业以及服务业等部门。全国职业培训学院除开设培训课程、提供普通文化课程和专门化课程之外，还开设青年学徒课程，培训自己的教学人员。青年学徒课程采取劳动和学习相结合的方式，同时坚持开设普通文化课程。农村教育学院也是20世纪60年代成立的成人教育机构。该学院主要目标是提高农民的文化教育水平，把他们培养成农村发展的积极参加者和主人翁。除了以上三大机构之外，各大学、政府部门以及其他机构也都根据需要开展成人教育。

（四）教育类型

自 20 世纪 70 年代起，智利成人教育逐渐制度化，成为智利国家教育体系中与正规学校教育体系平行发展的一个重要组成部分。从成人教育的目的、对象、任务、内容及设施来看，智利成人教育大体可划分为成人扫盲教育、成人基础教育、成人职业技术教育、成人开放教育以及在线成人教育等几种类型。

1. 成人扫盲教育

扫盲教育是成人教育系统的主要组成部分。扫盲只是成人教育的一个"片段"，一个因素。[1] 由于智利长期遭受殖民主义统治和西方资本主义国家的控制，文化教育落后，经济发展畸形，文盲成为一个严重的历史遗留问题。1971 年，智利公共教育部组织大批志愿人员，发起了大规模的扫盲运动，计划在当年扫除文盲 24 万人，约等于当年文盲总数（70 多万人）的三分之一。扫盲教育的重点是训练文盲的实用读写能力，以解决在社会生活中遇到的实际困难。经过持续努力，1980 年代，智利将文盲人数由 1970 年的大约 70 万人降到 40 多万。[2] 智利政府还采取了一系列措施使扫盲教育取得了很大成果。1979 年，智利 14 岁以上人口中有 10% 为文盲，经过几年的

---

[1] 联合国教科文组织国际教育发展委员会. 学会生存：教育世界的今天和明天 [M]. 华东师范大学比较教育研究所，译. 北京：教育科学出版社，1996：249.

[2] 关世雄，张念宏. 世界各国成人教育现状 [M]. 北京：北京出版社，1986：491.

扫盲运动，到 1983 年就下降至 6%。[1] 另外，智利政府也十分关心聋哑人，为他们开办专门的学校，使他们同样得到受教育的机会。

2．成人基础教育

如果说扫盲教育主要是针对过去没有机会上学的人，那么成人基础教育的主要对象是曾经上过学，但由于种种原因而中途辍学的那些人。这些人虽受到过一定的教育，但与社会发展的要求相比仍相差甚远。如何使这些人重新有机会接受教育以便更好地投入个人的劳动生活和国家的社会、文化、经济活动，这是智利十分关注的一个问题。因而，在结束大规模扫盲运动之后，成人的基础教育逐渐成为该国成人教育的一个重点。

智利《宪法》规定，国家实行免费基础教育，保证每个公民都有受教育的机会。[2] 1984 年，智利政府颁布了《成人初级技术教育条例》。初级技术教育也被称为"基本教育"。同年，智利实施了成人基础教育计划，目的是帮助处于文化、社会、经济结构不利处境的人们获得道德、文化、职业方面的基础教育，使他们具有现代社会所需的基本文化素质。国家通过教育部政策和发展计划来促进成人基础教育的实施，力图使那些尚未达到小学毕业水平的人和中学尚未毕业即工作的人完成学业。智利成人基础教育涉及基础文化知识、基础技术以及手工艺、艺术等方面的内容。

3．成人职业技术教育

20 世纪 60 年代以来，随着经济的发展，智利经济结构也发生了很大的变化。为了适应经济发展的需求，智利调整教育结构，引进了先进的

---

[1] 张维. 世界成人教育概论 [M]. 北京：北京出版社，1990：593.

[2] 张维. 世界成人教育概论 [M]. 北京：北京出版社，1990：594.

技术设备，淘汰了一些落后的旧工艺，因而急需大量的技术人才和熟练劳动力。为了解决人才缺口，智利一方面在正规教育体系中开辟职业技术教育，增设职业技术课程；另一方面，对在职的青年人进行在职培训，因为他们已具有初等或中等教育程度，又有一定的工作经验，只要对他们进行一定的培训，很快就能适应新的工作环境。目前，智利已建立起较为完整的成人职业技术教育体系。

4．成人开放教育

智利的成人开放教育主要是以广播、电视、函授等方式，为满足愿意继续学习的成年人的不同需求而提供的教育。随着现代电子信息技术的发展，在教育民主化思潮的影响下，智利广播、电视等电教媒体也更广泛地应用于教育领域，助力国家开放教育的进一步发展。在 20 世纪 70 年代后期，智利为了满足不断增长的高等教育需求，建立了一批开放大学。智利对成人进行开放教育的学校主要有以下三种类型：一是独立的开放大学，这类大学对招收的学生只进行远距离教学，包括定时的辅导，旨在为未能上大学的中学毕业生和在职成人提供接受高等教育的机会；二是在传统的高等院校内设置远距离教学部或函授部，对成人进行继续教育；三是由国家通过电视台、电台建立广播电视教育中心，在不同频道不同时间授课，供各种职业人群选择，为广大成人提供接受高等教育的机会。

5．在线成人教育

2013—2018 年，智利在线成人教育人数增长了 266%，3.5 万多人在线接受成人高等教育，约占智利高等教育入学总人数的 3%。参加远程教育的学生可以自由安排时间，随时查看视频、文本或音频学习材料。在线教育课程质量的不断提高、网络学习平台的快速发展以及自学文化的流行都加速了智利在线教育的发展。[1]

第二节　成人教育的特点和经验

从成人教育发展的整个过程及其现状来看，智利成人教育不仅具有许多特点，而且具有一些值得推广的经验。通过对智利成人教育特点和经验的梳理，不难得出成人教育发展的若干趋势。

一、成人教育的基本特点

随着科学技术加速发展和国际经济一体化格局的形成，智利成人教育呈现出以下特点。

一是成人教育体系法制化。在许多国家，成人教育的基本原则、基本制度与行政制度都是用法律条款来控制、监督与调节。[2]智利在发展本国经济的过程中，采取了许多措施，并制定了庞大的社会经济发展复苏计划，成人教育不但以立法形式予以保障，而且还建立了一系列的配套法规，在成人教育管理上越来越专业化。从宏观上看，智利成人教育正逐步形成自身的理论体系、专业组织，并开展学术研究；从微观上看，智利从事成人教育的教学人员、行政管理人员和教学管理工作也越来越专业；从外部保障机制上看，智利成人教育的办学主体越来越规范、成人教育的课程设置

---

[1] 人民网. 智利在线成人教育快速发展 [EB/OL]. （2019-03-20）[2022-08-29]. http://world.people.com.cn/GB/n1/2019/0320/c1002-30984377.html.

[2] 杨汉清. 比较教育学 [M]. 3 版. 北京：人民教育出版社，2015：417.

越来越科学。

二是成人学习理念终身化。终身教育的思想在欧洲乃至全世界已成为一种重要的教育思潮。终身教育包括教育的一切方面，指的是人们在一生中所受到的各种教育的总和。终身教育是一个整体，所有的教育部门都整合在一个统一和互相衔接的制度中。这个体系并不排斥学校教育，而是把它包括在其中，成人教育也是它的组成部分。从时间上来说，终身教育突破了学龄时期和工作时期的界限，一个人随时都需要和可能受教育，目前智利许多高校已取消了年龄的限制，向所有求学的人敞开大门；从空间上来说，终身教育包括家庭、学校和社会等一切可利用的教育场所和方式，智利终身教育突破了正规学校的各种限制，函授大学、广播电视大学、网络教育、开放大学等都已成为适宜的学习形式。

三是办学方式和手段多样化。智利成人教育已形成多形式、多层次、多序列的教育体系，由过去的扫盲、识字、中小学补偿性学历教育发展到本科、硕士研究生、博士研究生等高等学历教育。成人教育在办学主体上也呈现多样性，不仅政府直接举办各种成人教育，社会各界也积极参与兴办成人教育。成人教育形式和学习方式灵活多样，形成了课堂教学、电视教学和网络教学等多种模式，学习形式有业余、脱产、在职进修等。在教学手段上，智利成人教育已普遍采用现代化手段，主要包括现代化视听设备与现代信息处理技术两大类。

二、成人教育的主要经验

经过长期的历史演变，特别是二战后的广泛发展，智利成人教育积累了一些成功经验。

一是依靠立法来确保成人教育的实施和发展。重视和制定法律法规是促进成人教育事业发展的重要措施，也是政府干预、管理、控制成人教育的一个重要手段。智利在发展成人教育的过程中，已充分认识到成人教育立法的重要性。智利成人教育主要由公共教育部负责。公共教育部下设成人教育司，负责协调全国的成人教育工作。各大区有成人教育协调员，各省有成人教育巡视员，分别负责大区和省的成人教育协调工作。[1] 智利制定了各种专门的法律规定，使各项措施合法化，其中明确了成人教育的目的、任务、对象、机构、管理、类型、课程以及与正规学校教育的关系等内容。有的法律规定还专门对成人教育的经费做出规定。在法律的保障下，智利政府通过制定发展和实施计划，建立各种机构开展教育，有效地保证和促进了成人教育的发展。

二是发挥国家在成人教育发展中的主导作用。为了保障《宪法》所规定的人人都享有受教育的权利，以及从满足社会需求、社会发展的战略角度考虑，智利政府通过建立各种类型的成人教育机构、调拨专用资金、培训成人教育教师、在教育部设立专门负责成人教育事务的机构和制定各种计划等方式，对成人教育的实施和发展起到了主导作用。从发展趋势来看，在制定全国成人教育发展规划、筹集资金等方面，国家仍将发挥重要作用。然而，由于对成人教育的关注日益增强，各地区、各行业趋向于更多地按本地区、本行业的需求来实施成人教育。

三是重视成人教育国际交流与合作。智利在进行成人教育改革的过程中不断得到国际组织的帮助和指导，以合作共赢的良好姿态开展与他国及国际组织的合作，借鉴经验，吸引大量资金投入；参与或组织召开地区性和国际性会议，共同商讨本地区的成人教育发展计划、成人教育中存在的问题等。交流经验、相互学习、共同承担研究项目、共同制定发展计划等举措对智利成人教育的发展具有很大的积极意义。

---

[1] 关世雄. 成人教育辞典 [M]. 北京：职工教育出版社，1990：489.

第三节 成人教育的挑战和对策

一、成人教育的现实挑战

一是为促进人的全面发展而努力。随着成人教育国际化、市场化、民主化的发展，成人教育将成为一个开放的领域，人的全面发展也成为智利成人教育的本体性价值追求。同时，现代社会的成人有着强烈的自我发展愿望。因此，智利成人教育也要为促进人的全面发展而不断努力。

二是弱势成人群体的学习有待加强。关注弱势群体，是成人教育义不容辞的责任，成人教育最直接的作用即能帮助弱势群体获得谋生技能。为弱势群体履行责任体现在方方面面，其中首要也是最重要的，就是要帮助弱势群体解决好他们的就业问题，而其核心就是帮助他们获得或掌握新的谋生技能。智利必须通过多样化的成人教育，促进教育资源的公正分配，缩小成人教育机会差距，消除各种阻碍弱势群体接受教育的偏见和陈腐观念，使弱势群体有权得到同等的教育机会。

三是成人教育质量有待提升。成人教育质量关涉成人教育能否最大限度地满足经济和社会发展的需求，能否促进经济的发展和社会文明程度的提高，培养的人是否具有参与国际竞争与合作的能力和素质。从这个层面来看，智利还应根据成人学习目标和学习特点，系统改革、创新成人教育质量保障体系，以全面提高成人教育质量。

二、成人教育的应对策略

一是构建学习型社会。学习型社会是一个不确定性、多元性、理想性的概念。构建学习型社会是人类发展和社会进步的必然要求，这也成为智利指导教育改革和社会发展的基本原则和理念。学习型社会的实施途径主要是建立各种学习型组织，如学习型城市、学习型社区、学习型学校、学习型家庭、学习型政府等。另外，加快终身教育立法已成为智利创建学习型社会的迫切需要，智利政府在制定相关法律法规以引导和规范学习型社会建设的同时，在宏观层面上也要不断地做好调控和协助工作，为创建学习型社会提供人力、物力和财力支持。

二是政府重视成人基本教育。智利政府颁布《成人初级技术教育条例》，旨在帮助处于文化、社会和经济结构边缘的成人获得道德、社会、职业和文化方面的基本教育。基本教育的主要目的是促进社会经济发展，提高健康水平，鼓励传播基础知识，为提高成人的思想、技能，培养成人良好的工作态度和习惯做出贡献。

三是推进成人教育现代化。成人教育现代化主要是通过教育手段的现代化和信息化提高成人教育的效率，促进成人教育的普及和发展。智利成人教育手段和学习方式的现代化为学习者创造了良好的条件。当然，信息社会的学习特点会更加体现为成人教育的个性化和多样化特征，以及注重对学习者创造能力和开拓精神的培养。总之，在学习方式上，智利将成人教育的重点放在教育手段的现代化和信息化上。

第九章 教师教育

教师教育一般是指依据有关政策和法律规定，培养教育者具备一定的知识、态度、行为和技能，从而有效地服务于课堂、学校和社区活动的统称。在终身教育思想指导下，从教师专业发展阶段看，教师教育是对教师实施职前培养、入职培训和在职研修等连续的、可发展的、一体化教育的过程。智利教师教育是独立解放运动胜利后两百余年来在实施基础教育、高等教育、职业教育、公民教育以及教育民主化和现代化的过程中产生和发展起来的，并逐步构建起一套较为成熟和完备的教师教育体系。目前，智利不断改革教师教育，使之成为多功能、全方位和具有高度适应性的结构体系。

第一节 教师教育的发展和现状

一、教师教育的发展历程

智利教师教育是在独立解放运动胜利后随着教育事业的发展逐渐成熟起来的。总体而言，智利教师教育可分为以下六个阶段。

（一）殖民地时期的教师教育

16 世纪 30 年代，智利沦为西班牙殖民地。为了强化殖民统治，西班牙殖民者从 16 世纪 70 年代开始，在智利相继建立了一批初级小学，其教材多半是基督教教义，也传授一些简单的算术知识。[1] 在殖民地时期，教会享有至高无上的权力，教育事业完全由西班牙天主教会控制，除了以宗教教育为主的小学外，只有为数不多的拉丁语学校和神学院。[2]1756 年，殖民者在圣地亚哥建立了圣费利佩大学，开设哲学、神学、医学、法律、数学和拉丁语等课程，主要目的是培养为殖民当局和教会服务的人。在长达 300 年的殖民时期，尽管个别学校承担了培养"教师"的任务，但因规模小，牧师充任教师的现象一直存在，人们尚未认识到培养专业教师的重要性，所以正规师范教育尚属空白地带。

（二）独立后的教师教育

独立运动取得胜利后，智利教育也开始了一场革命，旨在逐渐摆脱教会的控制。1842 年，智利政府将原属于内政部的国民教育局独立出来，成立了一个部级职能机构——国民教育部，领导全国教育工作。在独立初期，智利师范教育多为短期师资培训班，选择愿意当教师的小学高年级优秀生入学，培养小学教师。

为了在较短时间内用较少的经费解决师资问题，使尽可能多的人接受教育，智利于 1821 年引进了兰卡斯特教育制度。[3] 兰卡斯特制度虽然暂时缓解了教师的缺乏，但只是应急措施，且学生不能得到系统、正规的教育

---

[1] 陈作彬，石瑞元，等. 拉丁美洲国家的教育 [M]. 北京：人民教育出版社，1986：141.

[2] 曾昭耀，石瑞元，焦震衡. 战后拉丁美洲教育 [M]. 南昌：江西教育出版社，1994：6.

[3] 曾昭耀，石瑞元，焦震衡. 战后拉丁美洲教育 [M]. 南昌：江西教育出版社，1994：11-12.

培训。为此，智利派出教育家萨米恩托去美国和欧洲考察，此人在 1842 年回国后在圣地亚哥创建了拉美第一所师范学校，1850 年在利马创建了中央师范学校，1854 年又在圣地亚哥创办了女子师范学院。随着大批外国教师，尤其是德、法教师的到来，欧洲先进的师范学校制度也纷纷被引进智利。与此同时，由于智利普及教育逐步延伸到中学阶段，对中学教师的需求大幅度增加，导致中等教育师资培训问题日渐突出。基于此，1889 年，智利邀请德国人开办教育学院，建立了第一所高等师范教育学院，由招收高小毕业生改为招收高中毕业生，主要培养中学、大学预科和师范学校的教师。[1] 同年，还聘请德国教育家在智利大学创建了教育学院并制定中等教育师资培训方案。该方案的申请人是人文学科的高中毕业生，除了通过入学考试，他们还必须提供在高中表现良好、身体健康、接种过疫苗的相关证明。[2]

（三）议会共和国时期的教师教育

19 世纪 80 年代末，智利发生内战，海军军官豪尔赫·蒙特最终夺得政权。此后，地主阶级联合大进出口商通过国会控制政府，开始了所谓的"议会共和时期"。19 世纪末 20 世纪初期，智利经济迅速发展，与世界市场的联系日趋密切，一些初级产品的出口迅速增加。随着外国资本的渗入和先进技术的引进，以及工农业和交通运输业的迅速发展，智利对专业技术人员的需求日益迫切。智利政府开始拨款创办职业技术学校，培养生产部门急需的专业技术人员和技术工人，同时开办夜校、星期日学习班等多种形式的业余学校，致力于提高成年人的文化知识和技术水平。[3] 为普及初

---

[1] 曾昭耀，石瑞元，焦震衡. 战后拉丁美洲教育 [M]. 南昌：江西教育出版社，1994: 328.

[2] LOUGHRAN J, HAMILTON M L. International handbook of teacher education[M]. Singapore: Springer, 2016: 40.

[3] 曾昭耀，石瑞元，焦震衡. 战后拉丁美洲教育 [M]. 南昌：江西教育出版社，1994: 17.

等教育和开展扫盲运动，智利亚历山德里政府于 1920 年颁布了《小学义务教育法》，规定 7 岁以上儿童接受免费义务教育，小学毕业生可以直接进入中学，7—13 岁的儿童至少要接受 4 年的初等教育；同时规定职员、手工业者以及矿工都享有接受小学教育的权利。该法律是智利教育史上的里程碑，它使来自较贫困地区的儿童上学成为可能，但其启动进程缓慢且财政资源不足，对城市的影响大于乡村地区。该法还涉及教师职业生涯及其监管等相关问题，详细说明了教学活动的准入、持续和退出条件，要求教师必须年满 18 周岁，并且是持有教育部学位证书的师范生，或拥有证明其能够教授特殊科目的相关资格证书。

1922 年，智利第一个教师工会组织——教师协会在圣地亚哥成立。最初，教师协会只吸纳小学教师，之后才吸纳中学教师和大学教师，并发起了广泛的教学运动，一直持续到 1935 年。1927 年 12 月至 1928 年 7 月，师范学院被小学教育师资培训学校取代，智利大学教育学院则被改造成中等教育师资培训学校，目的是重组教师培训系统，并将其改造为一个单一的功能单元，其中教学的开始、继续和结束都与青少年学生发展逐渐协调一致。这次教师教育改革历时 8 个月，最后以失败告终，其部分原因是传统部门反对应用新的教学实践方法和"财政部部长的聋哑抵抗"。总体而言，19世纪末到第二次世界大战前，智利高等师范教育有了一定发展，创建了中学教师培训及进修学院，并把中等师范学校升格为高等师范学校和学术性学校，由招收高小毕业生改为招收高中毕业生，担负起培养中学和小学教师的双重任务。在此期间，智利政府还重视提高教师的职业地位和福利待遇，建立了教师晋升制度。

（四）二战后的教师教育

第二次世界大战后，智利社会经济结构发生了巨大变革。为了使教育与社会经济改革的主导思想相一致，在"智利化""国有化""现代化"口号下，教育也随之进行了相应的改革。1964—1970年，为促进教育发展和提高教育质量，弗雷政府建立了全国教育监督委员会、全国教育评定委员会等机构；[1]1966年还组织成立了教师进修中心，每年抽调部分在职教师进行轮训。1967年，智利大学教育系开始承担培养中小学教师的任务。自此，教师预备课程进入高等教育阶段，要求在师范学校开设3年的专门预备课程。但直至20世纪60年代末期，智利教育仍存在儿童失学现象严重、教育发展不均衡等问题，社会上对教师的能力及水平要求很高，但对教师的地位和待遇却未予以相应的重视，很多教师因生活拮据而不愿从教，教育事业发展面临师资力量严重不足的现实阻碍。1970年，智利每万名7—14岁人口中拥有的教师数量仅为188人。[2]

1970年9月，智利人民选举社会党领袖阿连德为总统，并成立了人民联盟政府。阿连德执政后，在经济、政治、教育等方面进行了全方位改革。阿连德政府特别强调"加强师范教育建设""改善教师待遇"等教育改革目标，积极为专业教师举办业务培训班、进修班，组织教育工作者修订教材、教学大纲，交流教学经验，加强实地教学调查，同时提高教师的政治、经济地位，改善教师待遇。[3]

（五）军政府时期的教师教育

阿连德执政后期，国内社会矛盾激化，经济局势恶化，1973年9月，智利进入军政府时期。军政府上台后，终止《宪法》，解散议会，禁止政党活动，限制集会和新闻自由，迫害持不同政见者，特别是知识界人士，大

---

[1] 陈作彬，石瑞元，等. 拉丁美洲国家的教育 [M]. 北京：人民教育出版社，1986：144.

[2] 曾昭耀，石瑞元，焦震衡. 战后拉丁美洲教育 [M]. 南昌：江西教育出版社，1994：329.

[3] 曾昭耀，石瑞元，焦震衡. 战后拉丁美洲教育 [M]. 南昌：江西教育出版社，1994：136-137.

批教授、教师被捕入狱或被流放。军政府派军队代表团进驻教育机构，严格限制教育工作者的活动，监视学校的各方面工作，几乎调换了各级学校所有的校长并排挤大学及其科研中心的教师和科研人员。一时间，智利教育事业发生了大滑坡。按照军政府法令，全国各级教育工作者都被解除了终身教育工作合同，改为临时性合同；教师的任期由军队代表团掌握，教材、教学大纲及课堂言论均受军队代表团监督。[1] 这表明，军政府的目的是铲除思想领域中一切对军政府统治不利的因素，以稳定和巩固自身的绝对统治地位。在摧毁前任政府的教育体系后，军政府继而建立了一种为其统治服务的教育体制。1974 年 6 月，军政府成立了"教师商议会"[2]，以此作为完善教育体制的基本机构，其主要任务之一便是提高教师队伍素质。军政府规定，自 1974 年起，所有教师都从大学毕业生中选拔，同时对在职教师进行专门培训。为了调动教师积极性、提高教学质量，教育部设立了全国教育奖，在全国公立学校开展教学竞赛，奖励优秀教师，鼓励他们安心从事教育工作。[3]

（六）现代化驱动的教师教育

20 世纪 90 年代以来，智利政府几经更迭，伴随教育政策的不断演变，教师教育政策日趋完善，如表 9.1 所示。

---

[1] 曾昭耀，石瑞元，焦震衡. 战后拉丁美洲教育 [M]. 南昌：江西教育出版社，1994: 137.

[2] 教师商议会成立于 1974 年，拥有超过 10 万名成员（其中大多数人在市立学校工作或已经退休），并以教师代表的身份积极参与与教师职业有关的政策的制定。它隶属于智利最重要的工会——中央工人工会。自 1991 年以来，教师商议会定期与政府和教育部协商教师的工资和工作条件。该协会覆盖全国，由省、市和地区各级委员会组织，向全国委员会报告。此外，也有代表中小学私立学校教师的组织，这些组织受私营部门的劳工法例管辖，有权进行集体谈判和罢工。

[3] 曾昭耀，石瑞元，焦震衡. 战后拉丁美洲教育 [M]. 江西：江西教育出版社，1994: 137-139.

表 9.1 20 世纪 90 年代以来智利教师教育政策的演变历程

时间	1990—1994 年	1994—2000 年	2000—2006 年
教育部门预算（美元）	18 亿	33 亿	45 亿
主要政策	• 颁布《教师法》； • 有针对性的教育质量和公平改进计划； • 教育质量测量系统（SIMCE）转移到教育部。	• 小学和中学新课程； • ICT 大众化； • 蒙特格兰德计划； • 纠正补贴（农村、特殊教育）； • 学校公布 SIMCE 结果。	• 教师评估和奖励； • 《宪法》改革，义务教育延长至 12 年； • 以基础关键学校和中学为重点的计划； • 良好教学框架； • 从学术能力测试到大学选拔测试。
时间	2006—2010 年	2010—2014 年	2014—2018 年
教育部门预算（美元）	98 亿	115 亿	270 亿
主要政策	• 颁布《优惠学校补贴法》； • 颁布《通识教育法》； • 制定《质量保证法》草案； • 制定加强公共教育的法律草案； • 建立良好教学框架； • 启动初级教师教育质量促进计划。	• 教育质量保证系统； • 卓越董事培训计划； • 教师职业奖学金； • 教师法规的灵活性； • SIMCE 的课程变化； • 高级公共管理人员。	• 完善的学校领导框架； • 创建副秘书处并负责幼儿教育； • 完善教师专业发展系统； • 完善公共教育系统。

　　随着民主的回归，1991 年《智利教师法》颁布，该法令建立了教师工资保护制度，规定了市政部门和受补贴私营部门的教学和非教学时间的比例为 3：1，定义了教师的特殊工作框架，设有不同标准（按年份、就业条件等）的教师津贴和奖金（按每季度的表现），尤其对那些在偏远地区或与高风险学生一起工作的教师予以奖励。1996 年，智利政府发起教育改革，

前后持续了近 10 年。这场改革的基本路径是采用与教育公平和学校改进相关的国家政策，为智利教育市场增添动力。[1] 1997—2002 年，智利教育部资助了一个教师发展项目，为教育工作者提供实质性的专业发展机会，促进了教师教育现代化发展。此外，政府还为在大学从事教师教育研究的优秀学生设立了奖学金。

然而，智利教师教育实践经验在学校参与的内容和类型上有很大差异。为此，教育部和 17 所大学制定了《教师初期准备工作绩效标准》。这些标准定义了教师工作的四个方面，即规划教学、创造有利于学习的课堂环境、提供指导、课堂之外的专业精神，为教师职业生涯规划和专业发展提供参考框架。2002 年，智利政府又推出了卓越教学津贴认可计划，它基于两个衡量工具，一是教师的学科和教学知识的测试评估（权重为 30%）；二是能证明教师达到认可标准的作品集（权重为 70%）。2003 年，智利教育部引入国家教师绩效评估体系（NTES），对公共部门教师进行了标准化评估，重点关注教师实践，旨在衡量教师教学的四个维度：教学准备、创建学习环境、专业责任、为每个学生的学习服务。

根据国家教师绩效评估体系的数据，2003—2010 年，66 938 名教师中有 60% 接受了评估且被认为"合格"，30% 被评估为"基本满意"，被评估为"卓越"的教师仅占 8%，2% 则被评估为"不合格"。[2] 此后，智利为提高初级教师素质，分别于 2006 年和 2008 年实施了强制性评审制度，启动了初级教师教育质量促进计划。计划侧重于三个具体主题：为改善教师教育提供研究资金，为教师教育项目设计绩效标准，要求申请学生在毕业前参加教师资格认证考试。[3] 2012 年，智利政府颁布教师职业计划（BVP），为达到

---

[1] 赖默斯，郑康妮. 21 世纪的教与学：六国教育目标、政策和课程的比较研究 [M]. 金铭，译. 北京：北京语言大学出版社，2006：105.

[2] 资料来源于智利教育部官网。

[3] LOUGHRAN J, HAMILTON M L. International handbook of teacher education[M]. Singapore: Springer, 2016: 42.

高等教育学位水平的教师培训优秀学生提供奖学金，这些学生在获得奖学金后的 12 年内必须在政府资助学校至少工作 3 年。自 BVP 引入以来，越来越多的优秀学生进入了师范教育系统。这表明，BVP 正在实现其吸引优秀毕业生和提高教师职业吸引力的目标。

2016 年，《国家教师政策》的颁布进一步改革了智利教师教育。该政策涵盖了所有在接受政府资助的学校工作的学前和 K-12 教师（占注册总人数的 92%），并将评估范围扩大到私立学校的教师（占教师总数的 47%），[1] 涵盖了四个主要范畴。（1）初任教师教育：要求对初级教师教育质量进行强制性认证，在学生毕业前进行外部评估。（2）新职业结构：启动全国初任教师引进制度，建立多阶段职业结构体系。（3）工作条件：激励在贫困地区学校工作的教师并提高其薪酬，将非教学时间作为合约工时的一部分。（4）发展培训：根据教师和学校的需要，制定个人专业发展计划，授权学校校长为其教学机构制定专业发展计划。为了在职业生涯中有所提升，教师必须通过作品集和他们所教科目的学科和教学知识（通过书面测试）来展示教学技能。

二、教师教育的现状

1990 年以来，智利政府从强调教育政策的覆盖范围演变为关注教育质量、公平和包容。为了提高教育质量、减少教育改革后出现的问题，智利开展了一系列教师教育改革计划和项目，在教师教育体系、教师教育模式、教师教育课程以及教师教育资源等方面取得了一定的成就。

---

[1] MIZALA A, SCHNEIDER B. Promoting quality education in Chile: the politics of reforming teacher careers[J]. Journal of education policy, 2020 (4): 529-555.

（一）建立了以终身学习为导向的开放型教师教育体系

自 20 世纪末开始，教师教育一体化成为国际教师教育改革的重要内容，其旨在构建教师职前培养、入职教育和在职培训之间有机融通、协同合作的教师教育体系，弥合教师理论知识与实践经验的割裂状态，促进教师专业发展的可持续性。开放型教师教育体系是一种以现有师范院校为主体、其他高等学校共同参与、定向型与开放型教师人才培养模式相结合的制度体系。

良好教学框架的建立指明了智利教师教育发展的方向，为教师职业生涯规划和专业发展提供了参考框架。智利的专业机构和非大学高等教育机构也被授权学前和基础教育教师的培训资格。截至 2009 年年底，初任教师培训在 91 个中心进行，包括 21 个技术培训中心、18 个专业机构和 52 所大学。1997—2002 年，智利教育部资助了一个教师发展项目，以改进教师教育课程。为此，教育部高等教育司成立了一个小型统筹小组，负责组织和甄选工作。在经过一年的遴选和两次外部评估后，有 17 所大学获得批准和项目资助。该项目 4 年间资助总额约 2 500 万美元，覆盖了近 80% 的教师候选人。[1] 在该项目的资助下，这些大学改进了教师教育课程设置，为大量的教师教育工作者提供了研究生学习的机会，促进了国际学术交流，改善了图书馆和信息通信技术资源配置。[2] 进入 21 世纪以来，智利初级教师教育项目的数量显著增加，从 1999 年的 229 个增加到 2015 年的 1 213 个，由 16 所公立大学、8 所属于智利大学校长理事会的私立大学、15 所专业教育学院等提供。[3] 由此可见，智利教师教育涵盖教师职前、入职和在职培训多个环节，且参与主体日益多元，其开放型体系初步得以建立。

---

[1] 资料来源于智利教育部官网。

[2] TOWNSEND T. International handbook of school effectiveness and improvement[M]. Singapore: Springer, 2007: 185.

[3] SANTIAGO P, et al. OECD reviews of school resources: Chile 2017[R]. Paris: OECD Publishing, 2017: 233-234.

（二）探索出适应基本国情需要的多元化教师教育模式

1889—1980 年，智利教师教育得到了快速发展，反映了教师职业知识基础的变化与教育目的有关。1907 年，中学教师教育课程培养方案从 4 年扩大到 5 年，为教师专业发展提供了重要机会。[1] 为提升农村和偏远地区的教育质量，智利政府积极改善教师的工作条件和教学合作。一方面，通过津贴、奖金来吸引教师和学校领导到条件艰苦的偏远地区工作。另一方面，建立和运作农村微型中心，有效缓解了农村教师专业发展所面临的困境。在智利，近一半的农村学校只有 3 名或更少的教师，这意味着他们很少有机会开展合作和向同行学习，偏远地区教师的专业发展机会就更少，因此农村微型中心成为许多教师获得专业发展机会的唯一途径。此外，农村联系方案（提供适应多年级环境的技术基础设施和教学材料）是一项很好的干预措施，以技术装备农村学校，使教师能够获得教学材料，并将新的教学工具运用于课堂教学。[2]

与此同时，为了满足近年来教育现代化对师资和行政管理人员的需求，智利建立了跨学科的专业人员队伍，特别是研究地区化和管理分权化、新的课程设置及建立新的国家督导制方面的专业人员队伍。国民教育部还特别设立全国教育奖，在全国公立学校开展教学竞赛，以鼓励教师加强教学研究工作，提高教学质量。针对不少教师，特别是农村教师没有获得教师证书的情况，智利政府则规定，在国家承认的大学和专科学院内举办各种在职教师培训班或进修班，对没有证书的教师进行专门培训。与此同时，培训、实验和教学方法研究中心的教育刊物定期刊载学校和教师的大量经验，科学地指导教师职业生涯规划和专业发展。[3]

---

[1] LOUGHRAN J, HAMILTON M L. International handbook of teacher education[M]. Singapore: Springer, 2016: 40.

[2] SANTIAGO P, et al. OECD reviews of school resources: Chile 2017[R]. Paris: OECD Publishing, 2017: 138.

[3] 曾昭耀，石瑞元，焦震衡. 战后拉丁美洲教育 [M]. 南昌：江西教育出版社，1994: 343-344.

（三）建立了以实践经验为取向的教师教育课程体系

20 世纪 80 年代以来，实践经验取向成为教师教育领域一个重要的指导原则。培养实习教师的反思能力成为许多学者和国际教师教育实习项目的主流观点。在教师教育课程设置和时间安排上，智利将实践以及对实践经验的反思置于教师教育课程计划的核心。智利教师教育主要包括中等教师教育和高等教师教育。中等教师教育主要涉及幼儿教育师范学校和初等教育师范学校两种。这两种师范学校通常开设三类课程，即普通学科（亦称基础学科）、教育学科和专业学科。第一类课程约占 25%，第二类约占 40%，第三类占 35%。其中，教育学科的目的是培养学生具有扎实的教育专业知识，并督导他们进行严格的教学实习，主要包括教育理论、教育研究方法和教学法等，而专业学科则旨在培养学生精通所教科目的专业知识，学生在学习期间，可以专攻一门主修课程和一门副修课程，也可以同时专攻两门主修课程。所有师范学校都要求学生严格遵照教学大纲要求学习各门课程，不得无故缺席，如一学期内缺课 1/4 者必须延期毕业。学生升级前必须通过期末考试，毕业前必须通过毕业考试，学生在学习期间必须通过每年的期末考试、完成教学大纲规定的教学实习课、通过毕业考试、在全国教师登记册上在册、在农村或边远地区任教若干年，才能得到公共教育部颁发的教师证书。[1] 而高等教师教育学校课程同样分为基础学科、教育学科和专业学科三类。教学实习课包括两门论文课和两门实习研讨课，要求学生亲自承担教师工作，亲身体验教学过程，并在教学实践中不断自主反思，自觉实现专业化发展。[2]

---

[1] 曾昭耀，石瑞元，焦震衡. 战后拉丁美洲教育 [M]. 南昌：江西教育出版社，1994：335-338.

[2] 曾昭耀，石瑞元，焦震衡. 战后拉丁美洲教育 [M]. 南昌：江西教育出版社，1994：338.

（四）推进了"互联网 + 教师教育"的数字信息化建设

随着大数据、云计算、人工智能在教师教育领域的应用，教师教育正走向精确化、个性化、数字化的智能研修新阶段。智利教育部将信息通信技术（ICT）纳入未来教师培训计划。智利官方计划的 ICT 教育旨在整合 ICT 资源，使其成为智利公立学校的主要教学资源。[1]

2017 年，智利原子能机构开发了数据使用模型，以促进数据使用和循证决策。与此同时，智利在全国范围内开始进行部署，以这种数据使用方法培训管理团队、教师、家长和学生。该战略还考虑对当地教育服务机构和农村微型中心的技术团队进行培训。同时，该机构为学校提供了一个网站，上面介绍了形成性评估方法，并为资源中心提供策略，让教师可以设定具体的教学目标、收集数据然后对其进行解释，最终帮助学生更好地学习和促进自身专业发展。同样，机构还发布了使用这种评估方法反映教学实践的视频，用以指导其他教师开展工作。此外，自 2020 年以来，智利还开发了数字图书馆平台，允许访问各种数字资源，以实现学校和家庭阅读体验的多样化，促进对信息和知识的获取，支持教师在教学中正确使用各种技术，为教师和学生提供可供选择的个性化阅读空间和资源。[2]

[1] HINOSTROZA J E, HEPP P, COX C. Cross-national information and communication technology: policies and practices in education[M]. Greenwich: Information Age Publishing, 2009: 153-170.

[2] 资料来源于智利教育部官网。

第二节 教师教育的特点和经验

一、教师教育的基本特点

第二次世界大战后，尤其是 20 世纪 60 年代以来，智利经济飞速发展，对培养现代教师提出了新的要求，也促使智利对教师教育进行变革。总体来看，智利的教师教育主要有以下几个特点。

（一）拓展教师知识面，增强其面向社会的能力

师范院校应开设普通文化课程，并开设各种选修课，同时还要引导师范生参加社会活动，积累社会经验，为将来参加教育工作做好准备。智利政府所建立的良好教学框架为教师职业生涯规划和专业发展提供了参考，明确了教师教育和专业发展体系所要达到的目标，为判断教师能力提供了可信的参考，既可指导教师专业发展，也是为教师职业发展提供依据的有效机制，可以协调发展教师知识和技能所涉及的各种因素。

2016 年，智利政府颁布法令，提出创建教师专业发展系统[1]，该系统主要针对以下 10 个方面。（1）教学专业化：促进教师成为在学生综合教育中承担决定性使命的专业人才。（2）专业自主性：提高教师的自主性，能根据学生的特点组织教学活动，并根据课程规定将高质量的教学过程与相应的机构教育项目衔接。（3）责任和职业道德：提高教师的责任心，注重教师核心价值观和道德行为的培养。（4）持续发展：根据学校环境，加强教师个人和集体的持续专业培训，更新学科知识和教学方法。（5）创新、研究和教学

---

[1] 资料来源于智利教育部官网。

反思：提高教师创造力以及与教学实践相关的创新和研究能力，构建共享的教学知识体系。（6）协作：促进教师之间的协作，组成学习社区，由管理人员指导，促进交流反思，创造有助于改进教学效果的工作环境。（7）公平：倡导优秀教师在弱势学生比例高的机构工作，为弱势学生提供更好的教育机会。（8）参与：确保教师在信任和尊重的氛围中参与社区教育，加强教师与社区人员的交流。（9）环境：创造一个鼓励培训、学习和整体发展的环境。（10）支持教学工作：国家将确保实现教学职能的目标和使命，实施与教师专业发展相关的教学和培训行动。

（二）优化教师绩效评价体系，保证教师教育质量

在智利，教师考核依赖中央层面若干机构的支持，这些机构定期合作，以确保考核的质量。尽管教育部在行政及管理上对教师考核负责，但教师考核过程中的技术协调由培训、实验和教学研究中心负责。2003年，智利建立了国家教师绩效评估体系，旨在改善教师的实践，促进教师的持续专业发展。该系统由智利庞蒂西亚大学测量中心的 Docentemas 团队负责实施、国家教学实验改进中心（CPEIP）负责监督，二者紧密合作以确保该体系的科学性。[1]

被评估的教师根据表现被分为四个不同的等级：优秀、胜任、基本合格、不合格。其中被评为"优秀"或"胜任"的教师有机会优先获得专业发展机会，如参加海外实习、专业研讨会或学术研讨会；被评为"基本合格"的教师需要参加由市教育局专门设计和实施的专业发展计划。从2011年开始，每两年进行一次评估。被评为"不合格"的教师需要参加市政当局制定的有针对性的职业发展计划，并在第二年重新接受评估。如果该教

---

[1] 经济合作与发展组织. 为了更好的学习：教育评价的国际新视野 [M]. 窦卫霖，等译. 上海：上海教育出版社，2019: 315.

师连续两次被评为"不合格"，将被撤职。CPEIP 直接或通过地区教育秘书处和省级教育部门检查和审查项目的相关性、及时性和有效性，包括对相关教师进行监督调查。[1] 截至 2014 年，该系统已覆盖全市 83% 的教师，被评为"不合格"或"基本合格"的教师比例占 24%—40%，而被评为"优秀"的教师比例通常低于 10%。[2] 2016 年所创建的教师专业发展系统包含一系列规定，力求克服现有的教师培训质量的异质性，并使教师成为有吸引力的职业。该系统建立了教师培训的强制性认证招生计划、教学诊断测试和标准。此外，它强调设置有效的教师职业准入机制，逐渐提高教师招聘的门槛和教师绩效评价的科学化。

（三）以教育系统为重，转型发展高等师范学校

随着社会文化、科学技术的迅速发展和人民教育程度的不断提高，智利中等师范学校毕业生已不能适应社会发展的需要，教师需要接受高等教育及专业训练。[3] 在拉丁美洲教师教育现代化运动中，部分国家逐步提高了教师的学历标准，出现了高等师范学校取代中等师范学校的趋势，许多中等师范学校被淘汰，或升格为师范学院，招收高中毕业生。智利政府颁布的《创建教师专业发展体系》明确规定："教育专业人员培训可在经过认证的大学进行。获得培训权的大学，可在国家教育委员会监督下开展教师培训，直到该大学获得完全自主权为止。"[4] 自 2014 年起，智利各个层次和各个领域教师教育资格只能由大学授予，学前教育教师、初等教育教师、高中教育教师和特殊教育教师培训课程也主要由大学提供。2010 年，在 107 725

---

[1] 资料来源于智利教育部官网。

[2] 资料来源于智利教育部官网。

[3] 曾昭耀，石瑞元，焦震衡. 战后拉丁美洲教育 [M]. 江西：江西教育出版社，1994：346.

[4] 资料来源于智利教育部官网。

名初任教师教育学生中，86% 在大学就读，14% 在专业教育学院就读。[1]

（四）适应新形势需要，重视在职教师进修培训

智利政府颁布的《创建教师专业发展体系》强调，教育专业人员有权为提高自身知识和教学技能、促进专业发展而接受免费的相关培训，校长及其管理团队应确保教育机构教师的专业发展。为提高教师教育质量、丰富教师在职专业发展活动，智利 CPEIP 积极协调教师专业发展活动，提供教师专业发展计划，通过与教育部及学校的互动，为教师专业发展方案提供有用的信息，确保为教师提供专业发展的质量标准，还为教师提供培训津贴。教师还可以通过国家公共培训注册中心获取更多专业发展机会的信息。

二、教师教育的主要经验

智利教师教育的产生与发展具有深刻的历史文化背景，体现了其教师教育发展历程的特殊性，同时也彰显了教师教育发展的一般规律，其主要经验如下。

（一）追求卓越的培养目标

进入 21 世纪后，智利在教师培养中始终坚持专业素养和教育正义并重的原则，既注重职前教师的学术训练和理论素养，也强调教育过程的公正

---

[1] 资料来源于智利教育部官网。

和教师的社会责任感，教师教育领域明显反映出注重培养卓越教师的价值取向。2002 年，智利政府推出了卓越教学津贴认可计划，旨在表扬教学卓越的教师，公立和私立学校的教师都有资格申请津贴。2003 年，智利教育部引入国家教师绩效评估体系，对教师进行标准化评估，重点关注教师实践。[1] 2016 年，智利政府颁布《国家教师政策》，对学校和教师进行了更多的监管。

（二）创新课程体系

进入 21 世纪后，信息技术与学科教学深度融合，社会文化多样性与日俱增，个性化教学与特殊学习需求增加等成为世界各国教师专业发展的新挑战。为此，智利大力推进教师教育课程改革，围绕数字能力、多语言能力和多元文化能力等方面进行了一系列探索，全力培养教师高质量教学所需的关键能力，并激发其在职业生涯中不断提高专业水平的内在动力。1997—2002 年，智利教育部出台了以项目资助的方式改进教师教育课程的方案，增加了以学校为基础的教师教育课程，旨在为教师教育工作者提供实质性的专业发展机会。之后，教育部和 17 所大学联合制定了《教师初期准备工作绩效标准》，定义了教师工作的四个方面：规划教学，创造有利于学习的课堂环境，提供指导，课堂之外的专业精神。

（三）优化评价机制

2003 年，智利教育部引入国家教师绩效评估体系对公共部门教师进行了评估，重点关注教师实践。随后，智利为进一步提高初级教师的素质，

[1] SANTELICES M V, VALENCIA E, GONZALEZ J, et al. Two teacher quality measures and the role of context: evidence from Chile[J]. Educational assessment, evaluation and accountability, 2017, 29: 111-146.

实施了强制性评审制度，并启动了初级教师教育质量促进计划。在高等教育方面，智利于 2005 年开始实施教师教育计划认证，认证框架规定教师教育课程必须分为四个领域。（1）特殊领域（学科）：与国家 K-12 课程框架和教学内容知识相关的课程。（2）专业领域：关于学生学习、发展、评估等相关课程。（3）通识领域：与社会基础、教育使命相关的课程。（4）实地准备：一系列相关实践活动课程。[1]

（四）重视制度建设

1996 年，智利教育部颁布了初级教师教育加强方案，于 1997 年到 2002 年实施。改进的重点是实习过程、初任教师的指导经验和教师教育工作者的能力建设等。近年来，智利政府采取了一系列加强教师教育的举措。首先，在 2005 年，几所大学签署了一项协议，为提高教师教育水平做准备。其次，2008 年，教育部制定了初级教师教育质量促进计划。该计划侧重于以下方面：为改善教师教育提供资金；为教师教育项目设定绩效标准；在教学和实践之间建立更紧密的联系，为初级教师提供指导；为专业教师进行明确的职业前景规划。截至 2012 年，智利有 70 个机构提供了 2 153 个职前教师教育项目，招收了 103 682 名学生。2016 年，智利政府颁布《国家教师政策》，规定了师范生在大学入学考试和高中成绩方面的最低要求，并要求所有的教师培训项目必须经过国家委员会的认证。[2]

---

[1] DOMINGUEZ M, BASCOPE M, CARRILLO C, et al. Procesos de acreditación de pedagogías: un estudio del quehacer de las agencias[J]. Calidad en la educación, 2012, 36: 53-85.

[2] MIZALA A, SCHNEIDER B. Promoting quality education in Chile: the politics of reforming teacher career[J]. Journal of education policy, 2020 (4): 29-555.

（五）倡导国际合作

教师是思想和知识的传播者，加强教师教育国际交流与合作，既能赋能教师促进教育质量提升，又能架设民心相通的桥梁，增强双方的理解与信任，为构建人类命运共同体奠定深厚的社会和人文根基。2006 年，智利和日本两国达成教师国际合作协议，一些参与数学教师培训的智利教育部专家和教师在日本筑波大学接受了专门培训，回国后参与重新制定在职教师发展计划。也有不少来自日本的著名专家在智利授课。在之后的 3 年时间里，共有 3 组智利数学教师参与了日本 11 所大学的教师初级和继续教育课程，还有 2 组智利 CPEIP 官员前往日本参加课程研究方法及强化教育系统的培训课程。课程内容包括不同层次的课堂观察，公开课参与，访问教师继续教育中心、教科书出版机构和教学辅助材料制作机构，并与来自日本教育系统各领域的代表会面。

第三节 教师教育的挑战和对策

一、教师教育的现实挑战

从 2006 年开始，中学生的示威游行使智利教育的质量和公平问题变得更加突出。在此背景下，再加上传统教育历史因素的影响，智利教师教育主要面临以下挑战。

（一）教师职业缺乏足够吸引力，教师身份认同感有待强化

智利依然面临教师职业吸引力不足的问题，教师职业在劳动力市场上没有竞争力，难以吸引年轻人尤其是男性从事教师职业，也难以激发在职人员的工作积极性。在智利，教育行业是收入最低的行业，而且教师的教学时间很长，每年的教学时长在经合组织中是最长的，但他们的工资却较低。在2018年经合组织教学与学习国际调查（TALIS）中，智利签订长期合同的教师占比61.9%，低于经合组织的平均值82.0%；希望转行的教师占比24.9%，高于经合组织的平均值12.4%；在工作中承受很大压力的教师占比19.9%，高于经合组织的平均值18.1%；对工作薪水感到满意的教师占比37.9%，低于经合组织的平均值39.4%；同意或非常同意教师职业受到社会重视的教师占比14.6%，明显低于经合组织的平均值25.8%。[1] 在这种背景下，智利教师职业显然无法吸引到优秀的毕业生。

（二）教师培训质量较差，难以适应教育改革需求

目前，智利部分幼儿教育工作者和技术人员的培训质量较差；智利小学教育毕业生往往没有充分掌握如何教授阅读、写作和数学等基本技能的策略、方法和工具。根据2018年TALIS调查结果，82.5%的智利教师在调查前12个月内参加过在职培训，参加过入职培训或指导活动的教师仅占21.0%，参与同行或自我观察和辅导的教师仅占36.7%；63.0%的教师认为，他们十分需要进一步接受专业发展培训；仅有53.2%的教师对职前和在职培训中涵盖的与教学法相关的内容感到满意。[2] 新冠肺炎疫情期间，教师开始

---

[1] 数据来源于《TALIS 2018 结果（第二卷：教师和学校领导作为有价值的专业人士）》。

[2] 资料来源于智利教育部官网。

采用远程教学模式，但因缺乏足够的指导、培训和资源，大多数教师无法适应新的教学方法。

二、教师教育的应对策略

当前，教师教育不仅取代了传统的师范教育，而且获得了前所未有的发展，主要体现为拥有以人文为导向的教师教育理念，以教师为中心的教师教育模式，以实践为取向的教师教育课程，以高效实用为特色的教师教育实习，以质量为本的教师教育品牌建设和以制度为保障的教师教育治理体制。智利在借鉴世界其他国家教师教育改革成功经验的基础上，主要从教师教育标准、质量、技术、课程、资源、体制等领域进行改革和自我完善。

（一）建构教师专业身份认同机制，强化教师人文关怀

智利教师教育应着眼于教师的人格和人性，关切教师作为"人"的价值，满足教师的基本需要，并引导教师追求幸福人生，使教师教育真正成为"为教师的职业谋发展，为教师的人生谋幸福"的富于道义责任和伦理精神的教育。[1] 不论是为了解救智利教师专业发展之困，还是为了重拾教师生活意义之需，智利教师教育都需要转向"人学"，引导教师探讨"我是谁""为什么我是教师"的本体论、存在论问题。本体论、存在论的探究能给教师教育的存在提供充足的理由，没有这一思考，教师教育就如同浮萍一般无根无据。智利教师教育的不停变革与摇摆，本质上就是缺乏对教

---

[1] 刘春花. 从"素质关怀"到"生命关怀"——教师教育的伦理视角 [J]. 教育发展研究，2008（8）：50-52.

师教育本体论、存在论的思考所致。如果教师教育能够将培育优秀、幸福、人格完整的教师作为价值追求的话，智利教师教育就会走出困境。[1]

（二）人工智能精准赋能教师培训，有机融合教师教育

智利基础教育的不断变革以及日益提升的教师专业发展需求，势必会引发教师教育的新一轮变革。人工智能的赋能，其外在表现是技术升级与资源更新，内在意蕴却是文化转型与观念创生。

首先，精准设置学习路径。这需要改变以往教师培训内容千篇一律、缺乏针对性的情况，利用人工智能的大数据挖掘和精准分析优势能为智利教师设置个性化的学习路径，具体包括个体特征获取、精准画像和精准施训等环节。

其次，支持实践探索螺旋上升。促进人工智能支持下训教融合中教师的"信念—怀疑—探究—实践—信念"的教学实践探索的螺旋上升。

再次，促进教学能力提升。要凭借智能结构诊断的结果明确教师智能结构中存在的不足和缺陷，依此推送学习资源和学习路径，提供工具、方法等支持，实现长善救失，促进教师智能结构完善，为教师能力发展奠定坚实基础。

最后，丰盈教师个体生命。在充分利用人工智能等技术优势的同时，警惕"技术本位"倾向，确立教师培训是教师作为"人"的个体生命追求自我发展的过程，重视教师个体的主观诉求，打造有温度、充满人文关怀的智能培训，注重教师文化建设，发挥文化对教师生命滋润、人性发展的涵养功能。

[1] 蒋福超. 论教师精神的现代困境——兼论教师教育问题 [J]. 当代教育科学，2021（4）：7-13.

（三）推动教师教育服务供给改革，统筹教师教育资源

面对复杂多变的国内外社会发展环境，依靠科技力量、创新驱动来推动教师教育发展，已成为智利推进教师教育现代化的必然选择。传统以经费投入和设备购置来驱动教师教育增长的空间变得越来越小，初级要素驱动型发展模式亟须改变，应发挥教师教育服务机制创新的"内外双驱动"作用，有效统筹教师教育。

第一，支持教师教育供给服务建设主体开放，这不仅体现为政府要统筹各级各类学校教师专业发展，而且要吸纳市政部门、私立机构和其他社会力量来推进教师教育服务供给。

第二，规范各级各类教师教育服务平台标准，基于互联网教师教育服务平台实现自由获取，实现智利教师教育服务的动态供给。

第三，细化教育供给，以教师日常教学疑难问题为导向，提供更加适切的教师教育服务，通过运用智能互联技术，深入挖掘教师服务协同供给质量提升要素，归纳出客观的、可操作的、可复制推广的教师教育服务供给策略。

（四）加快教师教育课程体系建设，释放教师教育能量

近年来，智利教师教育课程体系建设正在遵照一体化原则通盘考虑，根据各阶段教师的发展重点与实际需求设置既各具特色又相互支持的层级式课程结构，具体是把握以下定位。

第一是教育性定位。把培养教师的教育教学能力作为主要目标之一，这个能力包括课程开发、教学设计、教学实施和教学评估评价，在教学过程中，遵循社会学、心理学、教育学、技术哲学等原理，运用科学方法传授知识和技能。在职前培养的课程中，重视专业技术和知识，这些内容必

不可少。在职后教育中，不断提升教师的教学能力，鼓励教师对具体教学问题进行思考和讨论，对教学方法进行改革和探索，提供提升教师教学能力的培训和课程。

第二是学术性定位。教师是教育者，同时也是终身学习者。要加强教师的文化底蕴和学科基础，以及终身学习的能力。教师要了解学科专业的前沿动态，具有相应的科研能力，对自己丰富的教学实践经验进行研究和分析，以进一步提高教学质量。在学术性课程中注重对教师科学研究能力的培养，鼓励教师进一步开展反思与研究，完善自己的工作。

第三是文化性定位。针对智利教师教育课程，确立将文化对话、跨文化培训和课堂共存管理原则相结合的指导方针，纳入具有异质性和文化多样性以及促进跨文化能力发展的明确方案，有效优化教师教育课程设置及其教学内容。

（五）建设教师教育治理共同体，集聚多元社会力量

建设教师教育治理共同体，是智利推进教师教育改革的重要任务，也是教师教育平稳、持续发展的重要前提与保障。

一是严守教师教育"入口关"，完善师范类专业认证制度。加强师范类专业认证，加强教师教育学科建设，坚持以评促建，以评促改，以评促强。

二是严把教师考核"出口关"，优化教师资格证考核制度。坚持以专业化为核心的教师资格证考核思路，明确考核形式，深化考核内容，关注应试者对专业意识本体的理解和认同，并结合质化评估，实行资格证定期注册制度，严把教师的"出口门槛"，提高教师资格证含金量。

三是严控教师专业"发展关"，健全教师培训制度，推进教师入职见习培训标准制定。为避免评估方法和过程经验化，需进一步完善教师准入考核制度，制定可行的教师培训评估标准、方法和工具体系，作为师范学校、

培训机构、用人单位、教师培训和自我测评的重要依据。

（六）完善教师教育质量保障机制，夯实教师教育基础

为提高教师教育质量和教师专业发展水平，智利积极完善教师教育质量保障机制，不断夯实教师教育基础。

第一，加强政府对教师教育的主导，制定相关配套政策法规和制度要求，实施经费资助和奖金激励政策。官方发布一系列法律和制度，稳步推行提升职前教师教育质量的各种措施，划拨经费支持教师教育机构发展和建设，根据质量建设情况决定拨款数额，设立奖金和补助等，吸引优秀人才加入教师队伍。

第二，教师教育机构在教师培养的过程中以各种标准来衡量学员的学历和能力水平，在实际培养过程中以产出为导向，依据颁布的各类标准，尤其是专业认证标准和教师资格标准来制定培养方案，而教师教育管理和质量监督部门也依据这些标准衡量教师教育机构的教育质量。

第三，逐步完善各类职前教师教育标准建设，实现教师教育质量保障体系标准化。传统教师教育供给以提升教师培养质量为目标，结合教师专业认证的关键维度对教师接受培训的绩效进行考核，以此来评判供给效果。

第四，设计合理的教师教育项目和专业认证方案，对教育机构及其项目进行分层评估以区分优劣，促进其整改。通过科学的专业认证来确定教师教育机构的设立资质，并以此为依据对机构及其项目进行阶段性考核，对其效能进行反馈和问责，如是否落实国家政策和有关标准、是否为中小学输送了高质量教师等，公开评估结果并建立数据库，为多方利益主体决策提供参考，促进机构内部定期自查。

第十章 教育政策

　　20世纪80年代，在皮诺切特的独裁统治下，智利开启了一系列新自由主义改革，旨在对国家、经济和社会政策进行根本性的重塑。正是在这一时期，智利建立了以市场为导向的教育政策体系。到20世纪90年代，智利教育部实施了一系列改革，试图通过国家法规和政策纠正一些"市场失灵"现象，促进社会公平和提高教育质量。由于对市场体系的过度信任，智利的教育体系不仅造成了学校之间的分化，而且加剧了社会阶级分化。2006年和2011年两次学生运动给以市场为基础的智利教育体系带来了挑战，也促进了后来教育政策的改革。智利政府2017年颁布的《新公共教育法》揭开了其新公共教育改革的序幕，这是智利教育改革的历史性突破。此后，智利先后在2018年、2020年和2021年出台了三部教育改革法令，旨在建立一个由国家统一管理的公共教育体系。[1]

第一节　政策与规划

　　"任何一项教育政策都是一种教育领域的政治措施，任何政治措施本

---

　　[1] 袁利平，林琳. 智利是如何推进新公共教育改革的——基于智利四部教育法令文本的分析 [J]. 比较教育研究，2022（10）：22-29.

身都代表或蕴涵着政府对于教育事务和教育问题的一种价值选择。"[1] 随着新自由主义教育模式的推广，公立教育与私立教育的差距不断扩大，如何修正这种教育体制的弊端成为智利公众讨论的话题。为了巩固公共教育的发展，智利政府在颁布《学校包容法》之后，相继出台了一系列教育政策，以期在基础教育领域实施重大变革、建立和完善公共教育体系，同时在高等教育领域出台相应的改革措施以满足国家发展需求。

一、《新公共教育法》

2017 年，智利总统巴切莱特颁布了《新公共教育法》，即《第 21.040 号法令》[2]，以推进教育体制改革、提高教育质量。法令规定，中央政府统一管理并分配教育资源，由其推进公立学校免费教育、强化师资、提高教学质量等措施的实施，从而建立一套新的国家公共教育体系。[3] 这次教育改革旨在促进教育公平，实现国家对公共教育的管理，使智利所有中小学生无论家庭经济情况怎样，都能接受由国家提供的优质教育服务。

《新公共教育法》是智利公共教育改革史上具有里程碑意义的一部法律。该法提出，每个地方机构都将设立一个咨询委员会，称为地方公共教育委员会，与教育部门合作实现其目标。该法规定，公共教育是为了根据学生的需要和特点，使其充分发展，重点促进学生精神、社会、伦理、道德、情感、智力、艺术和身体等方面的发展，并鼓励学生提高创造力，培养民主价值观。建立公共教育制度的目的在于通过地方管理的教育机构，提供免费和高质量的教育，从而促进社会包容与公平。公共教育体系包括

---

[1] 刘复兴. 教育政策的边界与价值向度 [J]. 清华大学教育研究，2002（1）：70-77.

[2] 为行文统一，作者根据每部法令核心内容为其赋予法律名称。

[3] 资料来源于智利教育部官网。

公共教育局和地方公共教育服务机构。教育部将根据公共教育局的建议，制定一项为期8年的国家公共教育战略，由国家教育委员会批准，其重点是全面发展地方公共教育服务机构。

（一）公共教育制度和指导原则

该法律提出建立一个在智利的教育系统框架内运作的公共教育系统。该系统在遵循《宪法》《普通教育法》《质量保证制度法》等规定和原则的基础上，充分体现公共教育的特点，如世俗主义、多元主义、义务教育等，并遵循以下指导原则：

一是提供优质教育。该法律的目标是提供优质教育，使学生获得全面发展的学习机会，并参与到国家的社会、政治、文化和经济发展之中。为此，该法律将促进学生全方位的发展，包括精神、伦理、道德、认知、情感、艺术和身体发展，评估以上方面的实施情况，为学生提供接受高质量教育的机会，使他们做好在社会上生活的准备。

二是不断提高教育质量。该法律要求持续改进地方服务机构的教育质量，以实现全面和包容的优质教育，特别是在学前教育方面。为此，教育工作者应始终致力于实现法律规定的总体目标，并根据教育水平和方式达到适用于他们的标准并完成其他指标。各级教育部门应采取必要措施，确保达到质量标准。

三是扩大教育覆盖面，保障入学率。该法律规定在全国范围内提供教育服务，确保所有人，特别是有特殊需要的人群都能获得教育，并保障学生能够获得各级各类教育，同时确保教育服务的连续性。

四是公平发展和机会均等。公共教育系统的成员应采取积极行动，防止学生因出身或地域问题而接受低质教育情况的出现，特别要帮助较为弱势的学生最大限度地发挥自己的潜力。

五是协同合作。在合作基础上，该法律促进教育机构之间的持续和系统合作，实现公共教育的全面发展。为此，要在专业发展、信息共享、服务设施等方面建立网络，帮助专业人员开展协作工作。此外，地方教育服务机构还将与卫生、体育、文化等部门机构开展合作，制定集体战略以应对共同挑战。

六是发展包容性、世俗性的公民教育项目。国家应确保在整个教育过程中，在社会、种族、宗教、政治、性别或其他任何方面，平等地对待每一个人。为此，公共教育制度应确保所有宗教信仰都有一个开放的共处空间，促进民主共处和公民权利的行使，以及对环境的关心、尊重和理解。

七是提高教育项目的多样性和社区参与性。该法律要求始终尊重人权和民主共处原则，在制定和发展教育项目时，应确保和促进教育社区的参与，确保教育社区有权根据现行法律获得信息、发表意见。

八是促进公民教育，传播共和国价值观。该法律将帮助学生了解公民身份概念，在民主共和国框架内理解相关权利和义务，以及在行使和履行这些权利和义务时传播共和国的价值观，即那些符合民主、世俗和多元社会一贯做法的价值观。

九是融入社会环境。该法律的任务是促进知识、技能和价值观的发展；使个人和社区能够通过与各自环境建立创造性和建设性的关系；依靠地方教育服务机构，促进社会的和平、正义、团结。

（二）地方公共教育服务机构

教育机构是公共教育系统的基本单位，地方公共教育服务的目的是提供适当级别和方式的优质教育服务，尊重学生个体需要和身心特点，促进学生在精神、道德、情感、智力、艺术和信仰等方面全面发展。

地方公共教育服务机构要根据所在辖区的情况，在其辖区内发展公共教育，并确保教育服务达到适当的覆盖面。确保学生从小学到中学阶段教育进程的连续性，并与该区域的高等教育机构联合起来。在技术和职业培训方面，确保提供的专业技能与区域发展需要相适应，并促进与高等教育的顺利衔接，以开发培训课程，特别是与国家技术培训中心的协调。地方公共教育服务要为其管辖的教育机构提供技术、教学和管理支持，这些支持应针对每个教育机构的需要，并应考虑每个教育机构的教育项目和教育改进计划内容。地方当局在开展这项工作时应考虑教育机构的地域特点、模式、教育水平和培训类型，特别是特殊教育机构、成人教育机构、双语跨文化教育机构和农村教育机构，要根据其需要为其管理人员、教师、教育助理以及其他服务人员实施职业发展举措，并对教育机构进行评估，不断提高其教育质量。

公共教育制度的建立深刻改变了国家教育管理体制，其目的是在法律规定的领域提供免费、优质、大众的公共教育，同时考虑到地方和区域特点，确保公民在全国范围内按照《宪法》的规定行使受教育权。该法令颁布后，对教育领域的相关法律产生了极大的影响。为了系统地实现公共教育制度的目标，智利对其他涉及提供教育服务的法律也进行了广泛的修订，并对诸多事项的过渡条款进行了十分详细的规定，以确保公共教育制度的有效落实。

二、《公共教育助理法》

2018 年，智利颁布了《公共教育助理法》，即《第 21.109 号法令》，该法规定了地方公共教育助理章程，进一步完善了地方公共教育服务制度。教育助理是指在地方公共教育服务机构下属的一个或多个教育机构工作的人员，他们为学生的学习提供适当的服务。该法对教育助理的资质条件、类型、专业发展、工资待遇等做出了详细的规定，旨在为教育助理提供法律保障，建立公共教育助理制度，进而促进地方公共教育服务发展。

（一）教育助理的类型及其资质条件

根据教育助理职责和行使职责所需的职业能力，可将教育助理分为专业教育助理、技术教育助理、行政教育助理和辅助教育助理四类。

专业教育助理具有专业资格，需要持有国家高等教育机构授予或承认的职业资格证书，履行促进各教育机构发展的职能，为教育机构之间的合作项目提供支持。技术教育助理必须持有国家高等教育机构授予或承认的至少四个学期的高级技术职业学位或中级技术学位，主要是在课堂内外承担支持教育过程或管理工作的任务，以及其他需要技术职称的工作。行政教育助理必须持有中等教育证书才能担任，主要负责行政事务，需要通过正规教育或非正规教育获得实际行政管理技能。辅助教育助理主要在教育机构从事修理、维护、清洁和安全等工作，必须持有中等教育证书

（二）教育助理的专业发展

教育助理的入职应通过公开、包容和透明的征聘和甄选机制进行，这些机制应考虑到不同类别教育助理的入职标准，以及教育助理的任职资格、业绩和服务年限，整个选聘程序应向公众公开。该法详细规定了教育助理人员的应聘条件，并对教育助理的权利和义务，以及职能以外应遵守的各项规定做出了明确的说明。

该法指出，要对教育助理所需的知识、经验和技能加以规定，具体包括职位的要求、所需的知识和技能、职业发展的目标和业绩指标。教育部通过教育研究、实验和发展中心，帮助教育助理培养与教学相关的技能。地方服务机构和教育机构管理人员应开展对教育助理的培训活动，为教育

助理提供支持；可以根据地方公共教育服务的教育项目、教育改进计划、文化背景和地区发展需要，对教育助理的培训活动做出适当的调整，并向上级教育部门提出建议。教育助理应积极参加培训活动，以使自己在公共教育服务中更好地履行职责，承担更大的责任。

（三）教育助理的工作条件

教育助理有权履行其职责，并可在一个或多个教育机构就职，用人单位应当提供便利的工作设施，以便教育助理能够充分履行其教育服务职能。该法律明确规定教育助理每周正常工作时间不得超过 44 个小时，不得被指派从事危及自身安全或影响身体健康的工作。在学年结束后有权享有假期，并在休假期间积极参与培训活动，提高自身水平，以确保在学年开始时能够提供适当的教育服务。

此外，该法律明确规定了教育助理的薪酬和津贴。按照《劳动法》的规定，教育助理有权利获得特殊津贴。教育助理可根据所在机构的具体情况，如地区、生源等，获得不同比例的津贴，随着教育助理自身工作经验和服务年限的增长，津贴也要有一定比例的提高。在工作绩效和奖金方面，通过建立教育质量衡量体系来监测教育助理的工作，根据评价结果形成一般评价指标，该指标由服务年限、教育水平、学校生活等因素组成，最终根据评价的具体结果发放工作绩效奖金。不同指标的权重由财政部部长根据各变量的重要程度和实施规则进一步制定相关条例。

三、《2020—2028 年国家公共教育战略》

2020 年，智利制定了《2020—2028 年国家公共教育战略》，即《第 87

号法令》。该法令认为公共教育制度的目标是确保教育质量，为儿童、青年和成人提供高质量的教育服务，使他们在精神、伦理、道德、认知、情感、艺术和身体等方面均获得高质量发展。

国家公共教育战略是公共教育发展的路线图，规定了战略目标、行动方针、倡议和愿景。国家公共教育战略提出要保证让教育成为一项人人享有的权利。由于《2020—2028 年国家公共教育战略》是第一项国家公共教育战略，它需要为智利公共教育重新在教育系统中占据应有的位置创造机会，同时扩大公共教育的覆盖范围，为所有智利人提供更高质量的教育。其主要目标和举措如下：

一是通过优质的教学管理，提高所有学生的学习水平。制定统一和渐进的学习战略，将提高教育质量和保证人人享有教育权作为一项国家优先事业。有效的教学管理能够根据学生的学习基础和课程标准改善预期的学习效果。教学管理是每个教育机构的核心任务，因为它的核心目标是帮助学生学习和发展。为此，教师和校长必须协调协作。校长的主要任务是通过网络支持和跟踪教育过程来确保课程的完成；教师的主要责任是在课堂上进行教学，使用适当的教学策略，追踪学生的发展情况。此外，学校必须回应学生的各种需求，以克服可能阻碍他们发展的困难，并帮助他们发挥潜力。

二是加强对教育系统关键行为者（如教师、管理人员和地方公共教育服务人员）的职业技能培养。职业技能是指能够胜任、实现特定部门或领域职责的专门知识和相关能力，因此与有关部门或组织密切相关。该战略指出，公共教育系统面临的挑战是系统地培养和加强教育工作者的职业技能，从而对所有教育机构产生影响。解决这一挑战的优先举措是利用地方公共教育服务的技术和教学支持，改善学生的课程实践和学习环境。这意味着需要提供更多和更好的支持，并在实践中持续支持和反馈。这种支持和反馈首先体现在教育体制、教学领导和管理、课程管理和公民参与上。

三是在不同层次上展开有效的领导管理，努力提供最好的支持服务。好的领导管理能够支持教育系统实现目标，确保教育管理人员遵守现行法律法规，并为其履行内部和外部承诺提供必要的资源。新公共教育制度面临的最大挑战是建立新的公共教育系统，提供最高专业质量的地方公共教育服务，并建立有效的学校资助和机构管理系统。

四是改善基础设施条件。学校基础设施是学生学习过程中的一个决定性因素，改善学校的基础设施和设备条件始终被认为是一项优先事项。因此，改善基础设施和设备，以及配备适当的学习材料对满足学生学习需求至关重要，也是实现教育转型发展的基础条件。

五是确保财政支持的可持续性。为确保提供的公共教育优质、学生的个人发展机会充足，教育社区和非正规教育系统应最大限度地利用资源，并有效地投资，以实现财政支持的可持续性。为此，相关从业者需要建立伙伴关系并发展规模经济，监测教育系统对学习的影响，鼓励各方参与公共和私人项目。

四、《公共教育区域协调法》

公共教育区域协调的目的在于促进本区域内地方服务的协调，并通过促进地方公共教育服务部门与本区域内其他公共服务部门的合作与交流，改善其管理举措。2021年2月9日，智利颁布了《公共教育区域协调法》，即《第133号法令》，该法旨在促进地方服务部门和公共教育服务部门的协调，促进公共机构之间区域协调的运作和一体化。

公共教育区域协调会议成员构成如下：主持会议并按照相关规定召开会议的事务主席；区域教育局局长，同时担任执行秘书；区域政府代表；国家幼儿园理事会区域主任；教育监督区域主任；教育质量机构的区域代表；国家学校援助和奖学金委员会区域主任；本区域地方服务的执行主任；公共教育理事会代表。此外，总部设在该区域且获得认可的非营利性大学或技术培训中心代表，以及其他机构的代表或任何自然人，也可作为嘉宾出席会议。

公共教育区域协调会议分为经常性会议、特别会议和紧急会议。局长在一年内还将至少召开两次定期协调会议，经常性会议的次数将在第一次会议上决定。如果有关经常性会议的会期不够长，而且与特别会议的主题无关，还可继续举行特别会议。紧急会议讨论紧急或特殊问题，如因气候、流行病或自然灾害引起的影响整个区域或部分区域的教育服务问题，包括当地公共教育服务的其他问题。

会议的法定人数应为区域协调成员的绝大多数。达成协议的法定人数应为有关会议出席者的绝大多数，所有这一切均应记录在案。如果会议提出的项目需要成员表决，而表决结果又出现票数相等的情况，则主席应就批准还是否决该措施做出指示。会议记录应有与会者的签名，并注明与会者姓名、法定人数和应邀与会者的出席情况以及表决情况。会议记录将在下一届经常性会议或特别会议开始时公布。执行秘书负责宣读每次会议的议题表，起草会议记录，并确定实现会议目标需要解决的问题。

公共教育区域协调会议主要发挥以下职能：通过各次会议商定的机制，促进该区域地方公共教育服务的协调；提出改善地方服务管理的倡议，将这些倡议反映在技术文件中，并提供给地方服务部门；就该法规定的国家公共教育战略提出建议；促进与该区域其他公共或私营实体的伙伴关系落实。

五、《土著民族教育法》

2021 年 2 月 9 日智利颁布了《土著民族教育法》，即《第 97 号法令》，该法规定了基础教育 1—6 年级土著民族语言和文化课程的基础课程。设置土著民族语言和文化基础课程是为了给土著民族儿童提供学习本民族语言和文化的机会，培养土著民族语言听、说、读、写的能力，了解土著民族的文化遗产、科学技术和世界观。

（一）跨文化教育

学校教育中所有课程都应体现对文化多样性的尊重。土著民族语言和文化课程为学校提供了一个课程空间，使学校能够与国家课程中的其他课程进行文化交流，从而为来自土著民族和其他文化的学生创造学习机会。跨文化教育应注重以下两个方面：

一是注重土著民族文化的特性。承认和正确评价不同社会和文化群体的不同现实，是在不同的民族之间建立横向关系的基本条件。维护文化多样性、促进文化交流，是尊重人权和基本自由的表现。在智利历史上，土著民族在一定程度上受到占主导地位的文化模式的同化，进而导致了不同文化间的排斥和不平等。跨文化主义寻求建立互相尊重和彼此平等的关系，跨文化教育的目的是促进土著民族语言和文化的发展，以及促进具有跨文化意识的公民的培养。从长远来看，加强文化交流是建设民主和谐社会的基础。因此，必须承认和加强土著民族文化本身的特性，培养具有跨文化交际能力的学生，使他们能够根据对自身文化的评价和对自身权利的认识，与多元文化进行对话，从而能够在不同的文化背景下发展。

二是加强土著民族语言和文化的联系。设置基础课程的一个核心问题就是让土著民族的语言和文化课程能够适应每个民族的语言和教育的现实多样性。在这方面，土著民族语言的教学和学习过程必须由土著民族自己来完成。因此，要通过重视语言教学意识、改善语言教学方法、制定语言教学战略等诸多方法，将土著民族语言和文化作为课程教学的核心内容。

与此同时，还应纳入与土著民族语言和课堂环境相适应的双语教学战略。注重土著民族语言教学的目的是培养学生的交流技能，包括土著民族文化背景下的知识、技能和态度，同时考虑到土著民族语言的文化意义和特定的语言背景。这意味着，要根据各个土著民族的现实生活，为学生设置与其文化相联系的语言学习环境，使其能够了解、感受和分享土著民族的生活，并掌握土著民族语言的特征，还能用土著民族语言进行交流。

语言不是文化的一个孤立方面，而是社会群体的文化习俗和信仰的一种原动力。语言、社会、文化之间有着密切的联系，语言学习的过程是一个从语言理解到文化交流的过程。语言和文化共同构成了社会结构，规定了人们对世界的理解。因此任何交流都应考虑到文化层面。语言学习的重点仍然是用该语言进行交流，但这种交流不能仅限于语言能力的实际运用，还应该包括对其所属群体的文化习俗的了解。为此，跨文化教育着重强调全面学习土著民族的语言，将语言学习和文化知识密切联系在一起，鼓励学生积极参与具体、真实、多样和有意义的学习活动，通过培养对话、观察、实践、阅读和写作等技能，使其能够从语言结构和知识逻辑中获得文化的意义。

（二）课程的核心内容

知识和知识之间的对话是土著民族语言和文化课程的关键问题。该法详细制定了1—6年级每门课程的学习目标，以促进土著民族语言和文化发展的现实需要。土著民族语言和文化课程有广泛和灵活的参考框架，以课程设置原则为指导，可以根据学生的学习需要和教育项目的特点来设置学习目标。考虑到土著民族自身丰富的文化传统，相关的课程内容主要包括以下四个核心内容：

一是土著民族的语言、口头传统、图示和读写实践。口头表达是土著民族语言中的一个重要特征，包含不同形式的知识传播、社会公约、文化传统等，对土著民族的生活具有特别重要的意义。此外，口头传播在构成土著民族语言习俗和文化习俗之间建立了强有力的联系。鉴于土著民族语言的口头性，提升学生对于土著语言的听说读写能力至关重要。总之，要根据不同土著民族的语言背景、日常生活和学校教育中使用土著民族语言的程度，合理地制定学习目标。

二是土著民族的领地、特征和历史记忆。对土著民族来说，这些内容之间是密切相关的，是土著民族身份建设的基础。从语言、世界观、历史、艺术、技术和诸多构成土著民族文化的要素来看，领地是构成土著人民生活的一个基本方面，对土著民族来说，领地是一个文化空间，它具有深刻的精神意义，并将土著人民与自然、环境、生活和交流动态联系起来。而历史记忆则是社会生活知识的综合来源，包含土著人民的过去和现在，因此在发展土著民族的认同感和归属感方面也发挥着核心作用。

三是土著民族的世界观。世界观是看待和理解世界的方式。在土著民族的观念中，宇宙中的一切都是相互关联的，人是这个自然整体的一部分。对生活和世界的理解与土著民族的知识相联系，体现了个人与集体的智慧，也体现在人与自然的关系中。土著民族的价值观、传统家庭观念和集体活动等都是土著民族文化的一部分，是在人与自然界各种要素的相互作用中建立起来的，涉及个人的人格、道德和社会行为等诸多方面。因此，土著民族的世界观具有重要意义，只有不同民族的学生了解和重视土著民族的世界观，才能促进文化对话，在文化交流中互惠和互补，进而加强学生的全面教育。

四是土著民族祖先的遗产、技术、科学和艺术。语言和文化复兴的进程涉及许多领域，其中包括不同土著民族的技术、科学和艺术等知识，它们共同构成了一种面向实践的知识。不同的艺术是不同民族的文化象征。同样，土著民族的科学技术不仅是科学知识，还是土著民族对世界的观察。土著民族的遗产、艺术、技术和科学等与土著民族领地、语言和世界观的各个方面相互渗透，艺术和科学的实践需要使用特定的语言进行交流，语言也使实践本身具有意义。因此，土著民族祖先的遗产、技术、科学和艺术体现了土著民族生活的构成和发展，学习这方面内容能更了解土著民族的文化结构和精神意义。

六、《高等教育法》

2018 年 5 月 29 日智利颁布了《高等教育法》，即《第 21.091 号法令》，进一步完善了高等教育制度。该法令规定，高等教育是一项权利，所有人都有权不受歧视地获得高等教育，以发展其才能；高等教育发挥着重要的社会作用，通过发现和更新知识及其应用，培养科学、技术、艺术和人文学科人才，推动社会文化、科技的可持续发展。[1] 此外，高等教育寻求对人进行全面的教育，以发展自主和批判性思维为导向，鼓励学生根据自己的才能和兴趣，积极参与社会生活的各个领域。

（一）高等教育制度的原则

其一，自治。该法承认并保障高等教育机构的自主性，在《宪法》和法律允许的范围内确定和实施其在学术、经济和行政领域的体制目标和项目。此外，高等教育机构应在每个教育项目框架内享有学术和教学自由，以实现高等教育的目标和原则，谋求国家及其地区的共同利益和发展。

其二，质量。高等教育机构及其所属的制度应当以追求卓越为导向；实现各机构在教育、知识创造、研究和创新方面的目标；确保职责的履行

---

[1] 资料来源于智利教育部官网。

及其结果的质量，并遵守国家高等教育质量保证体系规定的质量标准和规范。为了追求质量发展，高等教育机构必须以学生及其学习水平、知识和创新的产生为中心。

其三，合作与协作。在高等教育系统之间开展有效合作，促进知识传播和建设学术共同体。不同高校的协作是为了在高等教育目标的框架内实现共同的目标，在合作与伙伴关系的框架内确保知识网络和国际学术交流的区域一体化。

其四，教育项目的多样性。该法尊重和保护教育进程和项目的多样性，表现民主价值观和尊重文化多样性，以促进不同文化间的交流。

其五，包容性。该法希望将所有学生都纳入高等教育机构，消除和禁止一切形式的歧视。在这方面，该法也将提供合理的、便利的服务，使残疾人能够融入社会。

其六，学术自由。高等教育应以尊重学术自由为基础，包括自由表达意见、思想和信息；在法律规定的框架内，并在尊重体制项目及其使命的情况下，为学术界和教育工作者提供教学、创造和研究自由。

其七，多方参与。高等教育机构应尊重和协助其他相关机构参与高等教育工作，以促进各机构内部的和谐共处。

其八，相关性。高等教育系统将推动高等教育机构在其工作中，按照发展目标，为国家、所在区域和社区的发展做出持续贡献。

其九，尊重和保障人权。高等教育系统和机构的一切工作，包括其培训建议、组织发展建议以及工作学习都要尊重和保障人权。

其十，透明度。高等教育系统和机构应向社会和国家提供真实、相关、充分、及时和无障碍的信息。同时，确保信息的透明度也是高等教育机构履行法律规定的报告机制和义务的体现，特别是国家高等教育质量保证制度规定的报告机制和义务，它是承担学术、行政和财务责任的基础。

（二）设立高等教育秘书处

该法设立了高等教育秘书处。高等教育秘书处负责向教育部提出高等教育发展战略计划，以应对高等教育制度的长期挑战；在促进高等教育学生的入学、留用和毕业等方面提出相关政策建议；按照相关法律规定管理授予和撤销国家对高等教育机构的认证；建立和协调高等教育机构之间的参与和对话机制，并促进其与中等教育机构的联系；建立和协调高等教育机构与区域政府之间的参与和对话机制；履行法律规定的其他职能和权力。

（三）高等教育职业技术培训

该法规定职业技术培训是指正规和非正规的教育过程，包括研究技术和相关科学，发展与职业有关的技能、能力和知识，提高个人终身学习能力。在正规教育领域，职业技术教育旨在提高中等职业技术教育和高等职业技术教育的水平，以及发展成人教育。非正规教育领域主要包括各种针对工作需要的培训。该法还规定了促进这两类教育之间联系的机制，形成教育职业培训的贯通。

教育部应制定国家职业技术培训战略，指导制定和执行这方面的公共政策，每五年审查和更新一次。该战略将加强教育系统之间的联系，以及大学教育与国家和区域要求之间的联系，确定职业技术培训的优先发展目标，并提出实施计划。同时，该法令规定要分析各个地区的生产、社会和文化发展趋势，分析生产部门、公共行政部门、社会文化发展机构以及其他领域对技术人员和专业人员的培训需求，在此基础上向教育机构和生产部门提出关于培训的建议，将中等职业技术教育与高等职业技术教育、大学教育以及成人教育联系起来，以提高学生和工人就业能力为战略目标，提升他们的职业能力和终身学习水平。

（四）高等教育监督

该法律规定需设立高等教育监察局，监督高等教育机构在其职权范围内是否遵守法律和条例。高等教育监察局有权监督高等教育机构在法律和章程允许的范围内对相关资源的具体使用情况；监督高等教育机构是否遵守商定服务和对学生做出的其他学术承诺的条款、条件和方式；在不妨碍有关高等教育机构正常开展学术或教学活动的情况下，有权以其认为适当的方式审查所有业务、财产、书籍、账目、档案和一般资料；在不妨碍教育部行使其固有权力的情况下，执行和解释其与监督相关的规定，并向受其管制的部门发出一般执行指示。同时，高等教育机构有向高等教育监察局报告的义务，按照相关法律规定向高等教育监察局提交有关高校管理、财务状况等方面资料。高等教育监察局应确保在其网站上及时向公众提供各项工作的报告和指示，确保政务信息公开透明，广泛接受公众的监督。

（五）建立国家高等教育质量保证体系

教育部通过高等教育秘书处、国家教育委员会、国家资格认证委员会和高等教育监察局等机构，共同建立国家高等教育质量保证体系，高等教育机构也是该体系的一部分。这些公共机构应为高等教育的发展制定政策，在行使高等教育机构职能时做到高质量、相关性、衔接性、包容性和公平性；监督高等教育机构是否遵守规则以实现自身的发展目标，以及是否履行其财政、行政和学术承诺；按照相关规定对自治的高等教育机构进行机构鉴定，以及对本科和研究生课程或方案进行鉴定。国家教育委员会负责颁发新的高等教育机构许可证。

国家高等教育质量保证体系由协调委员会负责相关事宜，高等教育秘书处负责为协调委员会提供技术支持。该委员会应负责协调各组成机构与高等教育机构的关系，建立协调高等教育质量保证体系各组成机构与高等教育机构之间的信息交流机制；制定提高高等教育质量的协调计划，包括高等教育质量保证体系的目标，以及实现这些目标所需的行动和确定需要特别协调的领域；确立高等教育机构认证程序和标准，保障许可证颁发标准的一致性。国家资格认证委员会负责管理高等教育机构的认证程序并制定本科和研究生课程，根据高等教育机构类型制定本科和研究生课程质量标准，保障及时更新课程质量标准以符合智利高等教育体系发展的多样性。

第二节 主要问题

教育政策的落实和发展需要各个社会系统的协调合作。智利公共教育改革不仅是教育改革的一部分，也是社会发展的重要议题。但由于政策不完善，智利公共教育仍有诸多问题亟待解决。

一、教育市场化的路径依赖阻碍教育改革步伐

20 世纪 70—90 年代，智利政府为了减少国家财政负担、促进教育现代化发展，将教育行政管理权和财政权下放以发挥地方办教育的积极性。此后几十年里，教育市场化一直是智利教育制度的特点。在这种背景下，大量私立学校建立，教育私有化的范围逐渐扩大，而由地方政府管理的公立学校却因为各地经济、财政等情况不同而出现教育质量参差不齐的情况。教育作为社会发展的工具，国家在保障受教育权和提供教育服务方面有着义不容辞的责任。私有化和市场导向的政策不仅改变了教育的提供和"消费"方式，而且

有可能重新定义教育的本质。[1] 在教育市场上，不同质量的学校教育作为一种商品在交易，这意味着当一个人有更丰富的经济资源时就能获得更高质量的教育，市场的效率和自由恰恰造成了不同学校教育的差距。学校的高度分化不仅造成学生分布不均、学习成绩差异大、弱势学生边缘化的问题，而且拉大了社会经济发展差距。私立教育的扩大对大多数社会经济弱势群体产生了负面影响，甚至"从长期来看会削弱公立学校的政治支持"[2]。随着公立教育与私立教育之间的不平衡逐渐加大，教育不平等进而造成了社会不平等，这主要反映在城乡教育差距越拉越大、阶层流动性受阻、高度复杂的结构性不平等现象加剧等方面。

二、公共机构缺乏协调有序的合作关系

《新公共教育法》提出建立公共教育体系，与其他法规制度存在交叉和出入。这意味着新的公共教育体系内的角色和职能可能交叉或发生转移，地方公共教育服务目标规划与实际实施存在一定差距，对地方公共教育服务的运作和管理造成不良影响。[3] 公共教育委员会在听取各公共机构意见的同时，要厘清不同法规之间的内在联系以及不同联系的组织逻辑。在实践中，职能重叠的弊端已经显现，不同公共机构之间的协作互助是解决这一问题的关键。[4] 公共教育机构应负责落实国家政策，充分发挥引导和促进的作用，为地方公共教育机构的教育服务创造条件，促进公共教育系统的完

---

[1] RIZVI F. Privatization in education: trends and consequences[J]. Education research and foresight series, 2016, 18: 1-12.

[2] World Bank.World development report 2018: learning to realize education promise[R]. Washington, DC: International Bank for Reconstruction and Development, 2018: 25.

[3] 资料来源于智利教育部官网。

[4] 资料来源于智利教育部官网。

善和发展。

新的法规政策在向地方市政当局下达的过程中，要注意文件信息传达的准确性，在这一过程中应充分发挥法规政策的效力，以使地方公共教育服务机构之间达成一致的目标，并按照法律要求在公共教育机构与私营机构之间建立协作关系。此外，教育监管局和教育质量局要通过特派人员开展经常性的对话，在地方公共教育机构之间建立联系。目前，地方公共教育服务机构在协调方面仍然存在挑战，主要是在体制机制上还存在缺失和不足。随着地方公共教育服务的持续推进，公共教育机构间的沟通和对话日益密切，将共同建立协调有序的合作关系。

三、财政资源管理能力有待加强

教育政策的制定和完善要以充足的财政支持为保障，不能仅凭借增加财政资源的支出和分配来实现教育改革的目的，而是要在合理的框架内考虑社会经济发展需求和社会结构的特点，充分运用财政资源为教育政策的制定提供新的架构。

财政资源管理首先要保证财政支持的可持续性，确保有效使用财政资源。在这方面，教育机构人员冗余是直接影响财政支持可持续发展的原因。教育机构应与当地服务部门合作，为符合退休条件的教育工作人员制定合理的退休方案，并调整在职人员的工作制度。考虑到教育机构处理这一问题的局限性，建议建立一项完善的评估机制，赋予外部机构必要的权力，以解决教育领域人员冗余问题。

影响财政支持可持续性的另一个因素是资源使用的有效性和灵活性。公共教育服务系统中的官僚作风在一定程度上影响了资源的充分利用，地方公共教育服务机构作为公共服务部门，行政效率不高、缺乏灵活的预算，减少了专注于地方公共教育服务本身的空间和资源。[1] 从与预算相关的法律来看，公共教育服务附属机构的行政能力也有待提高，这些附属机构要确保资源是否得到有效利用。通过正确的管理合理制定预算并提高财政资源使用的灵活性就是一项重要举措。在建立地方公共教育服务机构的第一阶段，提供公共教育服务必须遵守公共教育的标准，要特别注意灵活调动财政资源，解决市政当局负责教育遗留下来的效率低下问题。

四、人员配置与教学管理制度尚不完善

按照法律规定，地方公共教育服务机构人员要通过公开竞争的方式进行甄选。根据对当前各个地方公共教育服务机构的人员配置的审查情况来看，一些教育机构的人员配置尚未达到要求。其中一个主要原因就是无法从市政当局选调合适的负责人，特别是农村和偏远地区，这些地区很难吸引人才。[2] 另外一个影响人员配置和管理的因素是招聘程序是否合理。地方公共教育服务机构的人员应按照公务员制度进行招聘，以便更全面地遴选。但若候选人数增加，招聘程序的合理性和透明度则会受到质疑，这对地方公共教育服务的建设发展会产生不利影响。在工作条件上，教育专业人员和社会福利部工作人员的不确定性很高，他们会因为非公开竞争和工作业绩没有达到相关要求而失业。

在教学管理方面，随着公共教育进程逐渐推进，各个地方公共教育服务机构的教学管理理念更加明确，这主要表现在注重复杂技能的学习、关注学生的发展路径等方面。新冠肺炎疫情期间，政府开始强调和重视教育社区的心理和情感支持，以应对突发公共卫生事件给整个教育系统带来的

---

[1] 资料来源于智利教育部官网。

[2] 资料来源于智利教育部官网。

重大挑战。[1] 为了强调教学创新的重要性,有关部门为学校管理人员提供培训和实地辅导,确保学校系统能够积极参与公共教育事业的建设,促进教学方法的改进,并推动教学管理的改革发展。为了协调、规划、监测和评价教学过程,地方公共教育服务机构要制定支持和规划战略,通过信息技术建立教学监测系统,诊断、规划、执行和评价教学过程,为教育机构提供科学指导和技术支持。

第三节 主要经验

智利早期的新自由主义教育模式、教育市场化发展以及后来的公共教育等一系列改革对其他国家优化公共教育与私立教育之间的关系、发展更加公平更有质量的教育具有一定的借鉴意义。

一、国家是教育市场化发展的主导力量

教育系统及其组成部分是教育政策与教育实践之间的纽带,受国家意识形态、法律框架、社会价值观的影响而运作,再由学校和其他利益相关者将教育政策落实为实践活动。在皮诺切特统治时期,政府试图通过新自由主义改革来建立新的社会秩序,并在教育领域引入市场机制促进竞争和发展,可以说智利的教育市场化不是教育自身发展的产物,而是拥有绝对权力的军方政府对教育系统进行的"激进实验"。此后,智利的教育体系一直深受新自由主义的影响。新自由主义改革使市场和家长能做出理性决

---

[1] 资料来源于智利教育部官网。

策，从而推动了教育体系的发展，并将国家转变为保护市场竞争的辅助角色。然而，教育市场化虽然在短期内促进了教育的有效发展，但没有考虑到长期的不平等带来的消极影响，在这种情况下，教育作为一种权利被沦为"商品"。

智利从 20 世纪 90 年代起实施了一系列改革，希望将国家法规政策的制定与教育市场化发展结合起来，但长期教育市场化发展带来的一系列弊病根深蒂固，如何修正教育市场化失灵、突出国家主导作用，仍是智利政府面临的重大挑战。从智利教育市场化的发展历程中可以看出，只有国家主导教育改革，且按照市场经济规律改造当前教育制度和教育体系，才能有效地避免教育市场化失灵的弊端，从而达到优化教育资源、实现教育现代化增长的目的。

二、教育公平是社会和谐发展的基石

智利是拉丁美洲地区在教育成就和入学率方面表现最成功的国家之一，但同时也是经合组织成员中教育体系分化和不平等程度最高的国家之一。随着新自由主义实践的不断深入，智利社会重要的公共服务领域逐渐私有化，大部分无产阶级、中产阶级和小资产阶级被剥削，养老和医疗保障条件日益下降，使得教育成本更加高昂，进而造成社会阶级固化、贫富差距越来越大等诸多社会问题。近年来，智利颁布了一系列教育政策，试图改善教育系统的结构，引导教育公平发展，还颁布了为土著民族提供特别课程内容的政策，希望借此解决诸多社会问题。可见，无论是处于变革的社会环境下，还是在和平稳定发展时期，教育公平始终是教育改革的目标和人民的期望，也是智利教育政策的核心。

三、合理运用财政资源是教育持续改革的保障

多年来，智利通过改革成为拉丁美洲最稳定、最繁荣的经济体之一，教育事业更是占据了国家发展的中心地位。1990 年以来，国家持续不断的大力投资促进了教育的发展，教育投资在 1990 年占 GDP 的 3.8%，2000 年上升到 7.4%，这意味着在短短的 10 年间，智利教育投资在 GDP 中所占比例就增加了将近一倍 [1]，在学校基础设施、师资培训、学习材料和教学技术上的投资有了显著的提高。除了 8 年的初等教育，智利的义务教育还扩展到 4 年的中学教育，因此智利所有儿童都可以接受 12 年的义务教育。早期的教育券政策对智利的教育体系影响深远，这一政策优先考虑经济情况较差的学生，保证他们的受教育权，扩大家长的择校权，根据学生的集中程度向学校提供资源从而提高教育质量，并鼓励私营部门以最低的公共开支提供教育服务。

四、广泛的社会共识是落实教育政策的动力

广泛的社会共识意味着公众能够充分认识并理解教育政策的精神要义。实现社会共识需要公众通过对政策内容的研判和挖掘，来明确教育政策的价值理念以及执行政策的内在要求，这样才能在思想和意识层面明确教育政策的实质。智利教育系统的诸多问题植根于一个不平等和阶级分化的社会，经济依附、二元经济结构和两极分化等问题也曾长期困扰着智利的发展。[2] 社会分化和教育资源不平等不断阻碍教育改革的发展，教育改革仍被视为智利公共教育政策制定的优先事项，是国家重大政治议程的一部分。

---

[1] Ministerio de Educación. Estadísticas de la educación, año 2001[R]. Santiago: Ministerio de Educación, 2002.

[2] 韩琦，曹龙兴. 智利现代化道路的独特性及其历史根源 [J]. 世界历史，2015（1）：119-128.

教育政策作为国家指导教育改革的政策文件，对教育系统的发展做出实质性的规划与引导，从根本上解决了上述问题。教育政策，特别是公共教育政策，很可能因为影响少数群体的利益而在实施过程中遇到阻碍，因此公众对教育政策的支持度对教育政策的有效实施至关重要。任何一项教育政策都是对传统教育体系的挑战，并深深嵌入了有关教育的社会价值观和公众舆论。公众对教育政策能否形成广泛的共识直接关系到教育政策能否缔结新的社会契约、能否对社会发展做出贡献。

第十一章 教育行政

16世纪上半叶,智利沦为西班牙殖民地。在殖民地时期,智利教育事业完全由西班牙天主教会控制。独立后,智利政府建立了国家主管的职能机构,对教育不断进行改革,加强文化教育,改变了殖民地时期重视宗教教育的倾向。目前,智利实行中央统一领导、地方分权管理的教育行政体系。智利教育部是国家主管机构,负责各级教育的发展,通过制定和实施政策、规范和法规,建立包容的和高质量的教育体系,从而促进科学技术研究和艺术创作的发展。

第一节 中央教育行政

智利的行政管理受地理特征的影响较深,国家南北两端通信困难、信息闭塞,加之山区地形复杂,国家文化统一性与不同地区的多样性的现实,使得教育体制的管理比较困难。自20世纪80年代开始,智利教育制度的管理和监督就发生了巨大的变化。教育部负责制定教育政策、颁布技术标准,并通过具体部门来监督、指导和评价公共教育和私人办学。这些具体部门包括教育秘书处和相关教育分支机构,如普通教育分支机构和计划及预算机构、人事机构、高等教育机构。在每一个区内,教育部把它的计划和监督的职能授权给地方教育长官，之后再由地方教育长官协调与教育部的活动，并协调区域内教育部门的活动，地方教育部门通过监督人员与学校联系。

一、中央教育行政机构

智利独立以后，教育事业发生了巨大变革，建立了国家主管教育机构。1833 年颁布的《宪法》规定，公共教育是政府的优先关注事项，国家要高度重视国民教育。1842 年，智利政府将原属于内政部的国民教育局独立出来，成立教育部，作为主管教育的最高职能机构，从此确立了国家对教育事业的领导权，智利教育事业掀开了新的一页。

负责全国教育工作的机构还有：全国幼儿教育委员会，主要职责是为 6 岁以下儿童实施早期免费教育政策；全国协调委员会，负责领导与实施教育部制定的扫盲计划；国家助学奖学金委员会，负责向经济困难、无力支付学费和膳宿费的学生提供补助，为学习成绩优秀者发放奖学金；全国基础教育中心，负责对成人实施基础教育，提高他们的文化水平，并协调母亲中心、工会、居民委员会以及其他社会团体参与成人教育工作；全国职业培训协会，负责对在职劳动者进行普通教育和职业技术教育。除中央级教育机构外，各地方均设有教育局，负责本地区教学工作和行政管理事务，教育部对其行使督察权。

二、中央教育行政机构职能

2004 年 8 月，智利颁布法令，明确了教育部的基本组织架构，如图 11.1 所示。由于机构众多，无法一一赘述，故仅对其中关键部门及其职能做一介绍。

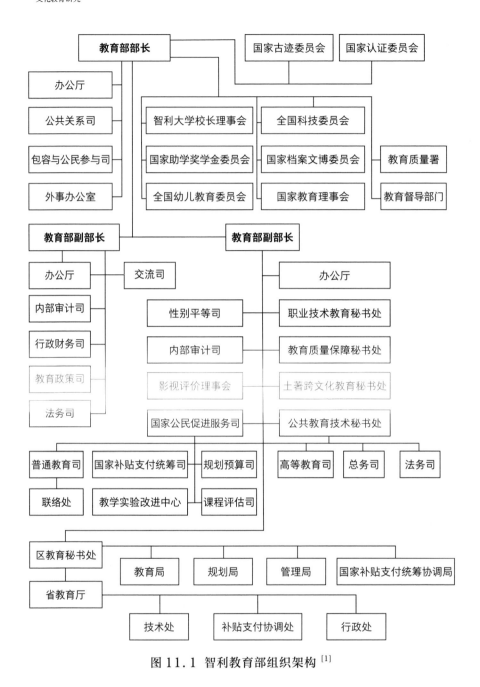

图 11.1 智利教育部组织架构 [1]

---

[1] 资料来源于智利教育部官网。

教育部是智利教育管理的最高行政机构[1]，拥有制定教育政策，指导、监督其实施的权力，并对教育行政和管理进行监督。教育部设部长 1 人，教育部部长是国民教育部的最高主管，下设几名副部长具体分管各级各类教育事业。教育部部长办公室是一个负责把教育政策转化为指示并监督其实施的机构。

智利大学校长理事会是大学工作的国家协调机构，负责提高高等教育的工作质量。多年来，大学校长理事会为高等教育做出了很多重要贡献，例如建立大学学分团结基金制度。目前，智利大学校长理事会由智利 30 所大学的校长组成，由教育部部长担任主席。

普通教育司负责发展学前教育和基础教育，并促进正规教育的持续改进。

国家补贴支付统筹司通过预算法对教育机构的预算进行补贴，并根据法律法规对颁发给教育机构的教育补贴进行管理和监督。

高等教育司负责监督、规范《高等教育法》的执行，并按照现行规定提出高等教育机构的预算分配。高等教育司司长负责履行高等教育司的职责和协调本司公作。

总务司是人力、财政、物质资源的管理单位。

法务司负责法律事项的咨询和报告。

教学实验改进中心通过教育研究向其他部门提供政策建议，为教师开展专业技能培训课程，并负责协调教师绩效考核等方面的工作。

课程评估司负责制定课程和评估标准、开发小学和中学的课程计划和创新项目，进一步规划教育专业人员的培训方案。

区教育秘书处负责规划、规范和监督其所在地区机构的教育发展，确保教育目标的实现和政策的实施。

省教育厅负责对其管辖范围内的教育机构进行监督和检查。

---

[1] 李仲汉，韩其洲. 世界初等教育的发展与改革 [M]. 北京：人民教育出版社，1991：276.

第二节 地方教育行政

　　智利的教育管理权主要在省级教育机构，国家和教育部负责制定全国教育工作的总方针政策并监督执行。多年来，智利政府一直在进行教育行政管理改革，下放教育管理权，以充分发挥地方办学的积极性。

一、地区教育行政机构和职能

　　目前，智利全国共分为 16 个大区，下设 56 个省和 346 个市。区教育局根据公共教育的宗旨和目标来开展教育规划、监督和评价。

　　区教育局设有教育、文化、行政和规划方面的组织机构及法律顾问机构。在权力下放的过程中，区教育局同公共教育监督局、地区规划与协调秘书处协调行动，共同推动地区一体化项目的实施。

　　智利注重教育管理权力的地区化。政府在对全国教育状况做了诊断研究后认为，中央权力过大、机构重叠、教育制度的结构与组织欠严密、各地区的教育发展不平衡等是智利教育存在的主要弊端。因此，政府开始实施分权政策，使教育走向地区化。在全国各大区建立区教育局，与大区的政府相联系，既可解决国家教育管理负担过重的问题，又能满足各地区不同的教育需求。

二、省级教育行政机构和职能

　　智利全国 50 多个省都设有教育厅。根据非集中化的原则，省教育厅在执行上级规定方面有很大的自主权。一是制定教育规划的自主权。制定教育规划是经济社会发展的一项重要工作，要在正确分析区域经济的基础上，自主地制定本区域教育发展规划。二是办学形式自主权。智利目前的教育发展现状是，中央公办学校占一部分，还有一部分由各省投资筹办，私立学校也为数不少。所以，应该赋予各省在办学形式、学制设置上更多的自主权，鼓励社会机构办学，发展多层次的教育，以此弥补国家及地方财政投资的不足。各省在办学形式上，除了在现有基础上继续扩大其规模外，还可以让更多的社会力量参与到教育中来，如鼓励企业、社区力量及个体经营者加入，采取多种形式办学。

三、市级教育行政机构和职能

为了简政放权，加强教育管理的活力和有效性，智利将中小学逐步过渡为市办单位。全国318个市都成立了市教育行政管理处或理事会，其人员、设备连同学校一并归市政府管理，而不再由教育部进行管理，学校受劳工法规的约束。在学校层面，目前有48%的学生就读于国家资助的私立教育中心，43.5%的学生在市政府管理的公立教育中心就读，6.9%的学生就读于私立学校，1.6%的学生在财政支持但由商业公司管理的教育机构就读。[1]

智利有关法令规定了市教育局局长的职权，其主要职权有：参与拟定并批准市教育发展年度计划；在规定期限内为每所学校提供教学、管理和技术等方面的服务；参与并批准年度市政教育发展计划；根据各机构的需要，组织管理比赛，确定岗位的职责；担任教师评价资格委员会成员。

另外，智利将中小学教育管理权下放到市政府，是使教育制度适应国

---

[1] 资料来源于智利教育部官网。

家新教育需求的关键一环。实行教育地方化加快了分权的进程，对解决教育的具体问题更为有效；促进了教育管理的合理化，使教育部仅保留较高层次的监督和控制权限，允许更多的社会团体参与到教育计划和决策中去；扩大了教师的就业机会，改善了教师的工资待遇。

第十二章 中智教育交流

　　智利是第一个和中国建交的南美洲国家，也是第一个就中国加入世贸组织与中方签署双边协议的拉美国家，第一个承认中国完全市场经济地位、与中国启动双边自由贸易谈判的国家。中智建交以来，两国在政治、经济、文化等多个领域的合作持续稳定发展，双方相互理解和认同日益加深，两国成功建立起全面战略伙伴关系。当前，中智双边经贸关系进入健康快速全面发展阶段，不断向高质量高水平迈进。开展教育交流与合作是贯穿中智两国关系发展始终的主题，为深化各个领域的合作提供了人才和智力支持。

第一节　中智教育交流历史

　　中智教育交流的历史也是两国人民相互了解、友好往来的历史。智利与中国建立外交关系的尝试可以追溯到 20 世纪初期，此后，两国维持了零散、偶尔的贸易和文化往来。[1] 新中国成立以后，中智两国保持着大量的非官方接触，为正式建立外交关系奠定了良好的基础。1970 年，随着中智两国外交政策的改变，加之意识形态、经济等因素的推动，中国和智利正式

---

[1] 拉瓦尔卡. 全球化时代的智利与中国 [M]. 张芯瑜，译. 北京：五洲传播出版社，2017：12.

建交，智利成为第一个与中国建交的南美国家。

一、酝酿准备时期

中华人民共和国成立后，中国政府确立了对拉丁美洲国家的基本外交方针——"积极开展民间外交，争取建立友好联系和发展文化、经济往来，逐步走向建交"。[1] 在这一方针的指导下，中国同智利积极开展民间往来。这一时期，两国交流集中于文化和经济领域。在此基础上，双方逐步开始了建立外交关系的尝试。由于尚未正式建交，两国几乎没有官方的教育往来，但绘画、诗歌等多个文化领域的交流以及相关协会、团体的建立为此后双方开展教育交流合作营造了友好氛围。

智利对华友好人士是双方交流的重要推动力量，为两国增进相互了解和发展官方关系做出了卓越贡献。1952年10月，在智利著名画家万徒勒里等对华友好人士的推动下，智利-中国文化协会成立。该协会是南美国家最早成立的对华民间友好组织，为建交前促进智利与中国的文化交流和友好关系发挥了积极作用。同年，在后来担任总统职务的阿连德的领导下，智利-中国文化研究所成立。此后，阿连德、聂鲁达等智利知名人士以及智利新闻工作者代表团、文化代表团、科学家代表团等先后访华。1960年，智利大学校长、拉丁美洲大学联合会主席米利亚斯率领的智利教育代表团访华，成为中智教育交流的先锋。与此同时，中国也派出文化团体，积极同智利和其他拉美国家开展文化交流。20世纪60年代，在文化等领域交流增多的基础上，中智关系进一步发展。1963年，智利外长在各国议会联盟会议上发言，要求恢复中国在联合国的合法席位。1964年，智

---

[1] 徐世澄. 绚丽多彩的现代拉丁美洲文化 [M]. 昆明：云南大学出版社，2017：169.

利成立了争取与中国建立外交关系委员会。[1] 总的来看，新中国成立后，文化交流在中国同智利的友好往来中起到了"破冰"作用，是推动双方建立正式外交关系的先锋。这一时期的中智民间文化交流和双方友好往来增加了两国人民的相互了解，为正式建交以及此后官方教育交流与合作打下了坚实基础。

二、初步发展时期

1970 年 12 月，中国驻法国大使黄镇和智利驻法国大使恩里克·伯恩斯坦在巴黎签署《中华人民共和国政府和智利共和国政府关于建立外交关系的联合公报》，中智正式建交。建交后，两国双边往来增加并签署了一系列协定。中智两国由此开启在贸易、文化等多个领域的双边合作时代。

随着中智两国在贸易等领域的合作不断增加，文化交流被提上日程。教育在两国文化交流中具有传播和创造文化的积极作用，是双边文化交流必不可少的组成部分。1981 年，两国签署了《中国和智利两国政府关于文化交流问题的换文》，首次提出互派专家、学者访问以及互派文化、教育和体育代表团。该协议是中智两国在文化领域开展官方交流与合作的有益尝试，为双方进行教育交流提供了可靠的法律保障。1986 年，两国签署了《一九八七年和一九八八年文化交流执行计划》，该计划在 1981 年基础上对两国教育交流做出了新的安排，具体包括 1987 年智利大学校长代表团访问中国，1988 年中国教育代表团访问智利和双方互换 4 名奖学金留学生并开展为期两年的学习。1987 年，中智政府签署了《中华人民共和国政府和智利共和国政府文化协定》，该协定对开展艺术、教育、体育、图书馆等多个

---

[1] 王晓燕. 智利 [M]. 北京：社会科学文献出版社，2011：337.

方面的文化交流做出了指示，并提出了进行教育交流的五大举措：互派教师、学者和专家进行访问、考察、教学；根据需要与可能，相互提供奖学金名额，鼓励派遣自费留学生；促进并支持两国高校建立直接的校际联系和合作；鼓励两国教育机构交换教科书及其他教育方面的图书、资料；鼓励对方国家的专家、学者参加在本国召开的国际学术会议，并尽可能为此提供便利。上述举措初步形成了中智教育交流与合作的框架，为此后两国开展教育领域的合作提供了法律保障。

总之，这一时期，中智两国在系列条约的保障下逐步开展官方教育交流与合作，为加强两国友好关系和促进其他领域的交流做出了贡献。在教育领域，中智两国初步形成了合作框架，包括互派留学生、教师，积极开展人员交流；加强高校校际合作；开展国际学术交流等，为此后进一步拓展教育合作和推动两国教育发展打下基础。

三、不断深化时期

1990 年，中国国家领导人首次访问智利，两国领导人取得了广泛的共识并共同签署了《中华人民共和国政府和智利共和国政府植物检疫合作备忘录》。此后，中智高层不断互访。两国领导人的互访极大地推动了各领域合作的开展和双边关系的发展。这一时期，中智两国在交通、科技、文化、农林、海洋等多个领域签署了合作协定，实现了双边关系的跨越式发展。2004 年，中国国家主席胡锦涛同智利总统拉戈斯举行会谈，共同宣布建立中智全面合作伙伴关系。这标志着两国关系进入了实质性发展阶段，为中智发展注入了新的动力。20 世纪 90 年代以来，中智双边关系的不断发展为两国进一步开展教育交流与合作提供了政策支持和法律保障。

中智两国教育交流的不断深化表现在诸多方面。首先，中智两国签署了新的教育交流相关条约，为开展双边教育交流与合作提供了指引。1999
年，两国在北京签署《中华人民共和国政府和智利共和国政府一九九九至
二〇〇一年文化交流执行计划》，其中就双方奖学金名额事项做出了规定。
具体来说，1999—2001 年，智利向中国提供两个奖学金名额，供中国专业
人员在智利首都师范大学学习西班牙语；同时，中国也向智方提供两个奖
学金名额，供智利教育部官员来华进修。2004 年，中智两国在圣地亚哥签
署了《中智两国教育领域合作谅解备忘录》，商定重点开展人才培养、语言
教学、教育科学研究和机构及人员交流等方面的合作。2008 年，双方继续
签署了《中华人民共和国政府和智利共和国政府 2008—2011 年度文化交流
执行计划》，规划了中智两国教育合作的主要方面，如选派教师赴智教授汉
语、推动两国大学合作等。[1]

其次，智利汉语教育迅速发展。自 2004 年备忘录签署以来，中国积极
向智利派遣汉语教师和志愿者，并于 2008 年和 2009 年在圣地亚哥设立了圣
托马斯大学孔子学院和天主教大学孔子学院。2009 年，智利将汉语纳入中等
教育阶段选修课体系，成为首个将汉语教育纳入国家教育体系的拉美国家。[2]

最后，中智两国在多个领域开展科研合作。两国在空间、农牧、渔业
等多个领域签署的条约和协定中都对双方开展科研交流与合作进行了专门
的规定。在科研合作方面，中智两国不断拓宽合作领域、完善合作机制。

这一时期，随着中智双边关系取得实质性进展，两国在教育领域的交
流与合作取得了新成就。在前期教育交流与合作形成初步框架的基础上，
双方进一步签署和落实相关条约和协定，从开展汉语教育、加强科研合作
等多个领域着手，推动两国在教育领域的合作进一步深化，为双方教育发
展和其他领域合作深化不断提供新的动力。

---

[1] 中华人民共和国外交部. 中华人民共和国政府和智利共和国政府 2008—2011 年度文化交流执行计划
[EB/OL]. [2021-07-24]. http://treaty.mfa.gov.cn/Treaty/web/detail1.jsp?objid=1531876925780.

[2] 胡昳昀，赵灵双. 中国和拉美教育交流与合作 60 年：进展、问题及策略 [J]. 比较教育研究，2020，42
（12）：38-45.

四、内涵提升时期

2012 年，中国国务院总理温家宝访问智利期间，与智利总统皮涅拉共同宣布中智建立战略伙伴关系。此后，中智关系的战略性和全局性日益突出，双边关系不断取得发展。2015 年，中国国务院总理李克强访问智利期间，两国领导人共同签署了《中华人民共和国政府与智利共和国政府共同行动计划》，为中智开展各领域中长期交流与合作提供了行动纲领。2016 年，为进一步促进两国关系发展，中国国家主席习近平和智利总统巴切莱特一致决定将中智关系提升为全面战略伙伴关系。[1] 2020 年，中智建交 50 周年，两国举行了一系列纪念活动，如在圣地亚哥举办云端音乐会、推出中国当代诗歌专刊等，以多样化的形式搭建起中智沟通的桥梁。2012 年以来，在中智双边关系不断发展、两国相互理解和信任不断深化的背景下，中智继续推动在教育领域的友好互利合作，并取得了积极成效。

随着中智双边关系发展进入新时期，两国教育交流与合作的领域继续拓宽、内涵不断丰富。在人员流动方面，中智两国为留学生提供了政府奖学金以及其他项目资助。2012 年，中国国家留学基金委向智利提供了 44 个奖学金名额，[2] 2018 年，根据中国教育部统计，智利获得中国政府奖学金的人数增加到 89 人。2014 年，智利 21 所大学联合启动了"留学智利"项目，重点面向中国、巴西等国家，旨在吸引更多的留学生赴智留学，促进智利高等教育国际化。[3] 在语言教学方面，智利发展成为拉丁美洲汉语教学的重要基地。2014 年，孔子学院拉美中心在圣地亚哥正式揭牌。该中心是继孔子学院美国中心后设立的第二个海外地区中心，旨在根据拉美文化特点，

---

[1] 中华人民共和国外交部. 中华人民共和国和智利共和国关于建立全面战略伙伴关系的联合声明（全文）[EB/OL].（2016-11-23）[2021-07-25]. https://www.fmprc.gov.cn/web/zyxw/t1417793.shtml.

[2] 何霖俐. 中国与拉丁美洲留学人员交流与培养 [M]. 北京：中国社会科学出版社，2018：65.

[3] 何霖俐. 中国与拉丁美洲留学人员交流与培养 [M]. 北京：中国社会科学出版社，2018：67.

协调整个拉美地区孔子学院工作,强化区域内孔子学院的交流与合作。[1] 在高等教育方面,中智两国高校间联系增加,双方在学历互认等方面取得了突破性进展。2012 年,首届中国教育展暨中智大学交流活动在圣地亚哥举行,北京大学、中山大学、哈尔滨工业大学等 47 所中国大学参与。会后,双方举行了中智大学校长论坛。[2] 2013 年,中智两国签署了学历互认协议,中国政府承认到智利学习的留学生获得的智利文凭。[3] 此外,在完善合作机制、开展科研合作与学术交流等方面,双方均取得了新的进展。

这一时期,在双边关系战略地位显著提升、两国互利合作和友好往来不断深化的背景下,中智在教育领域的交流与合作持续发展。具体表现为两国政府奖学金名额增加,留学规模有所扩大;高校校际交流增加,中智本科生国际交流项目、中智大学校长论坛等顺利开展;汉语教学和学习中国文化在智利中小学和各大高校日益受到重视。

综上所述,经过 70 余年的发展,中智双边关系取得了长足进步,两国教育交流与合作也取得了实质性和创新性的成果。中智通过互派留学生、加强语言教学、开展科研合作、强化高校间合作等多种途径形成了较为完善的合作框架,并签署了一系列战略文件,积极探索教育交流与合作的新形式和新内容。随着中国和智利政治对话和互信不断深化、贸易往来规模不断扩大,两国在教育领域的合作将愈加紧密。

---

[1] 新华网. 孔子学院拉美中心在智利揭牌 [EB/OL].(2014-05-13)[2021-07-26]. http://www.xinhuanet.com/world/2014-05/13/c_1110665413.htm.

[2] 中华人民共和国驻智利共和国大使馆. 中国教育展在智利隆重举行 [EB/OL].(2012-11-28)[2021-07-26]. http://cl.china-embassy.gov.cn/chn/zzgx/kjww/201211/t20121128_4766961.htm.

[3] 何霖俐. 中国与拉丁美洲留学人员交流与培养 [M]. 北京:中国社会科学出版社,2018:153.

第二节 中智教育交流现状

新中国成立以来，中智在教育领域的交流与合作取得了长足的发展。两国在教育合作机制建设、人员流动、语言教学、高校校际合作等多个方面积极展开对话与交流，实现中智教育交流全方位、多领域、多层次的飞跃式发展。70余年来，中智教育交流以民间外交为先导，在双边关系发展的基础上不断取得新的成就，为两国教育发展乃至世界教育进步做出了贡献。

一、中智教育交流主题

近年来，通过双方高层交流、签署教育合作协议、互派留学生以及专家学者、举办国际学术会议等方式，中智两国在教育领域的交流日益频繁，为中智其他领域合作和双方教育发展提供了不竭动力。

（一）加强顶层设计，构建教育合作机制

中国和智利在教育领域的交流与合作具有中国与拉丁美洲国家区域性合作以及双边合作并行的特点。一方面，中拉区域性合作不断深化为中智双边关系不断取得新成果提供了保障；另一方面，中智双边关系不断取得进展是促使中拉区域性合作进一步发展的重要动力。因此，分析中智教育交流合作机制的建立需从中拉区域性合作和中智双边合作两个方面入手。

在区域合作层面，中国同拉美国家广泛建交，不断探索教育交流与合作的新形式和新内容。2008年，中国政府发表了《中国对拉丁美洲和加勒比政策文件》，确立了中拉开展各领域合作的指导原则，从战略高度对中拉

关系发展做出了规划。[1] 2015 年，在中拉论坛首届部长级会议上，双方共同制定了《中国与拉美和加勒比国家合作规划（2015—2019）》。该文件对中拉教育与人力资源培训合作做出了具体安排。[2] 2018 年，在第二届中拉论坛部长级会议上，双方共同制定了《中国与拉共体成员国优先领域合作共同行动计划（2019—2021）》（以下简称《中拉共同行动计划》）。在新的阶段，中国将向拉共体成员国提供 6 000 个政府奖学金名额；促进中拉大学和智库的交流；落实好"未来之桥"中拉青年领导人千人培训计划；与拉美国家互设文化中心等。[3] 一系列中拉合作战略文件的签署为中拉开展教育交流与合作搭建了制度框架，也为双边教育合作不断取得新进展奠定了基础。目前，中国教育部与秘鲁、智利、巴巴多斯等拉美十国签署了教育领域合作协议，向拉美 31 个国家的留学生提供了奖学金名额。[4]

在双边合作层面，教育是中智重要的合作领域之一，在增进两国人民理解、促进民心相通上发挥了关键作用。2012 年建立战略伙伴关系以来，中智教育交流与合作不断取得突破。2015 年，中国国务院总理李克强访问智利，两国政府共同发表《中华人民共和国政府和智利共和国政府联合声明》，明确指出将进一步扩大在文化、教育、旅游、青年、地方及南极科考等领域交流合作。[5] 2016 年，中国国家主席习近平访问智利期间，两国一致同意扩大文化、教育、南极科考等领域的交流并签署相关合作文件。2017 年，智利总统巴切莱特访华期间，两国政府再次发表联合声明，强调要继

[1] 中华人民共和国商务部. 中国对拉丁美洲和加勒比政策文件 [EB/OL].（2008-11-05）[2021-07-31]. http://bo.mofcom.gov.cn/aarticle/jmxw/200811/20081105871699.html.

[2] 中国政府网. 中国与拉美和加勒比国家合作规划（2015—2019）[EB/OL].（2015-01-09）[2021-07-31]. http://www.gov.cn/xinwen/2015-01/09/content_2802719.htm.

[3] 中华人民共和国外交部. 中国与拉共体成员国优先领域合作共同行动计划（2019—2021）[EB/OL].（2018-02-02）[2021-07-31]. https://www.mfa.gov.cn/web/system/index_17321.shtml.

[4] 何霖俐. 中国与拉丁美洲留学人员交流与培养 [M]. 北京：中国社会科学出版社，2018：44.

[5] 中国政府网. 中华人民共和国政府和智利共和国政府联合声明（全文）[EB/OL].（2015-05-26）[2021-08-01]. http://www.gov.cn/xinwen/2015/05/26/content_2868669.htm.

续促进双方文化、教育交流合作。[1] 2019 年，智利总统皮涅拉访华，两国签署了《中华人民共和国政府与智利共和国政府共同行动计划（2019—2022）》，该计划有助于巩固中智在教育和其他领域的务实合作。此外，在发表的联合声明中，双方强调要加强天文、学术机构交流等领域的合作。[2] 一系列联合声明的发表和相关协议的签署不仅表明中智双边关系不断深化，也为发展中智教育交流与合作指明了方向。

（二）增加学生流动，扩大人员往来规模

互派留学生是中智教育交流与合作的重要组成部分，是增进两国人民相互理解、培养优秀人才的有效途径。自两国建交以来，获得中国政府奖学金的智利留学生人数明显增加。从 1986 年两国提出互换 4 名奖学金留学生到 2018 年智利 89 人获得来华留学政府奖学金，两国在学生流动上取得了显著进展。根据中国教育部统计，2013—2018 年，获得中国政府奖学金的智利留学人数总体上呈上升趋势，其中，获得中国政府奖学金的学历来华留学生人数明显增加，非学历来华留学生人数减少。总的来看，2013—2018 年，智利来华留学生人数波动较大，其中，学历来华留学生在 5 年间实现人数翻番，非学历来华留学生总体上呈现下降趋势。由此可见，随着两国双边关系发展以及教育交流与合作不断深入发展，越来越多的智利留学生选择赴华学习以获得学位。这也在一定程度上表明智利对中国高等教育的认可度不断提升。

除政府奖学金项目外，中智学生流动和人员往来还受到两国其他合作机制的支持，包括高校间优秀本科生国际交流项目，孔子学院奖学金，农

---

[1] 中国政府网. 中华人民共和国和智利共和国联合声明 [EB/OL].（2017-05-15）[2021-08-01]. http://www.gov.cn/xinwen/2017-05/15/content_5194141.htm.

[2] 中国政府网. 中华人民共和国和智利共和国联合声明 [EB/OL].（2019-04-24）[2021-08-01]. http://www.gov.cn/xinwen/2019-04/24/content_5385798.htm.

林、海洋等领域合作协议，行业部门合作项目等。以优秀本科生国际交流项目为例，中国安徽大学和华东师范大学都与智利圣托马斯大学建立了友好合作关系，并派出本科生赴该校交换学习。此外，安徽大学和圣托马斯大学联合设立了孔子学院并面向各国孔子学院（课堂）学员、本土汉语教师和大学中文专业学生提供孔子学院奖学金。多样化、多层次的学生流动机制为两国扩大留学生规模、开展学术和文化交流提供了渠道，也为双方跨越语言和文化隔阂、深化各领域合作提供了人才支撑。

（三）培养语言人才，搭建人文交流桥梁

一方面，中国以建设孔子学院为主要方式在智利积极推广汉语和中华文化。智利已经开设了 2 所孔子学院和 7 所孔子课堂，[1] 为开展智利汉语教学和加强中智人文交流做出了非凡贡献。在孔子学院、孔子课堂和其他大学、中心的积极推动下，智利人民学习汉语的热情高涨，远超其他拉美国家。在智利，汉语已经成为仅次于英语的第二大外语。尤其值得一提的是，圣托马斯大学孔院在智利的 19 座城市都设有教学点，基本覆盖其全境，这一点，在全球孔院中也非常罕见。[2] 2014 年，孔子学院拉美中心在圣地亚哥揭牌，为智利发展汉语教学注入了新的动力。该中心在拉美地区积极开展汉语教学调查、本土汉语教师培训、本土汉语教材开发等方面的工作，已经发展成为拉美地区孔子学院进行信息交流、经验分享和项目合作的中心。同年，该中心举办了首届拉美地区本土汉语教师培训，为拉美地区不同国家汉语教师交流提供了平台，有助于提高拉美地区的汉语教学水平。孔子学院为智利人民学习汉语、了解中国文化提供了渠道，为培育和巩固两国人民深厚情谊提供了土壤。

---

[1] 周宸伊. 中国在拉丁美洲软实力研究 [M]. 北京：世界知识出版社，2018：123.

[2] 拉封登. 当拉美人民走进汉语世界 [N]. 人民日报，2018-01-25（22）.

另一方面，在开展汉语教学和推广中华文化的同时，中国也积极培养精通西班牙语的人才，强化双边合作的人才保障。首先，中国加强西班牙语专业人才培养。随着中国同智利等拉美国家在政治、经济、文化等领域的合作日益紧密，国内对西班牙语人才的需求快速增加，这促使中国重视发展西班牙语教育以满足社会需求。截至 2016 年，中国开设西班牙语专业的院校共有 96 所，其中本科院校 74 所，是 1999 年的 8 倍；在校生人数约 2 万人，是 1999 年的 40 余倍。[1] 其次，中国通过高校校际交流，培养中智两国发展所需的复合型人才。中国清华大学、南京大学、暨南大学等高校与智利天主教大学、圣地亚哥大学、智利边境大学等高校建立了友好合作关系，双方互派留学生，依托语言教育、医学等众多学科开展学生交流，互学互鉴，培养具有语言技能和学科专业背景的复合型人才。最后，双边和多边合作协议为中国培养西班牙语人才提供了保障。包括两国签署的各年度文化交流执行计划、《中拉共同行动计划》在内的众多双多边合作协议都对双方提供奖学金名额、互派留学生等内容有所关注，为促进中国西班牙语人才的培养提供了有效的保障机制。

（四）开展校际交流，深化高等教育合作

首先，中智全面战略伙伴关系发展不断取得新成就为两国开展高等教育合作提供了不竭动力。自 2016 年建立全面战略伙伴关系以来，两国继续密切高层交往，不断开拓新的合作领域，在国际发展合作、贸易、国际和地区问题等多个方面加强对话和交流，积极巩固现有的双边合作机制。这促使两国开展高校交流，为各领域双边合作提供人才、技术等多个方面的支持。其次，中国拉美研究机构关系的发展，为中智交往提供了智力支持

---

[1] 中国社会科学杂志社.《中国西班牙语人才就业与流动调查报告》发布 [EB/OL].（2017-01-18）[2021-08-05]. http://sscp.cssn.cn/xkpd/xszx/gj/201701/t20170118_3388627.html.

和学术保障。包括北京大学、北京外国语大学、南京大学在内的众多中国高校设立了拉美研究中心，为中智高校间合作对接夯实了基础。同时，加强与智利高校的交流也是中国高校开展拉美研究的现实需求。最后，智利高等教育发展是中智校际交流的重要推动力量。智利天主教大学和智利大学在拉丁美洲大学中位居前十，[1] 两所大学还进入了 2021QS 世界大学排行前 200 名。基于此，中智高校积极开展校际交流，通过多种方式加强互学互鉴。西南科技大学、安徽大学、华东师范大学等中国高校与智利发展大学、智利圣托马斯大学、智利康塞普西翁天主教大学等多所高校建立了友好合作关系，并通过各类学生交流项目、双学位项目等开展交流与合作。

（五）重视科研合作，提升协同合作水平

自 1981 年中智两国签署科学技术合作协定以来，科研合作在双边往来中日益受到重视。随着中智双边关系的发展与合作机制的完善，两国科研合作日趋紧密，并朝着全方位、多领域的方向发展。截至 2021 年，两国已经签署了渔业、空间、农牧科技、动植物检疫、卫生和医学等多个领域的合作协定或谅解备忘录。双边合作协定对促进各领域合作研究、科研交流、专家派遣、人才培训、学术会议、资源共享等内容做出了规定，为中智开展科研合作提供了保障。为促进合作开展，两国还建立了各领域协调及评估机制。如成立中智渔业合作混合委员会负责执行和评估协议，农牧科技合作协调委员会负责确定合作计划等。此外，中拉签署的多边合作计划也为中智开展科研合作提供了资金等方面的支持。2014 年，中国国家主席习近平在访问拉美期间提出设立"中拉青年科学家交流计划"。该计划由中国科技部国际合作司提供资助，由中国科学技术交流中心承担过程管理工作，

---

[1] 何霖俐. 中国与拉丁美洲留学人员交流与培养 [M]. 北京：中国社会科学出版社，2018：182.

支持拉美和加勒比国家与中国有较好合作基础的科研机构或大学派出青年科学家，来华开展为期半年到一年的合作研究工作。[1] 智利与中国设有政府间科技合作混委会，是该计划重点支持的国家之一。

在签署双多边协议与合作计划的基础上，中智两国通过多种方式开展科研合作。首先，通过高校和科研机构间互派专业技术人员、研究人员、学生进行科研交流、合作研究和人才培养。如暨南大学与智利边境大学在医药学、生物化学等方面开展务实合作，以期提高双方的教学科研水平；[2] 中国农业科学院与智利农牧研究院建立了合作伙伴关系，在中国举办的中智农业科技研讨会上，双方就畜牧兽医、生物技术、果树繁殖等领域的合作达成了一致，并同意定期轮流举办学术研讨会，进一步推动科学家互访和留学生交流等工作。[3] 其次，中智双方共同参加或举办国际学术论坛。2017 年，第一届中拉高级别学术论坛在智利举行，与会专家就中拉基础设施建设、互联互通和"一带一路"建设、创新驱动战略与科技合作前景等议题建言献策。[4] 最后，双方依托国家项目开展科研合作。中国农业机械化科学研究院等科研单位以中国科技部对发展中国家科技援助项目为依托，联合智利比奥比奥大学，先后共同承担了"智利果蔬产品安全监控与真空冷冻干燥技术研究与推广应用"和"智利海产品真空冷冻干燥技术研究与推广应用"两项课题，推动了智利农业产业化变革。[5]

---

[1] 中华人民共和国科学技术部. "2017 年中拉青年科学家交流计划"征集通知 [EB/OL]. （2017-08-25）[2021-08-07]. http://www.most.gov.cn/tztg/201708/t20170825_134615.html.

[2] 暨南大学新闻网. 智利边境大学第一副校长卫斯一行来访我校 [EB/OL]. （2015-09-09）[2021-08-07]. https://news.jnu.edu.cn/jnyw/yw/2015/09/09/17385236311.html.

[3] 中国农业科学院国际合作局. 我院成功举办中智农业科技研讨会 [EB/OL]. （2010-11-22）[2021-08-07]. https://gh.caas.cn/zdhd/9216.htm.

[4] 中华人民共和国国务院新闻办公室. 第一届拉共体–中国高级别学术论坛在智利举行 [EB/OL]. （2017-10-19）[2021-08-07]. http://www.scio.gov.cn/zhzc/35353/35354/Document/1566302/1566302.htm.

[5] 中华人民共和国科学技术部. 中国智利真空冷冻干燥技术联合研究实验室正式揭牌 [EB/OL]. （2018-04-08）[2021-08-07]. http://www.most.gov.cn/gnwkjdt/201804/t20180418_139173.html.

二、中智教育交流模式

随着双边往来不断增加，中智教育交流与合作的领域不断拓宽，形式不断丰富，主体趋于多元。中智教育交流的顺利开展和持续深化有赖于民间往来的推动和双边关系不断取得新进展。在此基础上，两国积极开展人文交流，同时重视人才培养和互学互鉴，共同营造良好的教育交流氛围，促进教育交流质量的提高。

（一）以民间友好往来为先导

中智双方在建交前开展的民间来往和有限的"半官方接触"为两国建立外交关系和深化人文、贸易交流做出了不可磨灭的贡献。两国在人文领域的友好往来和互学互鉴更是为双边教育交流奠定了良好的基础，成为此后两国教育交流与合作的先导。1970年以前，中智两国尚未建立外交关系，双方没有政府间的公开接触，两国间接触以民间友好往来为主，这种"半官方"的文化和科教领域往来为增进两国相互了解和建交后开展教育交流发挥了积极作用。具体来看，中国国家领导人先后会见了来访的智利新闻工作者代表团、教育代表团、智利大学脑科研究所所长阿方索·阿森豪、文化代表团、智利大学校长委员会秘书长奥拉西奥·塞拉诺·帕尔玛、科学家代表团等。同期，中国杂技艺术团、新闻工作者代表团、文化代表团等先后访问智利，受到智利民众欢迎。[1] 中智两国在文化和科教领域的民间互访和交流是促进两国相互理解和互利合作的有效途径，为建交后两国开展教育领域的交流与合作夯实了基础。

---

[1] 中华人民共和国国务院新闻办公室. 中国–智利 [M]. 北京：五洲传播出版社，2004：89-106.

（二）以双边关系发展为基石

两国政治关系的改善是开展教育交流合作的基础。1970年建交以来，在两国政府的推动下和学界、商界等各界人士的共同努力下，中智双边关系快速稳定发展。中智合作在政治、经济、人文、科教等多个领域不断扩大，取得了持续稳定的进展和实实在在的成果。值得一提的是，在世界经济受到新冠肺炎疫情严重冲击之时，中智贸易展现出强大韧性，保持了增长的势头。2020年1—7月，智利与其他国家贸易普遍下跌，但与中国双边贸易逆势增长近10%。[1] 随着双边关系的不断推进和各领域合作不断深化，中智教育交流的内容和形式不断丰富，呈现出双向互动与多元化的特点。建交伊始，中智教育交流的形式较为单一，集中于互派代表团、留学生等人员往来、图书资料互换和参加国际会议等方式。随着两国政治互信加强和在国际事务上的交流与合作日趋密切，双方进一步签署了各领域的合作协议，在天文、渔业等领域合作中也增加了教育相关内容，这使得教育交流与合作的内容与形式更为多元。

（三）以政府政策支持为保障

中智建交前，两国政府以直接或间接参与的方式在双边交流中发挥有限影响。建交以来，两国政府在双边教育交流中开始发挥主导作用和统筹作用。政府能够以制定教育交流政策、签署双边及多边教育交流协议、提供教育交流国家项目、增加资金支持力度等多种方式为教育交流的顺利开展提供全方位的保障。在政策方面，中国政府历来高度重视发展与拉美地区的全面合作与友好关系，并通过经贸交流、文化往来等方式发展与所有

---

[1] 中华人民共和国驻智利共和国大使馆. 中国与智利：半个世纪的友谊[EB/OL]. （2020-10-02）[2021-08-09]. http://cl.china-embassy.gov.cn/chn/ztbd/202010/t20201002_10197745.htm.

拉美国家的合作关系。[1] 开展文化、教育领域的交流是中国对拉美地区外交政策的重要组成部分，也是中国与智利深化双边合作的重点领域。在交流协议方面，中国既与智利签署了专门的教育交流协议，如两国政府多次签署的年度文化交流执行计划；也在其他领域协议中包含教育相关内容，如在渔业、动植物检疫等协议中明确提出加强科研合作、派遣专家等，这进一步丰富了中智教育交流的内容，拓宽了教育交流的领域。在国家项目方面，中国政府提供了"中拉青年科学家交流计划""对发展中国家科技援助项目"等多个项目，为促进中智科研合作和教育交流提供了支持。在资金方面，中国为面向智利或拉美地区提供的国家项目、留学生派遣等提供了财政拨款，为深化中智在教育领域的交流与合作提供了资金保障。可以说，中智教育交流从有限的民间往来到多领域蓬勃发展，政府各项政策支持在其中发挥了关键性作用。

（四）以人文交流互鉴为纽带

人文交流是中智民间往来的主线，也是两国官方外交的必要组成部分。在人文领域的交流和互学互鉴有助于增进两国人民相互理解和支持，为政治、经济领域的合作夯实民心基础，也为双边教育交流的顺利进行营造了友好氛围。这一时期，虽然中智人文交流形式较为单一，但广泛涉及了两国体育、科学、新闻等各个领域，极大地促进了两国人民相互了解，为正式建立外交关系发挥了重要的破冰作用。建交后，随着外交关系稳步发展，两国人文交流的形式和内容更加多样，参与主体日趋多元。2012 年建立战略伙伴关系以来，中智通过举办"中国文化年""智利周"等活动，共同搭建了双边人文交流的平台，为中智人民呈现了内容丰富的文化盛

---

[1] 李红杰，余万里. 改革开放 30 年的中国外交 [M]. 北京：当代世界出版社，2008：338-346.

宴。2015 年，中国文化部和中国驻智利大使馆在圣地亚哥共同举办了中国文化年。[1] 中国文化年以演出、展览、电影、讲座和图书出版等多种形式为智利民众了解中国文化提供了宝贵的机会。同年，中国驻智利大使馆和智利外交部在北京和上海共同举行了中国"智利周"活动，智利前总统弗雷率领智利经济、农业等部门官员和企业家访华，并举办一系列经贸和文化活动。[2]

（五）以优秀人才培养为支撑

加强人才交流、实现双方合作共赢是中智教育交流的核心内容，也是双边教育合作的重要目标之一。在双方的共同努力下，两国教育交流的规模不断扩大，层次不断提升。在人才培养方面，两国通过互派留学生、访问游学、合作办学、双学位项目、联合设立孔子学院等多种方式不断拓展合作的深度和广度，为实现共同发展提供人才支撑。高校校际合作是中智通过教育交流培养优秀人才的主要途径。高校校际合作能够为人才培养搭建起必不可少的平台，并提供师资、设备、资金等多个方面的支持。中国众多高校都和智利大学、智利天主教大学等智利知名高校建立了友好合作关系并签订了校际合作协议，在语言教学、医药学、化学等领域开展互派留学生、专家学者互访、共同参与研发等合作，这为两国提升在各领域的科研教学水平和加强学生专业能力发展提供了途径。

---

[1] 中华人民共和国国务院新闻办公室. 2015 智利中国文化年绽放"华艺新颜"[EB/OL].（2015-01-06）[2021-08-10]. http://www.scio.gov.cn/zhzc/35353/35354/Document/1506150/1506150.htm.

[2] 中华人民共和国外交部. 驻智利使馆同智外交部共同举办 2015 中国"智利周"启动仪式 [EB/OL].（2015-08-19）[2021-08-11]. https://www.fmprc.gov.cn/web/gjhdq_676201/gj_676203/nmz_680924/1206_681216/1206x2_681236/201508/t20150819_9373931.shtml.

（六）以国际多边合作为依托

中智教育交流与合作不仅受到两国双边合作机制的支持，也受到中拉合作、亚太经合组织（APEC）等地区间和区域性机制的影响。依托上述双多边机制，各国政府官员和专家学者围绕教育领域的问题展开研讨，为本国教育发展和国际教育事业进步建言献策。在中拉合作方面，自 2014 年成立以来，中拉论坛成为中国与拉美和加勒比国家合作的重要平台。在 2015 年和 2018 年中拉论坛部长级会议上，双方共同签署了地区间合作规划，对教育领域的交流与合作做出了具体安排，包括提供政府奖学金名额，共建孔子学院或孔子学堂，建设文化中心等。此外，作为中拉论坛框架下的重要分论坛，中拉智库论坛为双方官员和专家学者交流提供了机会，为促进中拉各领域合作以及深化人文、教育领域的合作做出了重要贡献。[1] 在 APEC 区域合作方面，中智双方借助 APEC 教育部长会议这一平台积极介绍本国教育发展取得的成就、阐明教育主张，同与会各国共同探讨开展教育领域的合作和促进教育发展的良策。中国和智利曾共同参与主办 APEC 教育创新论坛，为同年举行的教育部长会议提供决策依据。[2]

总之，教育交流是中智双边往来的重要组成部分，为促进两国政治互信、经贸合作发挥了重要作用。长期以来，中智两国坚持平等交流、互信合作、开放包容、互利共赢，不断深化两国教育合作深度并提升教育合作层次。

---

[1] 中华人民共和国外交部. 外交部副部长郑泽光出席第五届中拉智库论坛开幕式 [EB/OL].（2019-10-29）[2021-08-12]. http://russiaembassy.fmprc.gov.cn/wjb_673085/zzjg_673183/ldmzs_673663/xwlb_673665/201910/t20191029_7649361.shtml.

[2] 中华人民共和国教育部. 第三届 APEC 教育部长会议预备会（2004 年）[EB/OL].（2004-01-14）[2021-08-12]. http://www.moe.gov.cn/srcsite/A20/s7068/200401/t20040114_77880.html.

第三节 中智教育交流案例与思考

中智在文化、教育领域的交流与合作是两国关系的重要组成部分，并为中智双边关系发展发挥了推动作用。当前，中智教育交流呈现出全方位、宽领域、多层次的局面，两国在教育领域已形成了双向互动、互利共赢的合作关系。随着"一带一路"倡议持续推进，教育将在中智双边关系发展中继续发挥推进器和稳定器的作用，继续深化中智互信合作。

教育交流与合作是中智双边往来的关键环节和重要领域。随着两国双边关系不断深化和各个领域的合作稳步推进，中智教育交流的内容和形式更加多样化，包括政府、高校、科研机构等多元主体积极参与两国教育交流，共同推进双边教育合作朝着多领域、多层次的方向发展。本节从宏观、中观和微观三个层面选取了中智教育交流案例并进行分析，具体涉及中央政府、地方政府和高校三大主体。

一、以国家为主体的中智教育交流——以中国文化中心为例

在智利设立中国文化中心是中智两国关系进一步深化的重要标志，也是两国政府共同推动双边文化和教育交流的积极成果。2016 年 11 月，应智利总统巴切莱特邀请，中国国家主席习近平对智利进行国事访问。访问期间，两国元首共同见证了《中华人民共和国政府和智利共和国政府关于在智利圣地亚哥设立中国文化中心的谅解备忘录》的签署。中国外交部部长王毅和智利外交部部长穆尼奥斯分别代表两国政府在文件上签字。设立文化中心是中智双边关系进入全面战略伙伴关系时期的重要举措，为推动中智文化交流和中华文化"走出去"提供了平台。中国文化中心以优质、普及、友好、合作为宗旨，旨在向智利人民提供高质量的文化活动，不断增进中智相互了解和

促进两国友谊发展。通过常态化、不间断地举办演出、展览等交流活动；组织语言、文化艺术、体育健身等各类培训项目以及实施各类短期培训计划；组织学术讲座、研讨会、汉学家交流等活动；设立图书馆，向智利公众介绍中国的历史、文化、发展和当代社会生活等方式，中国文化中心为智利人民提供了丰富多样的文化活动。可见，中国文化中心在中国对智推广中华文化和帮助智利民众了解当代中国中发挥了重要的平台和窗口作用。

中国文化中心的设立以中智双边关系深化为背景，对促进两国教育交流与合作起到了积极的推动作用。21 世纪以来，中智高层互访频繁，双边合作持续推进，两国关系快速、稳步、健康发展。2010 年，两国教育部签署了关于教育领域合作的谅解备忘录；2013 年，两国签署了关于成立两国政府间常设委员会的谅解备忘录；2016 年，中国国家主席习近平出访智利期间，两国签署了关于加强两国战略对接的谅解备忘录、关于教育领域合作的谅解备忘录等多项协议。中智关系取得长足发展以及两国在文化、教育领域合作的深化为在智利设立中国文化中心提供了良好的条件。此外，中国文化中心的设立也是中国积极推动中华文化"走出去"的标志性成果。20 世纪 80 年代，中国开始在海外设立中国文化中心。目前，中国文化中心已经广泛覆盖欧洲、亚洲、大洋洲和美洲，成为促进中外文化交流的重要渠道。智利是南美洲最发达的国家之一，也是南美洲第一个与中国建交的国家。智利中国文化中心的设立不仅是新时代中智友好关系发展的重要成果和增进中智文化交流与人民友谊的引擎，也是南美洲人民认识和了解中国的窗口。

二、以地方为主体的中智教育交流——以北京市中小学对智交流为例

随着中智双边关系发展，两国地方间往来日渐密切。1995 年，中国安

徽省铜陵市和智利安托法加斯塔市结成两国第一对友好城市。此后，中国各省市和智利各大区、省市间的往来逐渐密切，并在经济、文化、体育、教育等多个领域进行交流与合作。两国间结成的友好城市／省区不断增加。

2020 年是中智建交 50 周年，北京市第 109 中学小学实验部的学生努力成为中智文化交流的使者。2020 年"六一"儿童节，该校小学实验部学生给智利总统"皮涅拉爷爷"写信，表达了中智友好和共同应对疫情的信心。在两国外交部的帮助下，信件送到智利总统皮涅拉手中。随后，皮涅拉给学生们回信并鼓励他们学习西班牙语，加深对智利和拉美的了解。[1] 在 2020 年 12 月举办的"中国智利建交 50 周年"庆祝活动上，该校小学实验部师生受邀出席，参加活动的学生代表用西班牙语、中文分别表演智利民谣和中国民歌。[2] 以地方为主体进行教育交流与合作是对两国政府间交往的有益补充，为加强两国人民相互了解和相互信任做出了重要贡献。北京市第 109 中学小学实验部开展西班牙语教学、并组织学生参与对智外事活动，不仅有助于增强学生学习西班牙语的兴趣、培养学生的家国情怀和国际化视野，也为培养中智友好往来的使者埋下了种子。

三、以高校为主体的中智教育交流——以清华大学拉美中心为例

在智利设立清华大学拉美中心是中国高校开展对智教育交流与合作的突出成果。2006 年，清华大学就开始与智利进行多方合作，具体包括开展学生教育项目、成立中国与拉美管理研究机构等。2018 年 10 月，清华大

---

[1] 颜欢. 做中国和智利交流的使者 [N]. 人民日报，2020-07-17（3）.

[2] 北京市东城区人民政府办公室. 北京市第 109 中学小学实验部师生代表参加"中国智利建交 50 周年"庆祝活动 [EB/OL].（2020-12-04）[2021-08-21]. http://www.bjdch.gov.cn/n3952/n3954/n3956/c10270490/content.html.

学校长邱勇会见智利卢克希奇集团董事长卢克希奇，双方共同宣布筹建清华大学拉美中心，促进清华大学在拉美地区的教育与人文交流。[1] 2018年12月6日，清华大学拉美中心在智利圣地亚哥揭牌成立。该中心是清华大学在拉丁美洲的联络和交流基地，服务于清华大学人才培养的中心任务和发展与拉丁美洲国家的学术研究和人文交流。[2] 随着中心成立，相关活动陆续展开，如清华大学代表团访问智利天主教大学、智利大学，举办"中国–智利数字化转型"论坛等。2020年新冠肺炎疫情肆虐以来，清华大学拉美中心作为中智乃至中拉交流的重要平台，也为双方携手抗击疫情做出了贡献。如积极推动新冠自测系统国际中文版服务于拉美地区的中国同胞，为海外同胞提供健康监测保障；举办"分享中国经验，助力智利及拉美抗击疫情"视频交流会，邀请中国专家与智利各界分享中国在抗击疫情过程中的经验和思考；与智利天主教大学合作，开展联合抗疫科研项目等。

　　清华大学拉美中心的成立是清华大学全球战略海外布局的一部分，对于清华大学和智利，乃至整个拉美地区都具有重要意义。对清华大学来说，清华大学拉美中心的成立能够促进其与智利以及整个拉美地区的人文交流、科技合作、师生交流互换、产业合作等。清华大学拉美中心作为清华大学与拉美地区合作的卓越平台，将进一步促进清华大学与拉美各高校、企业和政府部门间的交流与合作，为清华大学培养学生的全球胜任力、在世界范围内开展研究和提升全球影响力做出贡献。对智利以及拉美地区而言，在智利成立清华大学拉美中心是中智双边合作的重要内容，也是新时期中智两国关系不断深化的体现。清华大学拉美中心的成立既是清华大学和智利高校开展校际合作的平台，也为中国与智利以及拉美地区开展科研合作和人文交流提供了渠道。中心也为中国和拉美地区开展合作提供了新思路，双方可以从教育

---

　　[1] 清华大学新闻中心. 邱勇会见智利卢克希奇集团董事长卢克希奇，宣布筹建清华大学拉美中心 [EB/OL].（2018-10-11）[2021-08-18]. https://www.tsinghua.edu.cn/info/1178/29292.htm.

　　[2] 清华大学新闻中心. 清华大学拉美中心在智利圣地亚哥揭牌成立 [EB/OL].（2018-12-07）[2021-08-20]. https://www.tsinghua.edu.cn/info/1173/17710.htm.

领域入手，探讨如何应对国际权力格局变化，实现合作共赢。此外，清华大学还参与了"中智建交 50 周年在线教育对话活动""中智在线学习周"等活动，为加强中智高等教育和在线教育合作、共享优质教育资源以及探索新的合作机制创造了机会。

除了国家、地方、高校三大主体以外，科研机构、民间组织、企业等主体也为中智教育交流与合作的开展提供了资金、设备等多个方面的支持。在多元主体，尤其是政府的大力支持下，中智教育交流与合作的内容不断丰富，从而更好地服务于两国经贸合作与政治互信。

结　语

拉美地区是"21世纪海上丝绸之路"的自然延伸地区，是"一带一路"倡议的重要参与方。[1] 2018年11月，中国和智利在北京签署了共建"一带一路"合作谅解备忘录。"一带一路"合作协议的签署为中智合作开启了新篇章，也为两国进一步开展教育交流与合作提供了新的动力源泉。在"一带一路"合作框架下，中智双方可以通过加强合作机制建设、开展高校间交流等多种方式深化教育交流与合作，协力构建"一带一路"教育共同体，发挥好教育在"一带一路"建设中的基础性和先导性作用。

一、完善顶层设计，强化双边教育交流机制

如前文所述，中智教育交流与合作的发展以双边关系深化为基石，并依托中智、中拉合作机制的建设不断取得新成就。在"一带一路"倡议下发展中智教育合作应进一步加强顶层设计，不断完善双边教育交流合作机制。

一是建立并完善高层次双边教育交流机制。中智政府间高层次交流是推进两国政策互通、政策协调和政策落实的重要保障。建立高层磋商机制

---

[1] 中华人民共和国商务部. "一带一路"是中拉合作共赢之路 [EB/OL].（2020-02-12）[2021-08-25]. http://fec.mofcom.gov.cn/article/fwydyl/zgzx/202002/20200202935258.shtml.

能够为中智两国教育交流合作提供有效渠道,推动中智教育合作多层次、多领域深入发展。加强高层交流也有助于两国协商一致,明确未来双边教育交流合作的发展方向,共同制定中长期教育交流合作战略规划。为此,中智双方应重视双边高层交流机制建设,同时利用好已有的双多边合作机制,并通过定期举办两国教育部长会议、积极参加"一带一路"倡议和中拉高层教育会议等方式进一步加强高层交流,推动签署更多的双、多边教育合作协议。

二是尽快制定中智政府间教育交流合作的中长期战略规划。制定双边教育交流合作中长期战略规划能够明确中智两国教育交流合作的发展目标和行动框架,为推进中智两国教育交流和中拉教育合作提供保障。这就要求中智两国政府协调一致,在综合考虑中智各领域合作发展趋势的基础上明确未来一段时间内两国教育交流合作的重点领域,促使教育交流更好地服务于其他领域的深化合作,促进两国经济发展和社会进步。此外,两国政府应合理制定双边教育交流的发展进程和实施目标,明确中智教育交流合作的时间表,同时也加强弹性化机制建设,促使两国教育交流与合作稳步、有序推进。在此基础上,中智还应建立起监督机制,确保签署的教育交流中长期规划、教育合作协议和年度文化交流计划等得以落实。

三是重视中智教育交流合作平台建设。目前,中国和智利在教育交流平台建设上已经取得了一些进展,如中国教育展、中国文化中心等。但上述平台所承担的作用主要是介绍中国教育发展情况、开展培训等,在交流的深度和广度上有所不足。因此,两国应重视建设双边教育交流合作平台,进一步拓宽教育交流的广度和深度,丰富中智教育交流与合作的层次。为此,双方可以搭建中智教育博览会、中智教育论坛、中智高等教育发展研讨会等平台。上述平台能够为两国交流教育发展现状、分享教育政策制定经验等提供渠道,为两国专家学者共同探讨和研究教育合作的发展提供平台,有助于双方凝聚共识,增进互信合作。

二、依托国际平台，加强多边教育交流合作

中智教育交流的开展不仅受到两国双边合作的直接影响，也受到其他国际多边机制的影响，如中拉合作、APEC 等。因此，进一步深化中智教育交流需要在加强两国双边教育交流机制建设的同时，重视发展多边机制下的教育合作，努力实现中智双边教育交流与多边教育合作双向促进。

一是利用好中国与拉共体国家合作机制。如前所述，中拉合作的发展对促进中智教育交流与合作发挥了积极作用。目前，中国与拉共体已经建立了多边对话机制，如中国-拉共体论坛部长级会议、中国-拉共体外长对话机制等。在教育领域，中拉合作已经覆盖了建设孔子学院、提供政府奖学金名额、提供培训、互设文化中心等多个方面，极大地促进了中拉人文交流和民心相通。"一带一路"倡议延伸到拉美后，中拉关系进入了新的发展阶段，中拉合作在经贸、人文等多个领域不断深化。中拉合作机制的建立与完善以及中拉教育领域合作的深化为中智开展教育交流与合作创造了有利的外部环境。未来发展中智教育合作应依托中拉论坛等中拉合作机制，努力发挥中智教育合作在中拉合作中的引领和示范作用。

二是充分发挥 APEC 及其教育合作机制的作用。APEC 是亚太地区最具影响力的经济合作机制，其主要运作机制包括领导人非正式会议、部长级会议等。其中，教育部长会议为各成员国分享教育发展经验、研究和解决教育问题、明确区域教育合作重点等提供了平台。2016 年，APEC 教育部长会议通过了《APEC 教育战略》，确定了到 2030 年亚太地区教育发展的愿景、目标与行动。[1] 中国和智利是 APEC 重要的成员国，借助 APEC 教育合作机制，两国得以加深相互了解，促进双边合作。加强中智教育交流与合作应更充分地发挥好 APEC 及其教育合作机制的作用，以区域合作促进双

---

[1] 新华网. 亚太经合组织通过《APEC 教育战略》[EB/OL]. （2016-10-07）[2021-08-27]. http://education.news.cn/2016-10/07/c_1119669362.htm.

边合作，加快构建以包容、优质为特色的区域教育共同体和开放、共赢的中智教育共同体。

三是借助其他国际组织开展教育交流合作。教育是联合国教科文组织、世界银行、联合国儿童基金会等国际组织的重要工作领域之一。上述组织都在世界范围内为提高教育质量、改善性别不公、推广教育理念等做出了不可磨灭的贡献。当前，中智两国教育发展都取得了历史性成就。智利是拉美地区教育水平最高的国家之一，中国教育总体水平已经跃居世界中上行列。在国际组织分享中智教育发展的成功经验和可行方案不仅有助于两国互学互鉴，也能够为广大发展中国家发展本国教育和各国共同应对全球性教育问题贡献智慧。

三、重视校际合作，促进中智高等教育交流

高等教育交流合作能为深化中智各领域合作提供高层次的智力支持。目前，中智两国在高等教育领域的交流已经具备了一定的广度和深度，为未来开展"一带一路"高等教育合作奠定了坚实基础。加强中智高校校际合作，深化高等教育交流可以从以下几个方面着手。

一是搭建中智高等教育交流平台。建设两国高等教育交流平台符合中智高等教育交流不断深化的发展趋势，是密切中智两国高等教育合作的重要途径。目前，中国和智利在建设高等教育交流平台上已经取得了一些进展，如成功举办了中智大学交流活动和中智大学校长论坛。继续深化两国高校校际合作需要建立具有稳定性和权威性的高等教育交流平台，如成立中智高校联盟、定期举办中智大学校长论坛和中智高等教育论坛等。在此基础上，还应鼓励中智高校通过上述平台就高校发展经验、专家互访等内容进行深入探讨，并开展合作、签署协议和发布相关政策，推动中智高等

教育交流向纵深化发展。

二是加强中智高校合作办学。目前中智两国高校合作办学以联合设立孔子学院为主要形式，如安徽大学和智利圣托马斯大学联合设立了圣托马斯大学孔子学院。虽然两国高校在西班牙语、医药学等学科领域积极开展师生互访和科研合作，但双方的合作办学仍然集中在汉语教学和中华文化推广上。深化中智在高等教育领域的交流合作既要鼓励并支持中国高校在智利设立海外分校或与智利高校联合创办合作办学机构，也要引进智利优质高等教育机构在中国举办具有优势和特色的合作办学项目。与此同时，应着力提高合作办学的层次和质量，为两国深化其他领域合作做出更大贡献。

三是发挥中智高校学科优势。中国和智利已经在医学、渔业、空间、农业等多个领域签署了合作协议，并在互派专家学者、开展科研合作等方面取得了显著进展。其中，两国在渔业、空间和农牧领域的科技合作早在20世纪90年代就已经开始。在以往合作的基础上，双方可以进一步发挥高校学科优势，加强两国高校在各个领域的合作研究，尤其是进一步加大和深化在渔业、农牧和空间等领域的科研合作。此外，两国高校应在政府支持和推动下加强高校、企业和行业间的联系，深化双方在文化、农牧等传统领域和互联网、信息通信等新领域的务实合作，为两国经济发展提供人才支持和科技保障。

四、加大资助力度，推动中智学生双向流动

如前文所述，中智两国在增加学生流动方面取得了显著进展，智利来华留学生人数有所增加。但在拉美地区，智利来华留学生规模不具有显著优势，这与其在拉美地区的综合实力不相符。此外，智利对于中国留学生

并未建立起对等的资助体系，而各类资助和奖学金对学生来华或赴智留学具有极大的吸引力。加大留学生资助力度，增加中智两国学生流动可从以下几个方面着手。

一是加大中智双方政策支持力度。中智签订的学历互认协议、设立文化中心协议以及其他领域合作协议为促进双方学生流动做出了重要贡献。但与部分拉美国家以及大部分非洲国家相比，中智学生流动的规模仍然十分有限。中智双方政府应进一步加强协商，出台涉及留学生资助、招生、签证与工作等环节的一系列政策，同时加强政策之间的衔接，为中智学生赴对方国家留学、交流、生活、工作等提供切实保障。在支持双方学生留学的同时，两国也需要进一步探索如何保障中智留学生教育的质量，在实现留学生数量增长的同时提升留学生教育的质量，从而巩固和深化双方全面战略合作伙伴关系。

二是增加政府奖学金名额。政府奖学金是为留学生赴海外留学提供经济支持的有效渠道。根据中国教育部国际合作与交流司发布的资料，2018年，智利获得中国政府奖学金的人数为89人，低于38%的美洲国家、80%的非洲国家和77%的亚洲国家。[1]这表明，获得中国政府奖学金的智利学生数量仍有很大的提升空间。因此，中智两国有必要适当提高双方政府奖学金名额，为学生留学提供资金支持。与此同时，政府奖学金应向研究生及以上层次倾斜，以加强双方高层次人才培养。此外，随着"一带一路"倡议的深入开展，中智双方政府也可基于实际情况设立专项资金，用于培养两国急需的专业人才，以更好地服务于"一带一路"建设。

三是拓宽奖学金来源。中智教育交流与合作不断取得新进展离不开国家、地方、高校、科研机构等多元主体的共同推动。除国家设立的政府奖学金外，完善中智留学生资助体系还应鼓励各地方政府、高校、科研单位

---

[1] 中国教育部国际合作与交流司. 2018来华留学生简明统计 [R]. 北京：教育部国际合作与交流司，2018：283-289.

等主体出资设立奖学金，扩大受资助的留学生比重。此外，教育合作的开展也离不开企业的积极参与。经贸合作是中智友好合作和"一带一路"建设的重要组成部分，因此企业是双边合作和"一带一路"倡议的积极参与者和主要受益者。为文化教育交流提供助益既是企业所应承担的社会责任，也有利于其提升自身形象，增强国际影响力。拓宽奖学金来源还需要调动企业的积极性，促使企业为中智职业技术培训和人才联合培养提供技术、师资、资金、设备等方面的支持。这有助于提升两国青年的竞争力，突破企业发展的人才瓶颈，助力"一带一路"建设。

五、开展对智研究，助力中智双边教育合作

随着中智双边关系不断深化，中国对智利的研究需求日趋强烈。目前，中国部分高校已经设立了拉美研究中心和拉美地区国别研究中心，如北京外国语大学、上海外国语大学设立了墨西哥研究中心，河北师范大学设立了秘鲁研究中心，上海外国语大学、湖北大学设立了巴西研究中心，中国社会科学院设立了阿根廷、巴西、古巴、墨西哥研究中心等。[1] 但中国尚未设立专门的智利研究中心，对智研究往往在拉美研究下开展。中国对智利研究的广度和深度与中智关系快速稳步健康发展不相匹配。

一是加强智利研究中心建设。设立智利研究中心是增进对智利的了解，深化两国交流与合作的重要途径。依托高校发展智利研究是建设智利研究中心的有效手段。高校具备学科建设、师资队伍和人才培养方面的优势，能够为开展智利研究提供具有学科背景和语言技能的研究人员，并承担起研究人才的培养工作，促进智利研究的可持续发展。与此同时，应加强各

---

[1] 何霖俐. 中国与拉丁美洲留学人员交流与培养 [M]. 北京：中国社会科学出版社，2018：194-202.

研究中心之间的交流与合作，减少研究内容重复，不断拓展中国智利研究的广度和深度。此外，中智两国的国别研究中心可通过高等教育交流平台等加强对话与合作，提高双方研究的准确性、实用性和前瞻性，更好地服务于中智"一带一路"建设。

二是培养语言能力和专业能力兼具的复合型研究人才。重视研究人才培养是发展智利研究，推进国际合作的有效路径。随着两国在经济、政治、科研等各个领域的合作不断深化，开展智利研究越来越需要"西班牙语＋专业"的复合型人才。具有专业的学科知识、扎实的西班牙语技能和丰富的实践经验的研究人才有助于充实智利研究队伍、提升智利研究水平。高校是培养高层次人才的主要场所，培养语言技能和专业能力兼具的复合型研究人才需要各高校发挥政治、法律、国际关系等传统学科优势，同时重视西班牙语的教学，如基于实际情况增设西班牙语专业、开设西班牙语选修课等。

三是引进海外研究人员。在建设智利研究中心和培养智利研究人才的同时，中国还应积极引进海外研究人员，以丰富智利研究内容，提升研究的深度和广度。中国可以借助与智利天主教大学等高校建立的友好合作关系以及拉共体论坛等机制邀请智利专业人士、国际组织工作人员、在行业内具有突出贡献的华人华侨等加入研究团队，为开展智利研究提供新的视角。此外，还可以邀请了解智利国情、具有实践经验和国际视野的前驻智利外交官从事智利研究。

六、发展汉语教学，深化中智人文交流互鉴

汉语教学在促进中智文化交流上发挥着无可替代的作用。随着中国综合实力不断增强以及中智经贸往来增加和双边关系深化，智利民众学习汉

语的热情日渐高涨。事实上，智利在发展汉语教学方面走在拉美地区前列。如上文所述，中国在智利已经设立了 3 所孔子学院和 7 个孔子课堂，并在圣地亚哥设立了孔子学院拉美中心，负责拉美地区孔子学院的统筹协调工作。加强中智教育交流与合作需要进一步发展汉语教学，培养合格的汉语人才，从而减轻"一带一路"建设的语言障碍和人才缺口。

一是增设孔子学院。在"一带一路"倡议的视域下，孔子学院具有教育、文化传播、文化外交、社区与公共服务、对外联络纽带和学术研究六大功能。[1] 智利天主教大学孔子学院和圣托马斯大学孔子学院分别位于圣地亚哥和维尼亚德尔玛，均位于智利中部地区。中智两国可协商在智利北部和南部城市设立新的孔子学院，如北部的安托法加斯塔、伊基克和南部的康塞普西翁等。增设新的孔子学院并发挥其文化交流平台的作用能够为更多智利人民提供学习汉语和了解中华文化的机会。与此同时，也有助于提升中华文化在拉美地区的影响力，促进中智人民民心相通，夯实"一带一路"建设的民意基础。

二是推动智利汉语教材本土化。随着在海外设立的孔子学院和孔子课堂的不断增加以及汉语学习的全球化，汉语教材的本土化和国别化日益受到重视。本土化教材应包含五个要素：教材容量本土化、各类注释母语化、难点讲解对比化、部分话题本土化以及文化内容跨文化化。[2] 推进智利汉语教学发展应着力解决汉语教材本土化的难题。这要求基于智利的语言文化背景，同时考虑不同教学对象的特点和需求而编写汉语教材。两国应在教育部的支持下，集合双方一线汉语教师、研究人员、出版社等力量，共同编写并出版一批契合智利风土人情和生活环境、能够满足不同层次汉语学习需求的本土教材。

---

[1] 赵成新. "一带一路"视域下孔子学院的功能与实现 [J]. 河南大学学报（社会科学版），2020（2）：131-137.

[2] 姜丽萍. 汉语教材编写的继承、发展与创新 [J]. 华文教学与研究，2018（4）：12-18.

三是重视智利本土汉语教师培训。与中国外派的汉语教师相比，本土汉语教师更加了解当地的环境、文化、教育等方面的情况，可避免外派汉语教师"水土不服"现象的出现，并能够更好更快地打开工作局面，有效开展教学工作。[1] 当前，拉美地区已经开展了本土汉语教师培训的工作，如孔子学院拉美中心举办的汉语教师培训是拉美地区加快孔子学院本土汉语教师培养的有效途径。中智两国应进一步加强智利本土汉语教师培养，切实提高教师的语言教学能力和文化传播能力，实现智利本土汉语教师数量和质量的同步发展。这不仅能够提高智利汉语教学质量、培养合格的汉语人才，也有助于更好地服务于中智经贸合作、文化交流和"一带一路"建设。

中智教育交流与合作已经具备了民心基础和法律保障，并在合作机制建设、对外汉语教学、高校校际合作等多个方面取得了显著进展。积极开展中智教育交流合作不仅为两国增进相互了解、加强互信合作奠定了基础，也有助于增强中国在智利以及拉美地区的国际影响力。拉美地区是"一带一路"的自然延伸和天然伙伴。随着"一带一路"倡议将中智以及中拉更加紧密地连接起来，中智两国将以更加积极主动的姿态深化教育交流与合作，充分发挥教育在人才培养、科技创新和人文互鉴中的引领作用，以更好地适应和服务于"一带一路"建设大局。

[1] 吴坚. 孔子学院本土汉语教师培养：现状、问题与对策 [J]. 华南师范大学学报（社会科学版），2014（5）：63-66.

参考文献

一、中文文献

波斯尔斯韦特. 教育制度 [M]. 李家永, 马慧, 姚朋, 译. 重庆: 西南师范大学出版社, 2011.

薄云. 拉美私立高等教育发展研究: 以巴西、墨西哥、阿根廷和智利为个案 [M]. 厦门: 厦门大学出版社, 2017.

曹龙兴. 智利早期现代化研究 [M]. 天津: 天津人民出版社, 2019.

陈–罗德里格斯. 拉丁美洲的文明与文化 [M]. 白凤森, 等译. 北京: 商务印书馆, 1990.

陈国青, 张进, 钱小军, 等. 掠影智利: 清华拉美交流项目读本 [M]. 北京: 清华大学出版社, 2012.

陈作彬, 石瑞元, 等. 拉丁美洲国家的教育 [M]. 北京: 人民教育出版社, 1985.

德维特, 等. 拉丁美洲的高等教育: 国际化的维度 [M]. 李锋亮, 石邦宏, 陈彬莉, 译. 北京: 教育科学出版社, 2011.

范蕾. 智利女总统巴切莱特传 [M]. 北京: 中国社会科学出版社, 2017.

方海川. 中国旅游客源国与目的地国概况 [M]. 北京: 北京理工大学出版

社，2017.

冯增俊，陈时见，项贤明. 当代比较教育学 [M]. 2 版. 北京：人民教育出版社，2015.

顾明远. 顾明远教育演讲录 [M]. 北京：人民教育出版社，2014.

顾明远. 教育大辞典 [M]. 上海：上海教育出版社，1992.

关世雄，张念宏. 世界各国成人教育现状 [M]. 北京：北京出版社，1986.

关世雄. 成人教育辞典 [M]. 北京：职工教育出版社，1990.

韩琦. 拉丁美洲文化与现代化 [M]. 北京：社会科学文献出版社，2013.

何霖俐. 中国与拉丁美洲留学人员交流与培养 [M]. 北京：中国社会科学出版社，2018.

贺国庆，朱文富，等. 外国职业教育通史 [M]. 北京：人民教育出版社，2014.

侯富儒. "一带一路" 世界文化遗产与文明交流互鉴 [M]. 杭州：浙江工商大学出版社，2017.

加尔达梅斯，考克斯. 智利史 [M]. 辽宁大学历史系翻译组，译. 沈阳：辽宁人民出版社，1975.

焦震衡. 外国象征标志手册 [M]. 北京：新华出版社，1988.

拉瓦尔卡. 全球化时代的智利与中国 [M]. 张芯瑜，译. 北京：五洲传播出版社，2017.

经济合作与发展组织. 为了更好的学习：教育评价的国际新视野 [M]. 窦卫霖，等译. 上海：上海教育出版社，2019.

经济合作与发展组织发展中心，联合国拉美经委会. 2015 年拉丁美洲经济展望：面向发展的教育、技术和创新 [M]. 中国社会科学院拉丁美洲研究所，译. 北京：知识产权出版社，2015.

赖默斯，郑康妮. 21 世纪的教与学：六国教育目标、政策和课程的比较研究 [M]. 金铭，译. 北京：北京语言大学出版社，2006.

雷克特. 智利史 [M]. 郝名玮, 译. 北京: 中国大百科全书出版社, 2009.

李春辉. 拉丁美洲国家史稿 [M]. 北京: 商务印书馆, 1973.

李春辉. 拉丁美洲史稿（下）[M]. 北京: 商务印书馆, 1983.

李德恩. 拉美文学流派与文化 [M]. 上海: 上海外语教育出版社, 2010.

李红杰, 余万里. 改革开放 30 年的中国外交 [M]. 北京: 当代世界出版社, 2008.

李树藩, 王科铸. 世界通览: 第 4 卷 [M]. 长春: 吉林人民出版社, 1995.

李仲汉, 韩其洲. 世界初等教育的发展与改革 [M]. 北京: 人民教育出版社, 1991.

利斯. 拉丁美洲的马克思主义思潮 [M]. 林爱丽, 译. 北京: 东方出版社, 1990.

联合国教科文组织国际教育发展委员会. 学会生存: 教育世界的今天和明天 [M]. 华东师范大学比较教育研究所, 译. 北京: 教育科学出版社, 1996.

列维. 拉丁美洲国家与高等教育: 私立对于公立主导地位的挑战 [M]. 周保利, 何振海, 译. 北京: 北京师范大学出版社, 2016.

刘捷. 教育的追问与求索 [M]. 北京: 人民出版社, 2021.

刘捷. 专业化: 挑战 21 世纪的教师 [M]. 北京: 教育科学出版社, 2002.

刘文龙. 拉丁美洲文化概论 [M]. 上海: 复旦大学出版社, 1996.

卢晓中. 比较教育学 [M]. 北京: 人民教育出版社, 2020.

陆有铨. 教育的哲思与审视 [M]. 北京: 人民教育出版社, 2016.

平冢益德. 世界教育辞典 [M]. 黄德诚, 等译. 长沙: 湖南教育出版社, 1989.

秦惠民, 王名扬. 高等教育与家庭流动 [M]. 北京: 科学出版社, 2019.

秦惠民. 教育法治与大学治理 [M]. 北京: 人民出版社, 2021.

任浩之. 世界地理全知道 [M]. 北京: 当代世界出版社, 2008.

任钟印. 东西方教育的覃思 [M]. 北京: 人民教育出版社, 2017.

石筠弢. 学前教育课程论 [M]. 2 版. 北京：北京师范大学出版社，2014.

索萨. 拉丁美洲思想史述略 [M]. 昆明：云南人民出版社，2003.

泰勒. 原始文化 [M]. 蔡江浓，编译. 杭州：浙江人民出版社，1988.

滕大春，王桂. 外国教育通史：第 6 卷 [M]. 济南：山东教育出版社，1994.

滕大春. 教育史研究与教育规律探索 [M]. 北京：人民教育出版社，2019.

王承绪，顾明远. 比较教育 [M]. 5 版. 北京：人民教育出版社，2015.

王春良. 拉丁美洲民族民主运动史论 [M]. 北京：中国地图出版社，1992.

王定华，秦惠民. 北外教育评论：第 2 辑 [M]. 北京：外语教学与研究出版社，2021.

王定华，杨丹. 人类命运的回响——中国共产党外语教育 100 年 [M]. 北京：外语教学与研究出版社，2021.

王定华. 教育路上行与思 [M]. 北京：人民出版社，2020.

王定华. 美国高等教育：观察与研究 [M]. 2 版. 北京：人民教育出版社，2021.

王定华. 美国基础教育：观察与研究 [M]. 2 版. 北京：人民教育出版社，2021.

王定华. 新时代高品质学校建设方略 [M]. 长春：东北师范大学出版社，2019.

王定华. 中国基础教育：观察与研究 [M]. 北京：人民教育出版社，2021.

王定华. 中国教师教育：观察与研究 [M]. 北京：人民教育出版社，2020.

王留栓. 亚非拉十国高等教育 [M]. 上海：学林出版社，2001.

王名扬. 美国公立研究型大学内部质量改进的实证研究 [M]. 北京：中国社会科学出版社，2020.

王斯德，钱洪. 世界当代史（1945—1988）[M]. 北京：高等教育出版社，1989.

王晓燕. 智利 [M]. 北京：社会科学文献出版社，2004.

吴惠芳，黄长根. 南美洲诸国（二）[M]. 北京：军事谊文出版社，1995.

吴式颖，李明德．外国教育史教程 [M]．3 版．北京：人民教育出版社，2015．

习近平．论坚持推动构建人类命运共同体 [M]．北京：中央文献出版社，2018．

习近平．习近平谈"一带一路" [M]．北京：中央文献出版社，2018．

夏秀渊，等．法律文明史（第 12 卷）：近代亚非拉地区法（下卷·拉丁美洲法分册）[M]．北京：商务印书馆，2017．

谢维和．我的教育觉悟 [M]．北京：人民教育出版社，2016．

邢克超．共性与个性：国际高等教育改革比较研究 [M]．北京：人民教育出版社，2004．

徐世澄．拉丁美洲现代思潮 [M]．北京：当代世界出版社，2010．

徐世澄．绚丽多彩的现代拉丁美洲文化 [M]．昆明：云南大学出版社，2017．

杨汉清．比较教育学 [M]．3 版．北京：人民教育出版社，2015．

杨学进．出口信用保险国家风险评价——理论·方法·实证 [M]．北京：经济科学出版社，2004．

英克尔斯．人的现代化素质探索 [M]．曹中德，等译．天津：天津社会科学院出版社，1995．

袁利平，等．多维视域下的学校课程建设 [M]．西安：陕西师范大学出版总社，2022．

袁利平．比较教育本体引论 [M]．西安：陕西师范大学出版总社，2018．

袁利平．国际教育改革与发展 [M]．西安：陕西师范大学出版总社，2018．

袁振国．对峙与融合：20 世纪的教育改革 [M]．济南：山东教育出版社，1995．

苑大勇．国际高等教育协同创新与人才培养比较研究 [M]．北京：知识产权出版社，2020．

曾天山．外国教育管理发展史略 [M]．北京：教育科学出版社，1995．

曾昭耀，石瑞元，焦震衡. 战后拉丁美洲教育 [M]. 南昌：江西教育出版社，1994.

张家唐. 拉丁美洲简史 [M]. 北京：人民出版社，2009.

张鹏. 拉丁美洲概况 [M]. 天津：南开大学出版社，2015.

张维. 世界成人教育概论 [M]. 北京：北京出版社，1990.

郑通涛，方环海，陈荣岚. "一带一路"视角下的教育发展研究 [M]. 广州：世界图书出版广东有限公司，2017.

中国银行股份有限公司，社会科学文献出版社. 智利 [M]. 北京：社会科学文献出版社，2016.

中华人民共和国科学技术部. 2018 国际科学技术发展报告 [M]. 北京：科学技术文献出版社，2018.

中华人民共和国国务院新闻办公室. 中国—智利 [M]. 北京：五洲传播出版社，2004.

周宸伊. 中国在拉丁美洲软实力研究 [M]. 北京：世界知识出版社，2018.

周为民. 智利概况 [M]. 海口：南方出版社，2009.

朱祥忠. 世界最狭长的国家智利 [M]. 上海：上海锦绣文章出版社，2013.

二、外文文献

ACUŇA L T. Historia de Arcis: la épica de un sujeto[M]. Valparaíso: RIL editores, 2016.

BARAHONA M. English language teacher education in Chile: a cultural historical activity theory perspective[M]. Routledge: Taylor & Francis Group, 2015.

BERTOLA L, WILLIAMSON J. Has Latin American inequality changed direction: looking over the long run[M]. Cham: Springer International Publishing, 2017.

BORZUTZKY S, WEEKS G. The bachelet government: conflict and consensus in post-Pinochet Chile[M]. Gainesville: University Press of Florida, 2010.

FERGUSSON E. Chile[M]. New York: Alfred A. Knopf, 1943.

FLEER M, OERS B V. International handbook of early childhood education[M]. Dordrecht: Springer, 2018.

GAURI V. School choice in Chile: two decades of educational reform[M]. Pittsburgh: University of Pittsburgh Press, 1999.

GILL C C. Education and social change in Chile[M]. Washington: U.S. Department of Health, Education, and Welfare, 1966.

GOLD M, ZAGATO A. After the pink tide: corporate state formation and new egalitarianisms in Latin America[M]. Oxford: Berghahn Books, 2020.

HAYNES N. Social media in Northern Chile[M]. London: UCL Press, 2016.

HINOSTROZA J E, HEPP P, COX C. Cross-national information and communication technology: policies and practices in education[M]. Greenwich: Information Age Publishing, 2009.

HUTCHISON E Q. Workers like all the rest of them: domestic service and the rights of labor in twentieth-century Chile[M]. Durham: Duke University Press, 2021.

JAVIERA B. Science and environment in Chile: the politics of expert advice in a neoliberal democracy[M]. Cambridge, MA: The MIT Press, 2018.

JONES A. No truck with the Chilean Junta! Trade union internationalism, Australia and Britain, 1973—1980[M]. Canberra: ANU Press, 2014.

JORNITZ S, do AMARAL M P. The education systems of the Americas[M]. Chan: Springer, 2021.

LARROULET C. La educación en la encrucijada: estado docente o sociedad docente?[M]. Valparaíso: RIL editors, 2015.

LOUGHRAN J, HAMILTON M L. International handbook of teacher education[M]. Singapore: Springer, 2016.

MASSUH A, PAZ M. Orientar para crecer: programa de orientación de prekínder a cuarto medio[M]. Valparaíso: RIL editors, 2017.

MCPHERSON A, WEHRLI Y. Beyond geopolitics: new histories of Latin America at the League of Nations[M]. Albuquerque: University of New Mexico Press, 2015.

OECD. Chile's International scholarship programme[M]. Paris: OECD Publishing, 2010.

OECD. Getting skills right: Chile[M]. Paris: Organization for Economic Cooperation & Development, 2018.

OECD. OECD economic surveys: Chile 2018[M]. Paris: Organization for Economic Cooperation & Development, 2018.

OECD. Reviews of national policies for education in Chile[M]. Paris: OECD Publishing, 2017.

OECD. Tertiary education in Chile[M]. Paris: OECD Publishing, 2009.

PAYAS G, BONNIEC F L. Intercultural studies from Southern Chile theoretical and empirical approaches: theoretical and empirical approaches[M]. Cham: Springer, 2020.

RAFAEL E. Evolución de la matricula en Chile: 1935—1998[M]. Santiago: Programa Interdisciplinario de Investigaciones en Evolución, 1982.

READ P, WYNDHAM M. Narrow but endlessly deep: the struggle for memorialization in Chile since the transition to democracy[M]. Canberra: ANU Press, 2016.

RODRIGUEZ J P. Resisting neoliberal capitalism in Chile[M]. New York: Palgrave Macmillan, 2020.

ROWE L S. Educational progress in the Argentine Republic and Chile[M]. London: Christopher Publishers Limited, 2016.

SHIN J C, TEIXEIRA P. Encyclopedia of international higher education systems and institutions[M]. Heidelberg: Springer Netherlands, 2017.

SIRAJ-BLATCHFORD J, MOGHARREBAN C, PARK E. International research on education for sustainable development in early childhood (vol. 14) [M]. Berlin: Springer, 2016.

TOWNSEND T. International handbook of school effectiveness and improvement [M]. Singapore: Springer, 2007.

VARUN G. School choice in Chile: two decades of educational reform[M]. Pittsburgh: University of Pittsburgh Press, 1998.

WILKINS A, OLMEDO A. Education governance and social theory: interdisciplinary approaches to research[M]. London: Bloomsbury Academic, 2019.

ZHANG X Y. Chile and China: culture, business and trust in the global age[M]. Beijing: China Intercontinental Press, 2017.

ZUÑIGA C G, O'DONOGHUE T, CLARKE S. A study of the secondary school history curriculum in Chile from colonial times to the present[M]. Rotterdam: Sense Publishers, 2015.